Constitución Política de la Ciudad de México

Constitución Política de la Ciudad de México

3ª Edición

Edición y prólogo de

MIGUEL CARBONELL

tirant lo blanch

Ciudad de México, 2024

© EDITA: TIRANT LO BLANCH
DISTRIBUYE: TIRANT LO BLANCH MÉXICO
Av. Tamaulipas 150, Oficina 502
Hipódromo, Cuauhtémoc, 06100, Ciudad de México
Telf: +52 1 55 65502317
infomex@tirant.com
www.tirant.com/mex/
www.tirant.es
ISBN: 978-84-1197-652-7

Si tiene alguna queja o sugerencia, envíenos un mail a: *atencioncliente@tirant.com*. En caso de no ser atendida su sugerencia, por favor, lea en *www.tirant.net/index.php/empresa/politicas-de-empresa* nuestro Procedimiento de quejas.

Responsabilidad Social Corporativa: http://www.tirant.net/Docs/RSCTirant.pdf

Índice

Prólogo
El nuevo orden jurídico de la CDMX

Miguel Carbonell
Director del Centro de Estudios Jurídicos Carbonell AC

Durante décadas, hubo una clara distinción entre el régimen jurídico de la capital de México y el resto de entidades que conforman la federación. Mientras que en 31 entidades federativas han tenido y tienen una Constitución, en el entonces llamado Distrito Federal apenas teníamos legislación administrativa y, con el paso del tiempo, nos regíamos por un «Estatuto de Gobierno».

La democracia llegó tarde al país, pero para los capitalinos llegó tardísimo. Solamente a partir de 1988 se tuvo una especie de poder legislativo local (la llamada «Asamblea de Representantes del Distrito Federal») y solamente desde 1997 la ciudadanía puede elegir al titular del Poder Ejecutivo local, llamado «Jefe de Gobierno».

Es decir, no es exagerado sostener que los habitantes de la capital vivimos durante muchos años en una suerte de «minoría de edad» desde el punto de vista político.

Ese retraso se intentó paliar mediante una importante reforma constitucional publicada en el *Diario Oficial de la Federación* el 29 de enero de 2016. La reforma permitió cambiar incluso la denominación del anterior Distrito Federal, que ahora pasa a llamarse Ciudad de México. Las bases organizativas de la Ciudad se encuentran en el artículo 122 de la Constitución federal.

Además, mediante la señalada reforma se abre la puerta a un relevante proceso «constituyente», cuyo resultado es precisamente el texto de la primera Constitución de la capital del país, que el lector podrá encontrar en las siguientes páginas.

El diseño de los trabajos de la Asamblea Constituyente estuvo determinado por la misma reforma de la Constitución federal. Así, se ordenó que el proyecto de Constitución correspondía presentarlo al Jefe de la Ciudad de México, el mismo día en que se iniciaran los trabajos de la Asamblea: el 15 de septiembre de

2016. Los trabajos de la Asamblea se podían extender desde esa fecha y hasta el 31 de enero de 2017, día en el que se tenía que entregar el texto definitivo.

Contra todo pronóstico y luego de una muy accidentada tramitación parlamentaria al interior de la Asamblea, finalmente el texto fue terminado a tiempo. La ceremonia formal de promulgación se realizó el 5 de febrero de 2017, coincidiendo con el Centenario de la Constitución general de la República. Una fecha ciertamente emblemática para el constitucionalismo mexicano.

La entrada en vigor del texto constitucional es el 17 de septiembre de 2017, salvo las disposiciones electorales que regirán el proceso electoral del año 2018, las cuales entran en vigor desde el día siguiente a su publicación. En los artículos transitorios, naturalmente muy prolijos dado el gran cúmulo de cambios que deben hacerse al ordenamiento local y a la necesidad de dictar múltiples normas de desarrollo constitucional, se establecen distintas fechas en las que se tendrán que materializar diversos mandatos constitucionales.

A partir de ese procedimiento de confección del texto y luego de su publicación, lo importante ahora es comenzar a analizar, interpretar y aplicar con todo rigor su contenido, para que no se vaya a quedar como una simple declaración de intenciones. El impulso que se logró desde la reforma a la Constitución federal y lo que significa en términos simbólicos tener por primera vez en la historia una Constitución para la capital del país, nos deben exigir un trabajo detallado para transformar sus mandatos en realidades. No será fácil, hay que advertirlo desde el primer momento.

El contenido del texto constitucional no es muy pulcro desde el punto de vista de la técnica legislativa. La Asamblea Constituyente incurrió en ciertos excesos retóricos, algunos de los cuales ya se encontraban en el muy cuestionable proyecto que fue puesto a consideración de los diputados constituyentes el 15 de septiembre de 2016. Sobre esa base, y careciendo la Asamblea de grandes constitucionalistas, era muy poco lo que se podía esperar de los constituyentes y eso hizo que el texto sea (desde el punto de vista formal) poco ejemplar. Hay declaraciones que parecen sacadas de discursos políticos y otras cuyo sitio parecería más apropiado dentro en un programa interno de cualquier dependencia administrativa.

Se careció de rigor jurídico y del talento necesario para poner en el texto solamente normas jurídicas concretas y actuables, en vez de sonoras proclamaciones políticas que pocos o ningún efecto tendrán sobre la vida de quienes habitamos en la capital del país. En fin, es la consecuencia de que los diputados constituyentes fueran en su mayor parte políticos que estaban en retiro o profesionales de ramas muy distintas a la jurídica, que poco interés tenían en hacer un buen trabajo técnico. Lo que buscaban era sumar al texto sus propias prioridades ideológicas o incluso partidistas. Así ningún ordenamiento constitucional puede quedar bien redactado, sobre todo si su confección queda en manos de mediocres políticos y no de verdaderos estadistas.

Ahora bien, lo cierto es que el texto también contiene una serie muy amplia de cuestiones llamativas y que se deben estimar como positivas, pues recogen avances en materia de derechos humanos o en cuanto al grado de representatividad política de algunos órganos del gobierno local (en particular, se debe ver con mucho detalle la forma en que quedaron reguladas las nuevas «alcaldías», que vienen a sustituir a las anteriormente llamadas «delegación políticas» y que son uno de los más notables avances en el diseño de la administración pública de la Ciudad).

Aunque el análisis de sus disposiciones se debe hacer en otro momento y requiere de decenas o incluso centenares de páginas, permítame el lector apuntar algunos aspectos relevantes del nuevo texto constitucional.

Llama la atención la existencia de un preámbulo. No es frecuente en la historia del constitucionalismo mexicano, aunque sí lo es en ciertas experiencias constituyentes de otras naciones[1]. En América Latina hay varios países que cuentan con preámbulos constitucionales, la mayor parte de los cuales son más breves que el que figura al inicio de la Constitución de la Ciudad de México. Con todo, vale la pena que cada lector se detenga a revisar su contenido.

En el artículo 4 se establecen los grandes principios de interpretación de los derechos humanos. Destaca la apertura del texto hacia el derecho internacional de los derechos humanos, siguiendo el buen ejemplo de lo que dispone el artículo 1 párrafo primero de la Constitución federal[2]. También hay que des-

---

1 Tajadura Tejada, Javier, «La función política de los preámbulos constitucionales», *Cuestiones Constitucionales. Revista Mexicana de Derecho Constitucional*, 2001, disponible en: https: //revistas.juridicas.unam.mx/index.php/cuestiones-constitucionales/article/view/5629/7342. Fecha de acceso: 05 feb. 2017.

2 El significado y alcances de dicho precepto se han analizado en Carbonell, Miguel, *Los derechos humanos en México. Régimen jurídico y aplicación práctica*, 2ª edición, México, Centro de Estudios Jurídicos Carbonell AC, 2016.

tacar la inclusión del concepto del «parámetro de regularidad constitucional», que fue adoptado de manera relativamente reciente por la Suprema Corte en la importantísima sentencia de la Contradicción de Tesis 293/2011 (ponencia del Ministro Arturo Zaldívar).

También se recoge de manera expresa el mandato de que las autoridades jurisdiccionales de la ciudad realicen controles de constitucionalidad y de convencionalidad, aplicando en todos los casos el principio pro persona. Esto es un avance que se ubica en la línea de lo que ya había definido la Corte Interamericana de Derechos Humanos desde el caso Rosendo Radilla Pacheco contra México y de lo señalado por la Suprema Corte de Justicia de la Nación en la sentencia del Expediente Varios 912/2010 (ponente: Ministro José Ramón Cossío). Sobre este relevante tema vale la pena considerar el siguiente criterio de la Primera Sala de la Suprema Corte de Justicia de la Nación:

> Registro: 2010954
> CONTROL DE CONSTITUCIONALIDAD Y CONVENCIONALIDAD EX OFFICIO. CONDICIONES GENERALES PARA SU EJERCICIO. La autoridad judicial, para ejercer el control ex officio en los términos establecidos en el expediente Varios 912/2010 de la Suprema Corte de Justicia de la Nación, debe asegurarse que se ha actualizado la necesidad de hacer ese tipo de control, es decir, en cada caso debe determinar si resulta indispensable hacer una interpretación conforme en sentido amplio, una en sentido estricto o una inaplicación, lo cual ocurre cuando se está en presencia de una norma que resulta sospechosa o dudosa de cara a los parámetros de control de los derechos humanos. De este modo, cuando una norma no genera sospechas de invalidez para el juzgador, por no parecer potencialmente violatoria de derechos humanos, entonces no se hace necesario un análisis de constitucionalidad y convencionalidad exhaustivo, porque la presunción de constitucionalidad de que gozan todas las normas jurídicas no se ha puesto siquiera en entredicho. Lo anterior es así, porque como se señaló en el citado expediente Varios, las normas no pierden su presunción de constitucionalidad sino hasta que el resultado del control así lo refleje, lo que implica que las normas que son controladas puedan incluso salvar su presunción de constitucionalidad mediante la interpretación conforme en sentido amplio, o en sentido estricto.

En el mismo artículo 4 se recoge un mandato para alcanzar la «igualdad sustancial». Esto es importante porque supone un enriquecimiento de los mandatos formales de igualdad y de las normas que tutelan la no discriminación. A partir de esta disposición pueden surgir programas en distintos ámbitos que establezcan políticas de acción afirmativa o de cuotas establecidas a favor de grupos en situación de vulnerabilidad para favorecer su acceso a bienes públicos relevantes como educación, salud, medio ambiente, etcétera[3].

Lo anterior es así ya que, de acuerdo con este tipo de normas, los poderes públicos deben remover los obstáculos que impidan el logro de la igualdad en los hechos, lo que puede llegar a suponer o incluso a exigir la implementación de medidas de acción positiva o de discriminación inversa[4]; para su aplicación conviene identificar previamente a los grupos que, dentro de cada sociedad, se encuentran en situación de vulnerabilidad, respecto de los cuales se tendrán que tomar medidas de promoción y de especial protección.

La idea de la igualdad sustancial parte de la afirmación de Aristóteles en el sentido de que la justicia consiste en tratar igual a los iguales y desigual a los desiguales. Es decir, no sería justo tratar como iguales a quienes no lo son y no lo pueden ser porque carecen de las posibilidades para alcanzar una situación igualitaria. Podríamos suponer que los hombres y las mujeres son, en principio, iguales para el efecto de su tratamiento por la ley; pero si acudimos a las estadísticas comprobaremos que esa igualdad jurídica se materializa en severas desigualdades fácticas, lo cual significa por ejemplo que las mujeres están relegadas en muchos ámbitos, no porque la ley les prohíba ingresar en ellos, sino porque las formas de convivencia social y muchos prejuicios se los impiden. Por eso son indispensables los mandatos que ordenan alcanzar no solamente una igualdad formal (por ejemplo a través de las prohibiciones de discriminar), sino incluyendo también la igualdad material o sustantiva.

---

3 La acción afirmativa o acción positiva puede definirse como «el trato formalmente desigual que basa la diferencia en el tratamiento en la pertenencia a un grupo que comparte la posesión de un rasgo minusvalorado... se caracteriza principalmente por ser medidas que favorecen a los miembros de un colectivo por su pertenencia al mismo, no por circunstancias individuales», Giménez Gluck, David, *Una manifestación polémica del principio de igualdad: acciones positivas moderadas y medidas de discriminación inversa*, Valencia, Tirant Lo Blanch, 1999, p. 62.

4 Sobre las acciones positivas, de entre lo poco que se ha escrito al respecto en México, Pérez Portilla, Karla, «Acciones positivas», *Enciclopedia Jurídica Mexicana. Anuario 2003*, México, IIJ-UNAM, Porrúa, 2003, pp. 2-5. He tratado con más detenimiento el tema en Carbonell, Miguel, *Los derechos fundamentales en México*, 6ª edición, México, UNAM, Porrúa, 2016 (reimpresión), capítulo II.

Sobre el tema de la igualdad sustantiva vale la pena tomar en cuenta el siguiente criterio jurisprudencial de la Primera Sala de la Suprema Corte de Justicia de la Nación:

> Registro: 2005528
> DERECHO HUMANO A LA IGUALDAD JURÍDICA. CONTENIDO Y ALCANCES DE SU DIMENSIÓN SUSTANTIVA O DE HECHO. Esta modalidad del principio constitucional de igualdad jurídica impone a las distintas autoridades del Estado la obligación de llevar a cabo ciertos actos que tiendan a obtener una correspondencia de oportunidades entre distintos grupos sociales y sus integrantes y el resto de la población; por ende, se cumple a través de una serie de medidas de carácter administrativo, legislativo o de cualquier otra índole que tengan como finalidad evitar que se siga produciendo una diferenciación injustificada o discriminación sistemática o que se reviertan los efectos de la marginación histórica y/o estructural de un grupo social relevante. A estas medidas se les pueden catalogar como acciones positivas o de igualación positiva. Ejemplos de las primeras pueden ser ciertas políticas públicas que tengan como sujetos a las mujeres o a las personas con algún grado de discapacidad y que busquen otorgarles bienes o servicios adicionales para que alcancen un mismo grado de oportunidades para el ejercicio de sus derechos; mientras que ejemplos de las segundas consisten en las cuotas o los actos específicos de discriminación inversa en favor de una persona que pertenezca a un determinado grupo social. En algunos de esos casos, se dará formalmente un trato desigual de iure o de facto respecto de otras personas o grupos, pero el mismo deberá estar justificado precisamente por la consecución de la igualdad de hecho y tendrá que cumplir con criterios de proporcionalidad. Con base en lo anterior, se estima que no existe una lista exhaustiva o definitiva sobre las medidas que puedan llevarse a cabo para la obtención de la igualdad de hecho; dependerá tanto de las circunstancias fácticas, sociales, económicas, culturales, políticas o jurídicas que imperen al momento de tomarse la decisión, como de la entidad o autoridad que vaya a llevar a cabo la medida correspondiente con un amplio margen de apreciación. Sin embargo, lo que es común a todos estos tipos de medidas es que buscan conferir un mismo nivel de oportunidades para el goce y ejercicio de los derechos humanos de los miembros de ciertos grupos sociales, los cuales se caracterizan por ser o haber sido objeto de una discriminación o exclusión recurrente y sistemática. Estos grupos se definen por su existencia objetiva e identidad colectiva, así como por su situación de subordinación y poder político disminuido frente a otros grupos; no obstante, aunque no existe una delimitación exhaustiva de tales grupos sociales relevantes para la aplicación de esta faceta del principio de igualdad, el artículo 1o., último párrafo, de la Constitución Federal, ha establecido distintas categorías sospechosas que sirven como punto de partida para su identificación.

En el artículo 5 de la Constitución de la Ciudad de México se establece el principio de progresividad en la tutela y garantía de los derechos, así como el mandato de que exista una serie de indicadores que permita medir el grado de efectividad de los derechos.

La progresividad de los derechos significa que los esfuerzos el Estado en la materia deben darse de forma continuada, con la mayor rapidez y eficacia que sea posible alcanzar, de manera que se logre una «mejora continúa de las condiciones de existencia», como lo ordena por ejemplo el artículo 11 del Pacto Internacional de Derechos Económicos, Sociales y Culturales de la ONU.

De la característica de la progresividad se desprende también la prohibición de regresividad, es decir, la prohibición de que los Estados den marcha atrás en los niveles alcanzados de satisfacción de los derechos[5].

Abramovich y Courtis han señalado que la obligación de progresividad constituye un parámetro para enjuiciar las medidas adoptadas por los poderes legislativo y ejecutivo en relación con los derechos sociales, es decir, se trata de una forma de carácter sustantivo a través de la cual los tribunales pueden llegar a determinar la inconstitucionalidad de ciertas medidas (o al menos su ilegitimidad a la luz de la Constitución y los tratados internacionales en materia de derechos humanos)[6].

Toda medida regresiva se presume violatoria del principio de progresividad y al Estado corresponde la carga de la prueba para demostrar que no lo es o que, siendo regresiva, está justificada[7]. Para poder justificar una medida regresiva el Estado tendrá que demostrar[8]: a) la existencia de un interés estatal permisible que la medida regresiva tutela; b) el carácter imperioso de la

---

5 Sobre la prohibición de regresividad como expresión precisamente del deber de progresividad de los derechos (establecido expresamente en el artículo 1 párrafo tercero de la Constitución mexicana) puede verse Courtis, Christian (compilador), *Ni un paso atrás. La prohibición de regresividad en materia de derechos sociales*, Buenos Aires, CELS, CEDALS, 2006.

6 Abramovich, Víctor y Courtis, Christian, *Los derechos sociales como derechos exigibles*, Madrid, Trotta, 2002, p. 95.

7 Abramovich, Víctor y Courtis, Christian, *Los derechos sociales como derechos exigibles*, cit., p. 105.

8 Abramovich, Víctor y Courtis, Christian, *Los derechos sociales como derechos exigibles*, cit., p. 109.

medida; y c) la inexistencia de cursos de acción alternativos que pudieran ser menos restrictivos del derecho que se haya visto afectado de forma regresiva.

Desde luego, si la medida regresiva está dirigida a excluir de los niveles mínimo de protección a ciertas personas, entonces se considera que viola el Pacto, sin que el Estado pueda justificar en forma alguna esa medida[9].

Sobre el principio de progresividad la jurisprudencia de nuestros tribunales federales ha sostenido, entre otro, el siguiente criterio de gran interés:

> Registro: 2013216
> PRINCIPIO DE PROGRESIVIDAD DE LOS DERECHOS HUMANOS. SU CONCEPTO Y EXIGENCIAS POSITIVAS Y NEGATIVAS. El principio de progresividad está previsto en el artículo 1o. constitucional y en diversos tratados internacionales ratificados por México. Dicho principio, en términos generales, ordena ampliar el alcance y la protección de los derechos humanos en la mayor medida posible hasta lograr su plena efectividad, de acuerdo con las circunstancias fácticas y jurídicas del caso concreto. Es posible diseccionar este principio en varias exigencias de carácter tanto positivo como negativo, dirigidas a los creadores de las normas jurídicas y a sus aplicadores, con independencia del carácter formal de las autoridades respectivas, ya sean legislativas, administrativas o judiciales. En sentido positivo, del principio de progresividad derivan para el legislador (sea formal o material) la obligación de ampliar el alcance y la tutela de los derechos humanos; y para el aplicador, el deber de interpretar las normas de manera que se amplíen, en lo posible jurídicamente, esos aspectos de los derechos. En sentido negativo, impone una prohibición de regresividad: el legislador tiene prohibido, en principio, emitir actos legislativos que limiten, restrinjan, eliminen o desconozcan el alcance y la tutela que en determinado momento ya se reconocía a los derechos humanos, y el aplicador tiene prohibido interpretar las normas sobre derechos humanos de manera regresiva, esto es, atribuyéndoles un sentido que implique desconocer la extensión de los derechos humanos y su nivel de tutela admitido previamente. En congruencia con este principio, el alcance y nivel de protección reconocidos a los derechos humanos tanto por la Constitución como por los tratados internacionales, deben ser concebidos como un mínimo que el Estado Mexicano tiene la obligación inmediata de respetar (no regresividad) y, a la vez, el punto de partida para su desarrollo gradual (deber positivo de progresar).

En el mismo artículo 5 se establecen los derecho a la memoria y la verdad, que han servido sobre todo en procesos abiertos por graves violaciones de derechos humanos. Los titulares de tales derechos son las víctimas de viola-

---

9 Abramovich, Víctor y Courtis, Christian, *Los derechos sociales como derechos exigibles*, cit., p. 110.

ciones de derechos humanos, los familiares de las víctimas y la sociedad en su conjunto. En el 2014 la Comisión Interamericana de Derechos Humanos publicó un importante informe sobre el derecho a la verdad en las Américas, que sin duda puede servir para la correcta interpretación del contenido del artículo 5 que estamos señalando[10].

En el artículo 7 destaca la novedad del «derecho a la buena administración», el cual tiene un amplio campo de aplicación, dadas las enormes carencias que, en el plano administrativo, han tenido las autoridades locales en los años recientes. Habrá que estar atentos para ver la forma en que se desarrolla y se va aplicando. Ojalá no quede como un principio retórico solamente.

En ese mismo artículo, que es bastante largo, también llama la atención que se proteja el secreto profesional de los comunicadores así como su cláusula de conciencia. Y también el reconocimiento del «derecho a la protesta», el cual se puede ejercer individual o colectivamente. Se trata de cuestiones novedosas que sin duda deben estimarse como positivas.

En el artículo 9 se establece el llamado «derecho al mínimo vital», que desde hace algunos años había sido objeto de desarrollo por parte de la jurisprudencia de nuestra Suprema Corte. Aunque hay varias tesis relevantes sobre el tema que se podrían citar, me parece que la más general es esta:

> Registro: 2002743
> DERECHO AL MÍNIMO VITAL. CONCEPTO, ALCANCES E INTERPRETACIÓN POR EL JUZGADOR. En el orden constitucional mexicano, el derecho al «mínimo vital» o «mínimo existencial», el cual ha sido concebido como un derecho fundamental que se apoya en los principios del Estado social de derecho, dignidad humana, solidaridad y protección de ciertos bienes constitucionales, cobra vigencia a partir de la interpretación sistemática de los derechos fundamentales consagrados en la Constitución Política de los Estados Unidos Mexicanos, particularmente en sus artículos 1o., 3o., 4o., 13, 25, 27, 31, fracción IV, y 123; aunado al Pacto Internacional de Derechos Económicos, Sociales y Culturales, y el Protocolo Adicional a la Convención Americana sobre Derechos Humanos en Materia de Derechos Económicos, Sociales y Culturales «Protocolo de San Salvador», suscritos por México y constitutivos del bloque de constitucionalidad, y conformados por la satisfacción y protección de diversas prerrogativas que, en su conjunto o unidad, forman la base o punto de partida desde la cual el individuo cuenta con las condiciones mínimas para desarrollar

---

10 El documento puede verse en: http: //www.oas.org/es/cidh/informes/pdfs/derecho-verdad-es.pdf

> un plan de vida autónomo y de participación activa en la vida democrática del Estado (educación, vivienda, salud, salario digno, seguridad social, medio ambiente, etcétera.), por lo que se erige como un presupuesto del Estado democrático de derecho, pues si se carece de este mínimo básico, las coordenadas centrales del orden constitucional carecen de sentido. Al respecto, el Comité de Derechos Económicos, Sociales y Culturales de la Organización de las Naciones Unidas, en la Observación General No. 3 de 1990, ha establecido: «la obligación mínima generalmente es determinada al observar las necesidades del grupo más vulnerable que tiene derecho a la protección del derecho en cuestión.». Así, la intersección entre la potestad estatal y el entramado de derechos y libertades fundamentales, en su connotación de interdependientes e indivisibles, fija la determinación de un mínimo de subsistencia digna y autónoma constitucionalmente protegida, que es el universal para sujetos de la misma clase y con expectativas de progresividad en lo concerniente a prestaciones. En este orden de ideas, este parámetro constituye el derecho al mínimo vital, el cual coincide con las competencias, condiciones básicas y prestaciones sociales necesarias para que la persona pueda llevar una vida libre del temor y de las cargas de la miseria o de necesidades insatisfechas que limiten sus libertades, de tal manera que este derecho abarca todas las medidas positivas o negativas necesarias para evitar que la persona se vea inconstitucionalmente reducida en su valor intrínseco como ser humano, por no contar con las condiciones materiales que le permitan llevar una existencia digna. Aunado a lo anterior, el mínimo vital es un concepto jurídico indeterminado que exige confrontar la realidad con los valores y fines de los derechos sociales, siendo necesario realizar una evaluación de las circunstancias de cada caso concreto, pues a partir de tales elementos, es que su contenido se ve definido, al ser contextualizado con los hechos del caso; por consiguiente, al igual que todos los conceptos jurídicos indeterminados, requiere ser interpretado por el juzgador, tomando en consideración los elementos necesarios para su aplicación adecuada a casos particulares, por lo que debe estimarse que el concepto no se reduce a una perspectiva cuantitativa, sino que por el contrario, es cualitativa, toda vez que su contenido va en función de las condiciones particulares de cada persona, de esta manera cada gobernado tiene un mínimo vital diferente; esto es, el análisis de este derecho implica determinar, de manera casuística, en qué medida se vulnera por carecer de recursos materiales bajo las condiciones propias del caso[11].

En el artículo 12 se establece de manera expresa un reconocimiento a los derechos de las personas LGBTTTI, lo cual es un paso enorme en la defensa de la no discriminación. Recordemos que en México hay todavía en pleno siglo

---

[11] Para profundizar sobre el tema sugiero consultar también los criterios jurisprudenciales recogidos en las tesis que tienen los siguientes registros en la base de datos IUS de la Suprema Corte: 168160, 172545, 2002744, 2011316 y 2009431.

XXI muchísimos actos de discriminación hacia quienes tienen una preferencia u orientación sexual distinta a la heterosexual y que ha habido incluso un debate abierto (de gran intensidad) sobre el derecho al matrimonio igualitario. Creo que este tipo de normas denotan el carácter progresista de la Constitución de la Ciudad de México y la sitúan (aunque solamente sea por esto) en la vanguardia del constitucionalismo mexicano.

En fin, habría muchísimas más cosas que comentar e ir analizando respecto del contenido constitucional. Como dije, dicho esfuerzo será materia de posteriores trabajos. Lo que he querido hacer en las páginas anteriores es solamente suministrar algunos ejemplos de las novedades interesantes en lo referente al reconocimiento de derechos humanos (en la parte de la división de poderes hay muchas otras cuestiones que vale la pena comentar). Cada una de ellas será materia de distintos desarrollos normativos en el plano legislativo y en la jurisprudencia, los cuales seguramente serán acompañados de los correspondientes comentarios doctrinales. Como puede ver el lector, hay mucho por decir y mucho por construir respecto de todas las novedades que contiene el nuevo texto constitucional.

Antes de terminar este prólogo quisiera añadir un elemento de orden contextual, que sirve también para poder darnos cuenta de la importancia del constitucionalismo en países como México y de lo mucho que nos queda por trabajar para que las normas de la Constitución sean una realidad cotidiana para todas las personas que se encuentran en el país.

Como ya se dijo, la Constitución de la Ciudad de México, una gran novedad del panorama jurídico nacional, surge justamente en el mejor momento posible: cuando se están celebrando los 100 años de la Constitución Política de los Estados Unidos Mexicanos, es decir, la Carta Magna emanada del Congreso Constituyente de Querétaro, promulgada el 5 de febrero de 1917.

A propósito del Centenario de la Carta de Querétaro, el Instituto de Investigaciones Jurídicas de la UNAM levantó la «Tercera Encuesta Nacional de Cultura Constitucional», que en buena medida replica dos ejercicios semejantes que se habían realizado en 2003 y 2011[12].

---

12 Los principales resultados de la encuesta y el análisis de su significado pueden verse en Fix Fierro, Héctor, Flores, Julia Isabel y Valadés, Diego (coordinadores), *Los mexicanos y su Constitución*, México, UNAM, 2017.

Los datos de la encuesta (levantada en el mes de octubre de 2016) son preocupantes. El 93% de los encuestados afirma conocer poco o nada la Constitución (se refieren a la federal, como es obvio).

Cuando se les pregunta en qué año fue aprobada la Constitución el 52% directamente dice que no lo sabe. Solamente un 40% afirmó saberlo, pero cuando a ellos se les pidió que dijeran el año, solo lo identificaron correctamente un 74%. Es decir, un 70% de los mexicanos no es capaz ni siquiera de señalar el año en el que la Constitución fue expedida.

Cuando se les pregunta por el origen histórico de la Constitución las cifras también demuestran un fuerte desconocimiento. El 34% piensa que la Constitución vigente es producto del movimiento de independencia; un 23% no sabe su origen y un 11% dice que la Constitución se origina como consecuencia del movimiento estudiantil de 1968.

Son solamente algunas, de entre las muchas cifras y datos importantes que contiene la encuesta de la UNAM, las cuales nos indican la absoluta necesidad de difundir por todos los medios posibles el contenido de nuestra Constitución (y ahora también el contenido de la Constitución de la Ciudad de México).

No puede haber una Constitución que se haga realidad en la práctica si la gente no la conoce, si no habla sobre su contenido, si no la hace propia. Tal parece que la Constitución mexicana es materia exclusiva de los especialistas y le interesa solamente a algunas autoridades. Los ciudadanos no la sienten como propia, quizá como consecuencia del enorme abismo que existe en México entre lo que señalan las normas jurídicas y lo que experimenta día a día el ciudadano común y corriente[13].

Hay que repetir siempre que la primera y más obvia forma de violación de un derecho se produce cuando ese derecho no es ni siquiera conocido, cuando su titular no sabe que lo tiene, cuando nadie se lo ha explicado y no tiene forma alguna para hacerse con ese conocimiento. La implicación de grandes sectores de la población en la lucha por los derechos y en general por los valores que protege el constitucionalismo, la movilización social a su favor es una condición necesaria —aunque no suficiente, como se ha encargado

---

13 Este tema de la distancia que hay entre el México legal y el México real ha sido comentado por Aguilar Camín, Héctor, «El espíritu de las leyes mexicanas», *Nexos*, México, febrero de 2017, pp. 27-30.

de demostrar la historia de los últimos años— para que esos derechos salgan de los textos constitucionales y los tratados académicos y se materialicen en nuestra experiencia cotidiana.

La implicación popular es indispensable para evitar también la manipulación fraudulenta en contra de los derechos, a la que con cierta frecuencia han acudido nuestros políticos para quitarse de encima su falta de ideas o su palmaria incapacidad de resolver los problemas sociales respetando las reglas del Estado de derecho. Como sostenía el juez de la Corte Suprema de los Estados Unidos, Louis Brandeis, «un pueblo inerte es la mayor amenaza para la libertad»; a esa inercia se le vence con un debate público abierto y bien nutrido, el cual, según el propio Brandeis, «es un deber político»[14].

Pero también es necesario un compromiso renovado de la cultura jurídica y constitucional, que durante demasiados años ha preferido silenciar las enormes violaciones de derechos humanos que se han sucedido en México a cambio de seguir disfrutando de una serie de prebendas y beneficios que ha obtenido bajo la sombra de los poderes públicos. Como señala Ferrajoli, «depende también de la cultura jurídica que los derechos, según la bella fórmula de Ronald Dworkin, sean tomados en serio, ya que no son sino significados normativos, cuya percepción y aceptación social como vinculantes es la primera, indispensable condición de su efectividad»[15].

Como quiera que sea, lo cierto es que nadie puede negar la urgencia de que —justo en el momento en el que nace— todas las personas que habitamos en la Ciudad de México y todos quienes se interesen por los temas constitucionales, hagamos un análisis y contribuyamos a la difusión del texto de la Constitución de la Ciudad de México, con sus aciertos y sus defectos, con sus avances y sus excesos retóricos. Es un texto de todos nosotros. Hay que conocerlo y aplicarlo a cabalidad.

Coyoacán, febrero de 2017.

---

14 Ver su voto concurrente en *Whitney vs. California* de 1927.

15 Ferrajoli, Luigi, *Derechos y garantías. La ley del más débil*, Madrid, Trotta, 1999, p. 68.

CONSTITUCIÓN POLÍTICA DE LA CIUDAD DE MÉXICO

ÚLTIMA REFORMA PUBLICADA EN LA GACETA OFICIAL: 8 DE AGOSTO DE 2023.

Constitución publicada en la Edición Vespertina al Número 4 del Diario Oficial de la Federación y en el Número 1 de la Gaceta Oficial de la Ciudad de México, el domingo 5 de febrero de 2017.

Al margen un logotipo, que dice: Ciudad de México.

MIGUEL ÁNGEL MANCERA ESPINOSA, Jefe de Gobierno de la Ciudad de México, a sus habitantes sabed:

Que con fecha 29 de Enero (sic) 2016, se publicó en el Diario Oficial de la Federación, el Decreto por el que se Declaran Reformadas y Derogadas diversas disposiciones de la Constitución Política de los Estados Unidos Mexicanos, en materia de la Reforma Política de la Ciudad de México.

Que de conformidad con lo previsto en el artículo 44 de la Constitución Política de los Estados Unidos Mexicanos, la Ciudad de México es la Entidad Federativa sede de los Poderes de la Unión y Capital de los Estados Unidos Mexicanos; se compondrá del territorio que actualmente tiene y, en caso de que los poderes federales se trasladen a otro lugar, se erigirá en un Estado de la Unión con la denominación de Ciudad de México.

Que los Transitorios Séptimo, Octavo y Noveno del Decreto por el que se Declaran Reformadas y Derogadas diversas disposiciones de la Constitución Política de los Estados Unidos Mexicanos, en materia de la Reforma Política de la Ciudad de México, y el Reglamento para el Gobierno Interior de la Asamblea Constituyente de la Ciudad de México, establecen que la Asamblea Constituyente expresa la soberanía del pueblo y ejercerá en forma exclusiva todas las funciones del Poder Constituyente para la Ciudad de México, por ende, entre sus atribuciones se encontraban las de aprobar, expedir y ordenar la publicación de la Constitución Política de la Ciudad de México.

Que la H. Asamblea Constituyente de la Ciudad de México, en sesión solemne, celebrada el treinta y uno de enero de dos mil diecisiete, aprobó la Constitución Política de la Ciudad de México, por lo que cumpliendo con el objeto para la cual fue convocada, con fundamento en los Transitorios Octavo y Noveno, fracción I, inciso f), del Decreto por el que se Declaran Reformadas y Derogadas diversas disposiciones de la Constitución Política de los Estados Unidos Mexicanos, ha tenido a bien expedir y dirigirme el siguiente:

DECRETO POR EL QUE SE EXPIDE LA CONSTITUCIÓN POLÍTICA DE LA CIUDAD DE MÉXICO

La Asamblea Constituyente de la Ciudad de México, reunida en la antigua sede del Senado de la República en Xicoténcatl, a partir del 15 de septiembre de 2016, en virtud de los artículos Séptimo, Octavo y Noveno Transitorios del Decreto por el que se declaran reformadas y derogadas diversas disposiciones de la Constitución Política de los Estados Unidos Mexicanos, en materia de la reforma política de la Ciudad de México, publicado en el Diario Oficial de la Federación el 29 de enero de 2016, ha tenido a bien expedir la siguiente:

CONSTITUCIÓN POLÍTICA DE LA CIUDAD DE MÉXICO

PREÁMBULO

In quexquichcauh maniz cemanahuac, aic tlamiz, aic polihuiz, in itenyo, in itauhca Mexihco Tenochtitlan

«En tanto que dure el mundo, no acabará, no perecerá la fama, la gloria de México Tenochtitlan»

Tenoch, 1325.

En la cercanía del séptimo centenario de su fundación, la Ciudad de México se otorga esta Constitución Política. Al hacerlo rememora sus incontables grandezas, hazañas y sufrimientos. Rinde homenaje a los creadores de sus espacios y culturas, a los precursores de su soberanía y a los promotores de su libertad.

Honra su legado y rinde homenaje a todas las comunidades y periodos históricos que le antecedieron, asume un compromiso perdurable con la dignidad y la igualdad de sus pobladores. Ciudad intercultural y hospitalaria. Reconoce la herencia de las grandes migraciones, el arribo cotidiano de las poblaciones vecinas y la llegada permanente de personas de la nación entera y de todos los continentes.

Esta Constitución es posible merced a la organización cívica y autónoma de sus pobladores y la resistencia histórica contra la opresión. Es la culminación de una transición política de inspiración plural y democrática.

La Ciudad pertenece a sus habitantes. Se concibe como un espacio civilizatorio, ciudadano, laico y habitable para el ejercicio pleno de sus posibilidades, el disfrute equitativo de sus bienes y la búsqueda de la felicidad.

Reconoce la libre manifestación de las ideas como un elemento integrador del orden democrático. Busca la consolidación del Estado garante de los derechos humanos y de las libertades inalienables de las personas.

Guardemos lealtad al eco de la antigua palabra, cuidemos nuestra casa común y restauremos, por la obra laboriosa y la conducta solidaria de sus hijas e hijos, la transparencia de esta comarca emanada del agua. Seamos ciudadanas y ciudadanos íntegros y leales al nuevo orden constitucional. Espejo en que se mire la República, digna capital de todas las mexicanas y los mexicanos y orgullo universal de nuestras raíces.

TÍTULO PRIMERO
DISPOSICIONES GENERALES

Artículo 1. De la Ciudad de México

1. La Ciudad de México es una entidad integrante de la Federación, sede de los Poderes de la Unión y capital de los Estados Unidos Mexicanos.

2. En la Ciudad la soberanía reside esencial y originariamente en el pueblo, quien la ejerce por conducto de sus poderes públicos y las figuras de democracia directa y participativa, a fin de preservar, ampliar, proteger y garantizar los derechos humanos y el desarrollo integral y progresivo de la sociedad. Todo poder público dimana del pueblo y se instituye para beneficio de éste.

3. La Ciudad adopta para su gobierno la forma republicana, democrática, representativa, laica y popular, bajo un sistema de división de poderes, pluralismo político y participación social.

4. La Ciudad es libre y autónoma en todo lo concerniente a su régimen interior y a su organización política y administrativa.

5. Las autoridades de la Ciudad ejercen las facultades que les otorga la Constitución Política de los Estados Unidos Mexicanos, todas aquellas que ésta no concede expresamente a los funcionarios federales y las previstas en esta Constitución.

6. Para la construcción del futuro la Ciudad impulsa la sociedad del conocimiento, la educación integral e inclusiva, la investigación científica, la innovación tecnológica y la difusión del saber.

7. La sustentabilidad de la Ciudad exige eficiencia en el uso del territorio, así como en la gestión de bienes públicos, infraestructura, servicios y equipamiento. De ello depende su competitividad, productividad y prosperidad.

8. El territorio de la Ciudad de México es el que actualmente tiene de conformidad con el artículo 44 de la Constitución Política de los Estados Unidos Mexicanos. Sus límites geográficos son los fijados por los decretos del 15 y 17 de diciembre de 1898 expedidos por el Congreso de la Unión.

Artículo 2. De la naturaleza intercultural, pluriétnica, plurilingüe y pluricultural de la Ciudad.

1. La Ciudad de México es intercultural, tiene una composición plurilingüe, pluriétnica y pluricultural sustentada en sus habitantes; sus pueblos y barrios originarios históricamente asentados en su territorio y en sus comunidades indígenas residentes. Se funda en la diversidad de sus tradiciones y expresiones sociales y culturales.

2. La Ciudad de México se enriquece con el tránsito, destino y retorno de la migración nacional e internacional.

3. La Ciudad de México es un espacio abierto a las personas internamente desplazadas y a las personas extranjeras a quienes el Estado Mexicano les ha reconocido su condición de refugiado u otorgado asilo político o la protección complementaria.

Artículo 3. De los principios rectores

1. La dignidad humana es principio rector supremo y sustento de los derechos humanos. Se reconoce a toda persona la libertad y la igualdad en derechos. La protección de los derechos humanos es el fundamento de esta Constitución y toda actividad pública estará guiada por el respeto y garantía a éstos.

2. La Ciudad de México asume como principios:

a) El respeto a los derechos humanos, la defensa del Estado democrático y social, el diálogo social, la cultura de la paz y la no violencia, el desarrollo económico sustentable y solidario con visión metropolitana, la más justa distribución del ingreso, la dignificación del trabajo y el salario, la erradicación de la pobreza, el respeto a la propiedad privada, la igualdad sustantiva, la no discriminación, la inclusión, la accesibilidad, el diseño universal, la preservación del equilibrio ecológico, la protección al ambiente, la protección y conservación del patrimonio cultural y natural.

Se reconoce la propiedad de la Ciudad sobre sus bienes del dominio público, de uso común y del dominio privado; asimismo, la propiedad ejidal y comunal;

b) La rectoría del ejercicio de la función pública apegada a la ética, la austeridad, la racionalidad, la transparencia, la apertura, la responsabilidad, la participación ciudadana y la rendición de cuentas con control de la gestión y evaluación, en los términos que fije la ley; y

c) La función social de la Ciudad, a fin de garantizar el bienestar de sus habitantes, en armonía con la naturaleza.

3. El ejercicio del poder se organizará conforme a las figuras de democracia directa, representativa y participativa, con base en los principios de interés social, subsidiariedad, la proximidad gubernamental y el derecho a la buena administración.

TÍTULO SEGUNDO
CARTA DE DERECHOS

CAPÍTULO I
DE LAS NORMAS Y GARANTÍAS DE LOS DERECHOS HUMANOS

Artículo 4. Principios de interpretación y aplicación de los derechos humanos

A. De la protección de los derechos humanos

(REFORMADO, G.O. 26 DE JULIO DE 2019)

1. En la Ciudad de México las personas gozan de los derechos humanos y garantías reconocidos en la Constitución Política de los Estados Unidos Mexicanos, en los tratados e instrumentos internacionales de los que el Estado mexicano sea parte, en esta Constitución y en las normas generales y locales.

2. Los derechos pueden ejercerse a título individual o colectivo, tienen una dimensión social y son de responsabilidad común.

3. Todas las autoridades, en el ámbito de sus competencias, están obligadas a promover, respetar, proteger y garantizar los derechos humanos.

4. Las autoridades adoptarán medidas para la disponibilidad, accesibilidad, diseño universal, aceptabilidad, adaptabilidad y calidad de los bienes, servicios e infraestructura públicos necesarios para que las personas que habitan en la

Ciudad puedan ejercer sus derechos y elevar los niveles de bienestar, mediante la distribución más justa del ingreso y la erradicación de la desigualdad.

5. Las autoridades deberán prevenir, investigar, sancionar y reparar las violaciones a los derechos humanos.

(REFORMADO, G.O. 26 DE JULIO DE 2019)

6. Las autoridades jurisdiccionales de la Ciudad ejercerán el control de constitucionalidad, favoreciendo en todo tiempo la protección más amplia para las personas, dejando de aplicar aquellas normas contrarias a esta Constitución.

B. Principios rectores de los derechos humanos

1. La universalidad, interdependencia, indivisibilidad, complementariedad, integralidad, progresividad y no regresividad son principios de los derechos humanos.

2. Los derechos humanos son inalienables, imprescriptibles, irrenunciables, irrevocables y exigibles.

3. En la aplicación e interpretación de las normas de derechos humanos prevalecerá el principio pro persona.

4. En la aplicación transversal de los derechos humanos las autoridades atenderán las perspectivas de género, la no discriminación, la inclusión, la accesibilidad, el interés superior de niñas, niños y adolescentes, el diseño universal, la interculturalidad, la etaria y la sustentabilidad.

C. Igualdad y no discriminación

1. La Ciudad de México garantiza la igualdad sustantiva entre todas las personas sin distinción por cualquiera de las condiciones de diversidad humana. Las autoridades adoptarán medidas de nivelación, inclusión y acción afirmativa.

2. Se prohíbe toda forma de discriminación, formal o de facto, que atente contra la dignidad humana o tenga por objeto o resultado la negación, exclusión, distinción, menoscabo, impedimento o restricción de los derechos de las personas, grupos y comunidades, motivada por origen étnico o nacional, apariencia física, color de piel, lengua, género, edad, discapacidades, condición social, situación migratoria, condiciones de salud, embarazo, religión, opiniones, preferencia sexual, orientación sexual, identidad de género, expresión de género, características sexuales, estado civil o cualquier otra. También se considerará discriminación la misoginia, cualquier manifestación de xenofobia, segregación racial, antisemitismo, islamofobia, así como la discriminación ra-

cial y otras formas conexas de intolerancia. La negación de ajustes razonables, proporcionales y objetivos, se considerará discriminación.

Artículo 5. Ciudad garantista

A. Progresividad de los derechos

1. Las autoridades adoptarán medidas legislativas, administrativas, judiciales, económicas y las que sean necesarias hasta el máximo de recursos públicos de que dispongan, a fin de lograr progresivamente la plena efectividad de los derechos reconocidos en esta Constitución. El logro progresivo requiere de una utilización eficaz de los recursos de que dispongan y tomando en cuenta el grado de desarrollo de la ciudad.

2. El Instituto de Planeación Democrática y Prospectiva de la Ciudad de México establecerá un sistema de indicadores de estos derechos que permitan fijar metas en el presupuesto anual y evaluar la garantía de su cumplimiento progresivo, tomando como base los niveles esenciales y alcanzados de satisfacción conforme a lo previsto por la ley.

3. El ejercicio de la hacienda pública se orientará al cumplimiento efectivo de los derechos.

4. Aún en contextos de limitaciones graves de recursos, se optará por programas específicos y económicos que permitan salvaguardar los niveles esenciales de los derechos.

5. Las medidas que adopte la autoridad incorporarán los ajustes razonables y el diseño universal.

6. La Ciudad de México contará con un Sistema Integral de Derechos Humanos, articulado al sistema de planeación de la Ciudad, para garantizar la efectividad de los derechos de todas las personas, con base en el Programa de Derechos Humanos y diagnósticos cuya información estadística e indicadores sirvan de base para asegurar la progresividad y no regresividad de estas prerrogativas, a fin de que se superen las causas estructurales y se eliminen las barreras que vulneran la dignidad de las personas. Este sistema diseñará las medidas de nivelación, inclusión y acción afirmativa que sean necesarias. Asimismo, tendrá a su cargo la determinación de principios y bases para la efectiva coordinación entre los Poderes de la Ciudad de México, los organismos constitucionales autónomos y las alcaldías, a fin de lograr la transversalización de programas, políticas públicas y acciones gubernamentales, así como su evaluación y reorientación.

7. Este sistema elaborará el Programa de Derechos Humanos, cuyo objeto será establecer criterios de orientación para la elaboración de disposiciones legales, políticas públicas, estrategias, líneas de acción y asignación del gasto público, con enfoque de derechos humanos, asegurando en su elaboración y seguimiento la participación de la sociedad civil y la convergencia de todas las autoridades del ámbito local.

8. Este sistema será dirigido por un comité coordinador conformado por las personas titulares o representantes de la Jefatura de Gobierno, el Poder Judicial local y el Congreso de la Ciudad; del Cabildo de la Ciudad; por cuatro representantes de organizaciones de la sociedad civil y tres representantes de instituciones de educación superior ubicadas en la Ciudad de México, electos por convocatoria de conformidad con la ley; y por la persona titular de la Comisión de Derechos Humanos de la Ciudad de México, de conformidad con la ley.

9. El Sistema Integral de Derechos Humanos contará con una instancia ejecutora, en los términos que determine la ley.

B. Exigibilidad y justiciabilidad de los derechos

Toda persona, grupo o comunidad podrá denunciar la violación a los derechos individuales y colectivos reconocidos por esta Constitución, mediante las vías judiciales y administrativas para su exigibilidad y justiciabilidad. Para tales efectos, contarán con la acción de protección efectiva de derechos, el juicio de restitución obligatoria de derechos humanos y las demás que prevea esta Constitución.

C. Derecho a la reparación integral

1. La reparación integral por la violación de los derechos humanos incluirá las medidas de restitución, indemnización, rehabilitación, satisfacción y garantías de no repetición, en sus dimensiones individual, colectiva, material, moral y simbólica, conforme a lo previsto por la ley.

2. Toda persona tiene derecho a la memoria, a conocer y preservar su historia, a la verdad y a la justicia por hechos del pasado.

3. La ley establecerá los supuestos de indemnización por error judicial, detención arbitraria, retraso injustificado o inadecuada administración de justicia en los procesos penales.

CAPÍTULO II
DE LOS DERECHOS HUMANOS

Artículo 6. Ciudad de libertades y derechos

A. Derecho a la autodeterminación personal

1. Toda persona tiene derecho a la autodeterminación y al libre desarrollo de una personalidad.

2. Este derecho humano fundamental deberá posibilitar que todas las personas puedan ejercer plenamente sus capacidades para vivir con dignidad. La vida digna contiene implícitamente el derecho a una muerte digna.

B. Derecho a la integridad

Toda persona tiene derecho a ser respetada en su integridad física y psicológica, así como a una vida libre de violencia.

C. Derecho a la identidad y a la seguridad jurídica

1. Toda persona, grupo o comunidad tienen derecho al nombre, a su propia imagen y reputación, así como al reconocimiento de su identidad y personalidad jurídica.

2. Las autoridades facilitarán el acceso de las personas a obtener documentos de identidad.

3. Toda persona tiene derecho al servicio notarial y a la inscripción registral de bienes y actos jurídicos de forma accesible y asequible.

D. Derechos de las familias

1. Se reconoce a las familias la más amplia protección, en su ámbito individual y colectivo, así como su aporte en la construcción y bienestar de la sociedad por su contribución al cuidado, formación, desarrollo y transmisión de saberes para la vida, valores culturales, éticos y sociales.

2. Todas las estructuras, manifestaciones y formas de comunidad familiar son reconocidas en igualdad de derechos, protegidas integralmente por la ley y apoyadas en sus tareas de cuidado.

3. Se implementará una política pública de atención y protección a las familias de la Ciudad de México.

E. Derechos sexuales

Toda persona tiene derecho a la sexualidad; a decidir sobre la misma y con quién compartirla; a ejercerla de forma libre, responsable e informada, sin discriminación, con respeto a la preferencia sexual, la orientación sexual, la identidad de género, la expresión de género y las características sexuales, sin coerción o violencia; así como a la educación en sexualidad y servicios de salud integrales, con información completa, científica, no estereotipada, diversa y laica. Se respetará la autonomía progresiva de niñas, niños y adolescentes.

F. Derechos reproductivos

1. Toda persona tiene derecho a decidir de manera libre, voluntaria e informada tener hijos o no, con quién y el número e intervalo entre éstos, de forma segura, sin coacción ni violencia, así como a recibir servicios integrales para acceder al más alto nivel de salud reproductiva posible y el acceso a información sobre reproducción asistida.

2. Las autoridades adoptarán medidas para prevenir, investigar, sancionar y reparar la esterilización involuntaria o cualquier otro tipo de método anticonceptivo forzado, así como la violencia obstétrica.

G. Derecho a defender los derechos humanos

1. Toda persona tiene derecho, individual o colectivamente, a promover y procurar la protección y realización de los derechos humanos y las libertades fundamentales; de forma eventual o permanente.

2. Las autoridades facilitarán los medios necesarios para el desarrollo de sus actividades, establecerán mecanismos de protección frente a amenazas y situaciones de riesgo, se abstendrán de imponer obstáculos de cualquier índole a la realización de su labor e investigarán seria y eficazmente las violaciones cometidas en su contra.

H. Acceso a la justicia

Toda persona tiene derecho a acceder a la justicia, a la tutela judicial efectiva y al debido proceso, así como a la defensa y asistencia jurídica gratuitas y de calidad en todo proceso jurisdiccional, en los términos que establezca la ley.

I. Libertad de creencias

Toda persona tiene derecho a la libertad de pensamiento, conciencia, y religión. Este derecho implica la libertad de tenerla o no, así como de conservarla o cambiarla. Toda persona tiene derecho a actuar de acuerdo a sus convicciones éticas.

(REFORMADO, [N. DE E. ADICIONADO], G.O. 22 DE JULIO DE 2021)

Los órganos de impartición de justicia implementarán los mecanismos que permitan el derecho de acceso a la justicia, mediante el uso de las tecnologías de la información y comunicación, a efecto de tramitar los procesos jurisdiccionales en todas sus instancias de manera alternativa y adicional a su tramitación escrita, de acuerdo con su naturaleza y formalidades esenciales. Para ello, todos los órganos jurisdiccionales contarán con un Sistema de Justicia

Electrónica, que garantice la interoperabilidad e interconexión entre los sistemas que utilicen, en los términos que señalen esta Constitución y las leyes.

Artículo 7

(REFORMADO PRIMER PÁRRAFO, G.O. 2 DE JUNIO DE 2022)

Ciudad Democrática

A. Derecho a la buena administración pública

1. Toda persona tiene derecho a una buena administración pública, de carácter receptivo, eficaz y eficiente, así como a recibir los servicios públicos de conformidad con los principios de generalidad, uniformidad, regularidad, continuidad, calidad y uso de las tecnologías de la información y la comunicación.

2. Las autoridades administrativas deberán garantizar la audiencia previa de los gobernados frente a toda resolución que constituya un acto privativo de autoridad. En dichos supuestos, deberán resolver de manera imparcial y equitativa, dentro de un plazo razonable y de conformidad con las formalidades esenciales del procedimiento.

3. En los supuestos a que se refiere el numeral anterior, se garantizará el acceso al expediente correspondiente, con respeto a la confidencialidad, reserva y protección de datos personales.

4. La ley determinará los casos en los que deba emitirse una carta de derechos de los usuarios y obligaciones de los prestadores de servicios públicos. Las autoridades conformarán un sistema de índices de calidad de los servicios públicos basado en criterios técnicos y acorde a los principios señalados en el primer numeral de este apartado.

B. Libertad de reunión y asociación

Todas las personas tienen derecho a reunirse pacíficamente y asociarse libremente para promover, ejercer y proteger intereses u objetos lícitos, observándose las previsiones contenidas en la Constitución Política de los Estados Unidos Mexicanos y en esta Constitución.

C. Libertad de expresión

1. Toda persona tiene derecho a la libertad de expresión por cualquier medio. Su ejercicio no podrá ser objeto de previa censura y sólo podrá ser limitado en los casos que señala la Constitución Política de los Estados Unidos Mexicanos. El derecho de réplica será ejercido en los términos dispuestos por la ley.

2. Las personas profesionales de la información tienen derecho a desempeñarse de manera libre y a mantener el secreto profesional, que salvaguarda

a periodistas y colaboradores periodísticos en cumplimiento de sus funciones, así como a no ser obligados a revelar sus fuentes de información. En su desempeño se respetará, como eje fundamental, la cláusula de conciencia para salvaguarda de su dignidad personal y profesional e independencia.

3. Se garantizará la seguridad de las personas que ejerzan el periodismo; así como las condiciones para que quienes sean perseguidos arbitrariamente en el ejercicio de dicha actividad profesional puedan vivir y trabajar en la Ciudad.

4. La protesta social es un derecho individual y colectivo, que se ejercerá de manera pacífica sin afectar derechos de terceros. Las autoridades adoptarán protocolos de actuación en manifestaciones conforme a parámetros internacionales dirigidos a la protección de las personas en el ejercicio de este derecho, sin vulnerar otros derechos. Queda prohibida la criminalización de la protesta social y la manifestación pública.

D. Derecho a la información

1. Toda persona tiene derecho al libre acceso a información plural, suficiente y oportuna, así como a producirla, buscarla, recibirla y difundirla por cualquier medio.

2. Se garantiza el acceso a la información pública que posea, transforme o genere cualquier instancia pública, o privada que reciba o ejerza recursos públicos o realice actos de autoridad o de interés público. Esta información deberá estar disponible en formatos de datos abiertos, de diseño universal y accesibles.

3. En la interpretación de este derecho prevalecerá el principio de máxima publicidad. Los sujetos obligados deberán documentar los actos del ejercicio de sus funciones. La información sólo podrá reservarse temporalmente por razones de interés público para los casos y en los términos que fijen la Constitución Política de los Estados Unidos Mexicanos y las leyes.

4. No podrá clasificarse como reservada aquella información que esté relacionada con violaciones graves a derechos humanos o delitos de lesa humanidad.

E. Derecho a la privacidad y a la protección de los datos personales

1. Toda persona tiene derecho a que se respete y proteja su privacidad individual y familiar, a la inviolabilidad del domicilio y de sus comunicaciones.

2. Se protegerá la información que se refiera a la privacidad y los datos personales, en los términos y con las excepciones que establezcan la Constitución Política de los Estados Unidos Mexicanos y las leyes.

3. Se prohíbe y será sancionada cualquier injerencia arbitraria, oculta o injustificada en la vida de las personas.

(REFORMADO, G.O. 2 DE JUNIO DE 2022)

4. Toda persona tiene derecho al acceso, rectificación, cancelación y portabilidad de sus datos personales, así como a manifestar su oposición respecto del tratamiento de estos, en los términos que disponga la ley. Su manejo se regirá por los principios de veracidad, licitud, consentimiento, información, calidad, finalidad, lealtad, proporcionalidad y responsabilidad.

F. Derecho a un gobierno democrático y a la participación política paritaria

1. Toda persona tiene derecho a vivir en una sociedad libre y democrática, fundada en el constante mejoramiento económico, social y cultural de las personas.

2. Las y los ciudadanos que habiten en la Ciudad de México tienen derecho a ejercer el sufragio efectivo, universal, libre, directo y secreto.

3. Las personas originarias de la Ciudad que residen fuera del país tienen derecho a votar y ser votadas en elecciones locales, de conformidad con lo previsto en la Constitución Política de los Estados Unidos Mexicanos, esta Constitución y las leyes.

4. Toda persona podrá acceder a cargos de la función pública, en condiciones de igualdad y paridad, libre de todo tipo de violencia y discriminación, de conformidad con los requisitos de ingreso establecidos por la ley.

Artículo 8. Ciudad educadora y del conocimiento

A. Derecho a la educación

1. En la Ciudad de México todas las personas tienen derecho a la educación en todos los niveles, al conocimiento y al aprendizaje continuo. Tendrán acceso igualitario a recibir formación adecuada a su edad, capacidades y necesidades específicas, así como la garantía de su permanencia, independientemente de su condición económica, étnica, cultural, lingüística, de credo, de género o de discapacidad.

2. Se garantizará el derecho universal a la educación obligatoria. La Ciudad de México asume la educación como un deber primordial y un bien público indispensable para la realización plena de sus habitantes, así como un proceso colectivo que es corresponsabilidad de las autoridades de los distintos órdenes de gobierno en el ámbito de sus facultades, el personal docente, las familias y los sectores de la sociedad.

3. Las autoridades educativas de la Ciudad de México impartirán educación en todos los niveles y modalidades, en los términos y las condiciones previstas en la Constitución Política de los Estados Unidos Mexicanos y las leyes de la materia. Toda la educación pública será gratuita, laica, inclusiva, intercultural, pertinente y de calidad. Tenderá a igualar las oportunidades y disminuir las desigualdades entre los habitantes. Será democrática y contribuirá a la mejor convivencia humana. En la Ciudad de México, la población indígena tendrá derecho a recibir educación bilingüe, en su lengua originaria y en español con perspectiva intercultural.

4. La comunidad escolar es la base orgánica del sistema educativo, estará conformada por estudiantes, docentes, padres y madres de familia y autoridades escolares. Su labor principal será contribuir a mejorar el funcionamiento de las instituciones educativas y de los servicios educativos, en el diseño y ejecución de los mismos, conforme los derechos y obligaciones establecidos en las leyes en la materia. En todo momento se deberá respetar la libertad, la dignidad e integridad de todos los miembros de la comunidad escolar.

5. Queda prohibido condicionar la prestación de los servicios educativos a cargo del Estado, incluyendo la inscripción, la aplicación de exámenes, la permanencia y la entrega de documentos, a la entrega de aportaciones, cuotas, donaciones, dádivas o cualquier otro tipo de contraprestación en numerario, bienes o servicios.

(REFORMADO [N. DE E. ESTE PÁRRAFO], G.O. 28 DE NOVIEMBRE DE 2022)

6. Atendiendo al principio rector del interés superior de la niñez, las autoridades garantizarán el pleno acceso al derecho de las niñas y los niños a recibir educación.

(ADICIONADO, G.O. 28 DE NOVIEMBRE DE 2022)

En la Ciudad de México, todas las niñas y niños inscritos en planteles públicos de educación básica, tendrán derecho a contar con una beca que se denominará Bienestar para niñas y niños.

(ADICIONADO, G.O. 28 DE NOVIEMBRE DE 2022)

En cada ejercicio fiscal, los planteles educativos de educación pública básica en la Ciudad de México contarán con la asignación presupuestal que determine el Congreso a fin de dignificar las condiciones de los inmuebles, misma que se ejercerá con la participación de los padres y madres de familia. El programa para el ejercicio de este derecho se denominará La escuela es nuestra.

7. Las autoridades educativas promoverán la ampliación paulatina de las jornadas escolares hasta un máximo de ocho horas con programas artísticos, deportes y de apoyo al aprendizaje.

8. La educación de los tipos medio superior y superior que se imparta en la Ciudad de México deberá tener contenidos que propicien el pensamiento crítico y la conciencia de las personas sobre su papel en la sociedad y su compromiso con la ciudad, el país y el mundo.

9. Las personas adultas tendrán derecho a servicios de alfabetización, educación primaria y secundaria, así como oportunidades de formación para el trabajo a lo largo de la vida, con las particularidades adecuadas que requieran.

10. Las autoridades de conformidad con su ámbito de competencia, establecerán acciones afirmativas destinadas a prevenir o compensar situaciones de desventajas o dificultades de grupos vulnerables, con el fin de procurar su permanencia en el sistema educativo.

11. Quienes ejercen la patria potestad, tutela o guarda y custodia de niñas, niños y adolescentes deberán asegurar que cursen la educación obligatoria, participar en su proceso educativo y proporcionarles las condiciones para su continuidad y permanencia en el sistema educativo.

12. La Ciudad de México es un espacio público de aprendizaje que reconoce las diversas formas de acceso a la educación y a la cultura.

13. Las autoridades de la Ciudad promoverán la lectura y la escritura como prácticas formativas, informativas y lúdicas. Se fortalecerá la red de bibliotecas públicas y bancos de datos que aseguren el acceso universal, gratuito y equitativo a los libros en sus diversos formatos. Además, fomentarán la cultura escrita y apoyarán la edición de publicaciones por cualquier medio.

B. Sistema educativo local

1. Las autoridades educativas podrán proponer a la autoridad educativa federal contenidos regionales para los planes y programas de estudio de educación básica.

2. Las autoridades educativas deberán fomentar oportunidades de acceso a la educación superior, previendo que la misma tenga condiciones de calidad y pertinencia.

3. Las autoridades tomarán las medidas tendientes a prevenir y evitar la deserción escolar en todos los niveles. Las leyes locales establecerán apoyos

para materiales educativos para estudiantes de educación inicial y básica, así como un apoyo económico para los estudiantes de educación media superior.

4. Esta Constitución reconoce la función primordial de la actividad docente, su dignificación social, así como la importancia de la formación continua para los docentes.

5. El sistema educativo local se adaptará a las necesidades de la comunidad escolar y responderá a su diversidad social y cultural. Asimismo, fomentará la innovación, la preservación, la educación ambiental y el respeto a los derechos humanos, la cultura, la formación cívica, ética, la educación y creación artísticas, la educación tecnológica, la educación física y el deporte. Las autoridades de la Ciudad de México contarán con un sistema de escuelas de nivel medio superior en el que se impartirán estudios al más alto nivel académico.

6. Las autoridades promoverán esquemas eficientes para el suministro de alimentos sanos y nutritivos conforme a los lineamientos que la autoridad en la materia determine.

7. La Ciudad de México y sus demarcaciones territoriales velarán por que los materiales y métodos educativos, la organización escolar y la infraestructura física sean adaptables a las condiciones y contextos específicos de las y los alumnos asegurando su desarrollo progresivo e integral, conforme a las capacidades y habilidades personales. Se reconoce a la Lengua de Señas Mexicana como oficial y parte del patrimonio lingüístico de la Ciudad. Las personas sordas tendrán derecho a recibir educación en Lengua de Señas Mexicana y español.

8. La Universidad Autónoma de la Ciudad de México es una institución pública autónoma de educación superior con personalidad jurídica y patrimonio propios, que debe proporcionar educación de calidad en la Ciudad de México. Tiene la facultad y responsabilidad de gobernarse a sí misma; de definir su estructura y las funciones académicas que le correspondan, realizando sus funciones de educar, investigar y difundir la cultura, atendiendo los principios contenidos en el artículo 3o. de la Constitución Política de los Estados Unidos Mexicanos, respetando las libertades de estudio, cátedra e investigación y de libre examen y discusión de las ideas; de determinar sus planes y programas; de fijar los términos de ingreso, promoción y permanencia de su personal académico; y de administrar su patrimonio.

9. En la Ciudad de México los particulares podrán impartir educación en todos sus tipos y modalidades. En los términos que establezca la ley, se otorgará y retirará el reconocimiento de validez oficial a los estudios de educación

inicial, media superior y superior que se realicen en planteles particulares y, en el caso de la educación básica, deberán obtener previamente, en cada caso, la autorización expresa de la autoridad.

10. La falta de documentación que acredite la identidad de niñas, niños y adolescentes no podrá ser impedimento para garantizar el acceso al sistema educativo. Las autoridades deberán facilitar opciones para obtener la documentación requerida que permita la integración o tránsito del educando por el sistema educativo nacional.

C. Derecho a la ciencia y a la innovación tecnológica

1. En la Ciudad de México el acceso al desarrollo científico y tecnológico es un derecho universal y elemento fundamental para el bienestar individual y social. El Gobierno de la Ciudad garantizará el libre acceso, uso y desarrollo de la ciencia, la tecnología y la innovación, la plena libertad de investigación científica y tecnológica, así como a disfrutar de sus beneficios.

2. Toda persona tiene derecho al acceso, uso y desarrollo de la ciencia, la tecnología y la innovación, así como a disfrutar de sus beneficios y desarrollar libremente los procesos científicos de conformidad con la ley.

(REFORMADO, G.O. 8 DE AGOSTO DE 2023)

3. Toda persona tiene derecho a acceder de forma libre y gratuita al servicio de internet de banda ancha en espacios públicos de la Ciudad. El Gobierno de la Ciudad garantizará este derecho.

El Gobierno de la Ciudad llevará a cabo la implementación progresiva de infraestructura de telecomunicaciones para garantizar la autosuficiencia en la prestación del servicio gratuito de internet en los espacios públicos de la Ciudad.

4. Las autoridades, en el ámbito de sus competencias, fortalecerán y apoyarán la generación, ejecución y difusión de proyectos de investigación científica y tecnológica, así como la vinculación de éstos con los sectores productivos, sociales y de servicios, a fin de resolver problemas y necesidades de la Ciudad, contribuir a su desarrollo económico y social, elevar el bienestar de la población y reducir la desigualdad; la formación de técnicos y profesionales que para el mismo se requieran; la enseñanza de la ciencia y la tecnología desde la enseñanza básica; y el apoyo a creadores e inventores.

Garantizan igualmente la preservación, el rescate y desarrollo de técnicas y prácticas tradicionales y originarias en la medicina y en la protección, restauración y buen uso de los recursos naturales y el cuidado del medio ambiente.

5. El Instituto de Planeación Democrática y Prospectiva elaborará un Programa de Desarrollo Científico, Tecnológico y de Innovación que será parte integral del Plan General de Desarrollo de la Ciudad de México, con una visión de veinte años, y que se actualizará cada tres.

6. En el presupuesto de la Ciudad de México, se considerará una partida específica para el desarrollo de la ciencia y la tecnología, que no podrá ser inferior al dos por ciento del Presupuesto de la Ciudad.

7. Se estimulará el establecimiento de empresas tecnológicas, así como la inversión en ciencia, tecnología e innovación, en los sectores social y privado en la Ciudad de México.

D. Derechos culturales

1. Toda persona, grupo o comunidad gozan del derecho irrestricto de acceso a la cultura. El arte y la ciencia son libres y queda prohibida toda forma de censura. De manera enunciativa y no limitativa, tienen derecho a:

a) Elegir y que se respete su identidad cultural, en la diversidad de sus modos de expresión;

b) Conocer y que se respete su propia cultura, como también las culturas que, en su diversidad, constituyen el patrimonio común de la humanidad;

c) Una formación que contribuya al libre y pleno desarrollo de su identidad cultural;

d) Acceder al patrimonio cultural que constituye las expresiones de las diferentes culturas;

e) Acceder y participar en la vida cultural a través de las actividades que libremente elija y a los espacios públicos para el ejercicio de sus expresiones culturales y artísticas, sin contravenir la reglamentación en la materia;

f) Ejercer las propias prácticas culturales y seguir un modo de vida asociado a sus formas tradicionales de conocimiento, organización y representación, siempre y cuando no se opongan a los principios y disposiciones de la Constitución Política de los Estados Unidos Mexicanos, de los tratados internacionales y de esta Constitución;

g) Ejercer en libertad su derecho a emprender proyectos, iniciativas y propuestas culturales y artísticas;

h) Constituir espacios colectivos, autogestivos, independientes y comunitarios de arte y cultura que contarán con una regulación específica para el fortalecimiento y desarrollo de sus actividades;

i) Ejercer la libertad creativa, cultural, artística, de opinión e información; y

j) Participar, por medios democráticos, en el desarrollo cultural de las comunidades a las que pertenece y en la elaboración, la puesta en práctica y la evaluación de las políticas culturales.

2. Toda persona tiene derecho al acceso a los bienes y servicios que presta el Gobierno de la Ciudad de México en materia de arte y cultura.

3. Las autoridades, en el ámbito de sus respectivas competencias protegerán los derechos culturales.

Asimismo, favorecerán la promoción y el estímulo al desarrollo de la cultura y las artes. Los derechos culturales podrán ampliarse conforme a la ley en la materia que además establecerá los mecanismos y modalidades para su exigibilidad.

4. Toda persona y colectividad podrá, en el marco de la gobernanza democrática, tomar iniciativas para velar por el respeto de los derechos culturales y desarrollar modos de concertación y participación.

5. El patrimonio cultural, material e inmaterial, de las comunidades, grupos y personas de la Ciudad de México es de interés y utilidad pública, por lo que el Gobierno de la Ciudad garantizará su protección, conservación, investigación y difusión.

6. El Gobierno de la Ciudad otorgará estímulos fiscales para el apoyo y fomento de la creación y difusión del arte y cultura.

7. Los grupos y comunidades culturales gozarán del derecho de ser reconocidos en la sociedad.

E. Derecho al deporte

Toda persona tiene derecho pleno al deporte. El Gobierno de la Ciudad garantizará este derecho, para lo cual:

a) Promoverá la práctica del deporte individual y colectivo y de toda actividad física que ayude a promover la salud y el desarrollo integral de la persona, tanto en las escuelas como en las comunidades.

b) Establecerá instalaciones deportivas apropiadas, en las escuelas y en espacios públicos seguros, suficientes y amigables con el medio ambiente, próximos a las comunidades y que permitan el acceso al deporte a las personas con discapacidad.

c) Asignará instructores profesionales para que la práctica del deporte y el acondicionamiento físico se desarrolle en forma adecuada; y

d) Otorgará a las y los deportistas de alto rendimiento apoyo técnico, material y económico para su mejor desempeño.

Artículo 9. Ciudad solidaria

A. Derecho a la vida digna

1. Las autoridades adoptarán las medidas necesarias para que progresivamente, se erradiquen las desigualdades estructurales y la pobreza, y se promueva el desarrollo sustentable, que permita alcanzar una justa distribución de la riqueza y del ingreso entre personas, familias, grupos sociales y ámbitos territoriales.

2. Todas las personas tienen derecho a un mínimo vital para asegurar una vida digna en los términos de esta Constitución.

3. Las autoridades garantizarán progresivamente la vigencia de los derechos, hasta el máximo de los recursos públicos disponibles. Se asegurará la no discriminación, la igualdad sustantiva y la transparencia en el acceso a los programas y servicios sociales de carácter público. Su acceso y permanencia se establecerá en las leyes y normas respectivas.

B. Derecho al cuidado

Toda persona tiene derecho al cuidado que sustente su vida y le otorgue los elementos materiales y simbólicos para vivir en sociedad a lo largo de toda su vida. Las autoridades establecerán un sistema de cuidados que preste servicios públicos universales, accesibles, pertinentes, suficientes y de calidad y desarrolle políticas públicas. El sistema atenderá de manera prioritaria a las personas en situación de dependencia por enfermedad, discapacidad, ciclo vital, especialmente la infancia y la vejez y a quienes, de manera no remunerada, están a cargo de su cuidado.

C. Derecho a la alimentación y a la nutrición

1. Toda persona tiene derecho a una alimentación adecuada, nutritiva, diaria, suficiente y de calidad con alimentos inocuos, saludables, accesibles, asequibles y culturalmente aceptables que le permitan gozar del más alto nivel de desarrollo humano posible y la protejan contra el hambre, la malnutrición y la desnutrición.

(ADICIONADO, G.O. 24 DE MARZO DE 2023)

La lactancia materna forma parte integral del derecho a la alimentación y a la nutrición. Constituye un derecho de la niñez al ser un medio idóneo que le asegura una adecuada nutrición, al tiempo que favorece su crecimiento y desarrollo físico, cognitivo y emocional, previniendo enfermedades; además, permite a las madres ejercer su derecho a la salud y a decidir sobre su cuerpo.

(ADICIONADO, G.O. 24 DE MARZO DE 2023)

Las autoridades fomentarán de forma progresiva y armónica el ejercicio de este derecho.

2. Las autoridades, de manera progresiva, fomentarán la disponibilidad, distribución, abastecimiento equitativo y oportuno de alimentos nutritivos y de calidad; promoverán la seguridad y sustentabilidad alimentarias; y garantizarán el acceso a este derecho dando prioridad a las personas en pobreza y a las demás que determine la ley.

D. Derecho a la salud

1. Toda persona tiene derecho al más alto nivel posible de salud física y mental, con las mejores prácticas médicas, lo más avanzado del conocimiento científico y políticas activas de prevención, así como al acceso a servicios de salud de calidad. A nadie le será negada la atención médica de urgencia.

2. Las personas que residen en la Ciudad tienen derecho al acceso a un sistema de salud público local que tenga por objeto mejorar la calidad de la vida humana y su duración, la reducción de los riesgos a la salud, la morbilidad y la mortalidad. Asimismo, deberá incluir medidas de promoción de la salud, prevención, atención y rehabilitación de las enfermedades y discapacidades mediante la prestación de servicios médico-sanitarios universales, equitativos, gratuitos, seguros, de calidad y al alcance de todas las personas. Aquéllas con discapacidad tienen derecho a la rehabilitación integral de calidad.

3. Las autoridades de la Ciudad de México asegurarán progresivamente, de conformidad con la Constitución Política de los Estados Unidos Mexicanos y las leyes generales aplicables:

a) La cobertura universal de los servicios e infraestructura médica y hospitalaria, de manera prioritaria en las zonas que enfrentan mayores rezagos y el abasto gratuito y oportuno de medicamentos esenciales;

b) Las condiciones necesarias para asegurar que en las instituciones de salud pública local existan los servicios de salud, asistencia social y atención médica, la disponibilidad, accesibilidad, seguridad e higiene en las instalaciones de los centros de salud y hospitales, así como la suficiencia de personal y profesionales de la salud capacitados, equipamiento, insumos y medicamentos;

c) La existencia de entornos salubres y seguros, espacios públicos, actividades sociales, culturales y deportivas que mejoren la calidad de vida y la convivencia, propicien modos de vida saludables, desincentiven las violencias, las adicciones y las prácticas sedentarias;

d) La prevención, el tratamiento y el control de las enfermedades transmisibles, no transmisibles, crónicas e infecciosas;

e) El desarrollo de investigación científica para rescate y promoción de la medicina tradicional indígena; y

f) La prestación de los servicios locales de salud pública es competencia del Gobierno de la Ciudad y en lo que corresponda a las alcaldías.

4. Las personas usuarias de los servicios de salud tienen derecho a un trato digno, con calidad y calidez, a una atención médica oportuna y eficaz, a que se realicen los estudios y diagnósticos para determinar las intervenciones estrictamente necesarias y debidamente justificadas, a gozar de los beneficios del progreso científico y de sus aplicaciones, a recibir información sobre su condición, a contar con alternativas de tratamiento, así como a expresar su consentimiento para la realización de procedimientos médicos y a solicitar una segunda opinión.

5. Los servicios y atenciones de salud públicos y privados respetarán los derechos sexuales y los reproductivos de todas las personas y brindarán atención sin discriminación alguna, en los términos de la legislación aplicable.

6. Se respetará en todo momento el derecho fundamental a la autodeterminación personal, la autonomía, así como las decisiones libres y voluntarias del paciente a someterse a tratamientos o procedimientos médicos que pretendan prolongar de manera innecesaria su vida, protegiendo en todo momento su dignidad. Para ello, se estará a lo que disponga esta Constitución y las leyes.

7. A toda persona se le permitirá el uso médico y terapéutico de la cannabis sativa, índica, americana o marihuana y sus derivados, de conformidad con la Constitución Política de los Estados Unidos Mexicanos y la legislación aplicable.

E. Derecho a la vivienda

1. Toda persona tiene derecho a una vivienda adecuada para sí y su familia, adaptada a sus necesidades.

2. Las autoridades tomarán medidas para que las viviendas reúnan condiciones de accesibilidad, asequibilidad, habitabilidad, adaptación cultural, tamaño suficiente, diseño y ubicación seguros que cuenten con infraestructura y servicios básicos de agua potable, saneamiento, energía y servicios de protección civil.

3. Se impulsarán planes accesibles de financiamiento, medidas para asegurar gastos soportables y la seguridad jurídica en la tenencia de la vivienda.

4. Se adoptarán medidas, de conformidad con la ley, contra el desalojo arbitrario e ilegal de los ocupantes de la vivienda.

F. Derecho al agua y a su saneamiento

1. Toda persona tiene derecho al acceso, a la disposición y saneamiento de agua potable suficiente, salubre, segura, asequible, accesible y de calidad para el uso personal y doméstico de una forma adecuada a la dignidad, la vida y la salud; así como a solicitar, recibir y difundir información sobre las cuestiones del agua.

2. La Ciudad garantizará la cobertura universal del agua, su acceso diario, continuo, equitativo y sustentable. Se incentivará la captación del agua pluvial.

3. El agua es un bien público, social y cultural. Es inalienable, inembargable, irrenunciable y esencial para la vida. La gestión del agua será pública y sin fines de lucro.

Artículo 10. Ciudad productiva

A. Derecho al desarrollo sustentable

Toda persona tiene derecho a participar en un desarrollo económico, social, cultural y político en el que puedan realizarse plenamente todos los derechos humanos y libertades fundamentales.

B. Derecho al trabajo

1. La Ciudad de México tutela el derecho humano al trabajo, así como la promoción de habilidades para el emprendimiento, que generan valor mediante la producción de bienes y servicios, así como en la reproducción de la sociedad. Asimismo, valora, fomenta y protege todo tipo de trabajo lícito, sea o no subordinado. El respeto a los derechos humanos laborales estará presente en todas las políticas públicas y en la estrategia de desarrollo de la Ciudad.

2. En la Ciudad de México todas las personas gozan de los derechos humanos en materia laboral reconocidos por la Constitución Política de los Estados Unidos Mexicanos, los tratados e instrumentos internacionales, esta Constitución y las leyes que de ella emanen.

3. Toda persona que desempeñe una ocupación en la ciudad, temporal o permanente, asalariada o no, tendrá derecho a ejercer un trabajo digno.

4. Las autoridades de la Ciudad, de conformidad con la Constitución Política de los Estados Unidos Mexicanos, con las leyes aplicables y en el ámbito de sus competencias, promoverán:

a) El cumplimiento de los programas que tengan por objeto identificar y erradicar el trabajo infantil esclavo y forzado, así como la discriminación laboral;

b) La igualdad sustantiva en el trabajo y el salario;

c) La generación de condiciones para el pleno empleo, el salario remunerador, el aumento de los ingresos reales de las personas trabajadoras y el incremento de los empleos formales;

d) La realización de las tareas de inspección del trabajo. Las autoridades deberán otorgar los medios idóneos para su adecuado funcionamiento; y

e) La protección eficaz de las personas trabajadoras frente a los riesgos de trabajo, incluyendo los riesgos psicosociales y ergonómicos, y el desarrollo de las labores productivas en un ambiente que garantice la seguridad, salud, higiene y bienestar.

5. Las autoridades de la Ciudad establecerán, de conformidad con las leyes aplicables y en el ámbito de sus competencias, programas de:

a) Capacitación, adiestramiento, formación profesional y de acceso al empleo y a otras actividades productivas, así como servicios de asesoría y defensoría gratuitos, necesarios para que las personas trabajadoras y sus organizaciones conozcan y ejerzan sus derechos a través de la autoridad competente. La realización de las tareas de inspección del trabajo atenderá los requerimientos de la defensoría laboral.

b) Seguro de desempleo, proporcionando a las personas beneficiarias los recursos y las condiciones necesarias para una vida digna, en tanto encuentran una actividad productiva;

c) Fomento a la formalización de los empleos;

d) Protección efectiva de los derechos de las personas trabajadoras del hogar, así como de los cuidadores de enfermos, promoviendo la firma de contratos entre éstas y sus empleadores. Su acceso a la seguridad social se realizará en los términos y condiciones que establezcan los programas, leyes y demás disposiciones de carácter federal aplicables en la materia;

e) Protección especial de grupos de atención prioritaria y personas trabajadoras que por su condición de vulnerabilidad requieren de una atención especial;

f) Reconocimiento del trabajo del hogar y de cuidados como generadores de bienes y servicios para la producción y reproducción social, y

g) Promoción de mecanismos de conciliación entre trabajo y familia, incluyendo la movilidad geográfica voluntaria en razón de la proximidad del centro de trabajo y el domicilio de la persona trabajadora, con el acuerdo de los patrones o empleadores.

6. Las autoridades, en el ámbito de sus competencias y en los términos de la legislación aplicable, deben salvaguardar el derecho de asociación sindical a las personas trabajadoras y empleadores, así como la protección contra todo acto de discriminación tendiente a menoscabar la libertad sindical, incluyendo la injerencia de las autoridades o los empleadores en la vida sindical.

7. Las autoridades promoverán la negociación colectiva por rama de industria y cadena productiva para conciliar el reconocimiento al trabajo, modelos laborales sustentables, uso racional de los recursos humanos y desarrollo de los sectores productivos.

8. Las autoridades velarán por el respeto a la libertad y a la democracia sindical, incluyendo el derecho a elegir libremente a sus representantes sindicales y a participar en los procesos de firma y terminación de los contratos colectivos de trabajo mediante el voto personal, libre y secreto. La ley garantizará el cumplimiento de estos principios. Con base en lo anterior, para la elección de dirigentes, los estatutos sindicales podrán fijar modalidades procedimentales aplicables a los respectivos procesos.

9. Las autoridades, en el ámbito de sus competencias, garantizarán el derecho al acceso a la información pública en materia laboral que obre en su poder.

(REFORMADO, G.O. A 31 DE AGOSTO DE 2020)

10. Las autoridades administrativas y el Poder Judicial de la Ciudad de México, en el ámbito de sus competencias, garantizarán una justicia laboral honesta, imparcial, profesional, pronta, expedita, pública y gratuita, que incluya los servicios de conciliación y mediación.

Antes de acudir a los tribunales laborales, las personas trabajadoras y patronas deberán comparecer a la instancia conciliatoria correspondiente. En la Ciudad de México, la función conciliatoria estará a cargo de un Centro de Conciliación, especializado e imparcial. Será un organismo público descentralizado del Gobierno de la Ciudad de México con personalidad jurídica y patrimonio propio con autonomía técnica, operativa, presupuestaria, de decisión y de gestión.

Se regirá por los principios de certeza, independencia, legalidad, imparcialidad, confiabilidad, eficacia, objetividad, profesionalismo, transparencia y publicidad. Su integración, funcionamiento, sectorización y atribuciones, se determinarán en su ley correspondiente.

La ley determinará el procedimiento que se deberá observar en la instancia conciliatoria, así como las reglas para que los convenios laborales adquieran condición de cosa juzgada para su ejecución. En todo caso, la etapa de conciliación consistirá en una sola audiencia obligatoria. Las subsecuentes audiencias de conciliación sólo se realizarán con el acuerdo de las partes en conflicto.

11. Las autoridades impulsarán la constitución y funcionamiento de cooperativas de las personas trabajadoras y otras formas de organización productiva del sector social de la economía, que contribuyan al desarrollo económico de la Ciudad y el mejoramiento de las condiciones de vida de sus habitantes.

12. Las personas trabajadoras no asalariadas, prestadoras de servicios por cuenta propia, que producen bienes y artesanías y comerciantes, tienen derecho a realizar un trabajo digno y a poseer una identidad formal en la Ciudad de México, a asociarse para defender sus intereses, recibir capacitación, y las demás que establezca la legislación en la materia.

Las autoridades de la Ciudad garantizarán a los locatarios de los mercados públicos condiciones sanitarias, certeza y seguridad jurídica adecuadas. Conservarán sus derechos adquiridos y gozarán de los mismos derechos que esta Constitución y las leyes reconocen a las personas trabajadoras no asalariadas.

13. Los derechos de las personas trabajadoras no asalariadas, prestadoras de servicios por cuenta propia y comerciantes que realicen sus actividades en el espacio público serán ejercidos a través del establecimiento de zonas especiales de comercio y de cultura popular en los términos que defina la ley con la participación de los propios trabajadores.

La ley determinará los mecanismos para un proceso gradual de regularización, formalización y regulación en materia urbana, de espacio público, fiscal, de salud pública y de seguridad social.

14. Las autoridades de la Ciudad, en el ámbito de sus competencias y de conformidad con lo previsto por la ley protegerán los derechos laborales de las personas deportistas profesionales, de disciplinas artísticas, trabajadoras de la cultura y locatarios de mercados públicos.

(REFORMADO [N. DE E. ESTE PÁRRAFO], G.O. A 31 DE AGOSTO DE 2020)

C. De las relaciones de las instituciones públicas de la Ciudad, con sus personas trabajadoras.

1. Las personas trabajadoras que presten sus servicios en los poderes Legislativo, Ejecutivo y Judicial de la Ciudad, en los organismos autónomos y en las alcaldías, tienen derecho a la plena libertad de asociación sindical, tanto en sindicatos como en federaciones según convenga a sus intereses, en el marco de un modelo democrático que permita el pleno ejercicio de los derechos y el cumplimiento de las obligaciones en la materia. Se garantizará el voto libre, universal y secreto para la elección de los dirigentes sindicales y de los representantes y delegados en los términos que fije la ley.

2. Se garantiza el derecho de huelga, en los términos previstos por la ley.

3. Las personas trabajadoras gozarán de los derechos establecidos en los contratos colectivos y condiciones generales de trabajo, mismos que no podrán ser menores que los reconocidos por esta Constitución. El principio de bilateralidad regirá en las negociaciones de las condiciones de trabajo, prevaleciendo los criterios de pluralidad y respeto a las minorías. La administración de los contratos colectivos se hará por el conjunto de las representaciones sindicales en razón de la proporción de sus trabajadores, en los términos fijados por la ley.

4. Las autoridades garantizarán que en las relaciones de trabajo no existan formas de simulación y contratación precaria que tiendan a desvirtuar la existencia, naturaleza y duración de las mismas.

5. Los empleados de confianza disfrutarán de las medidas de protección al salario y gozarán de los beneficios de la seguridad social. En caso de despido injustificado tendrán derecho a una indemnización de tres meses de salario más veinte días de salario por cada año de servicio prestados.

6. Las autoridades de la Ciudad garantizarán a sus trabajadoras y trabajadores un salario remunerador en los términos reconocidos por esta Constitución y que en ningún caso deberá de ser menor al doble del salario mínimo general vigente en el país.

7. La modernización de las relaciones de trabajo en el sector público se debe construir a partir de un esquema de formación profesional, salario remunerador y ejercicio de los derechos individuales y colectivos, incluyendo a las personas trabajadoras de base.

8. Se garantizará que por cada cinco días de trabajo deberán disfrutarse de dos días de descanso.

(REFORMADO, G.O. A 31 DE AGOSTO DE 2020)

9. Los conflictos laborales que se presenten entre las instituciones públicas de la Ciudad y sus personas trabajadoras, así como aquellos que se presenten entre organizaciones sindicales o al interior de estas, serán dirimidos por un Tribunal Burocrático en los términos establecidos por la ley.

10. El Gobierno de la Ciudad será garante y responsable de todos los derechos de las personas trabajadoras del poder Ejecutivo y de sus alcaldías.

D. Inversión social productiva

1. El Gobierno de la Ciudad de México, establecerá programas y designará presupuesto para el fomento al emprendimiento y el impulso a las actividades económicas tendientes al desarrollo económico, social y el empleo en la Ciudad.

2. Las autoridades contribuirán a la generación de un entorno favorable a la innovación productiva, a la creación de nuevas empresas, al desarrollo y crecimiento de las empresas de reciente creación y a las ya existentes que propicien de manera dinámica, integral y permanente el bienestar económico y social de la Ciudad.

E. De las y los campesinos y pequeños propietarios rurales

1. La Ciudad de México tutela los derechos de toda persona campesina y todo propietario rural y promueve su participación en la adopción de políticas para el desarrollo de sus actividades, con pleno respeto a la propiedad social y la propiedad privada.

2. Las autoridades de la Ciudad adoptarán las medidas necesarias para salvaguardar el ejercicio de sus libertades en la determinación de las formas y modalidades de producción, comercialización y distribución, con el objetivo de lograr el bienestar de la población campesina.

3. Asimismo, las autoridades de la Ciudad estimularán y apoyarán los cultivos agropecuarios tradicionales, la organización familiar y cooperativa de producción y su transformación agroindustrial, así como las actividades en las que participen para realizar el aprovechamiento racional y tecnificado de las reservas forestales y la zona lacustre en los términos de la legislación aplicable y los compromisos internacionales asumidos por el Estado Mexicano.

Artículo 11. Ciudad incluyente

A. Grupos de atención prioritaria

La Ciudad de México garantizará la atención prioritaria para el pleno ejercicio de los derechos de las personas que debido a la desigualdad estructural enfrentan discriminación, exclusión, maltrato, abuso, violencia y mayores obstáculos para el pleno ejercicio de sus derechos y libertades fundamentales.

B. Disposiciones comunes

1. Las autoridades de la Ciudad adoptarán las medidas necesarias para promover, respetar, proteger y garantizar sus derechos, así como para eliminar progresivamente las barreras que impiden la realización plena de los derechos de los grupos de atención prioritaria y alcanzar su inclusión efectiva en la sociedad.

2. La Ciudad garantizará:

a) Su participación en la adopción de medidas legislativas, administrativas, presupuestales, judiciales y de cualquier otra índole, para hacer efectivos sus derechos;

b) El derecho a una vida libre de todo tipo de violencia o discriminación, motivada por su condición;

c) La no criminalización, represión o reclusión, motivada por características específicas de su condición; y

d) Su capacidad para decidir sobre su persona y su patrimonio, así como para el ejercicio de sus libertades, independencia, privacidad, intimidad y autonomía personal.

3. Se promoverán:

a) Medidas de nivelación con enfoque de atención diferencial, atendiendo las causas multifactoriales de la discriminación;

b) Estrategias para su visibilización y la sensibilización de la población sobre sus derechos;

c) La creación, desarrollo y fortalecimiento de organizaciones de la sociedad civil dedicadas a la defensa de sus derechos; y

d) Condiciones de buen trato, convivencia armónica y cuidado, por parte de sus familiares y la sociedad.

4. Las autoridades deberán actuar con debida diligencia para prevenir, investigar, sancionar y reparar las violaciones a los derechos humanos, tomando en cuenta la situación y condiciones de vulnerabilidad de cada grupo.

5. Se reconocerá el derecho a la autoadscripción, en los supuestos en que las características de la persona y el grupo de atención prioritaria lo permitan.

6. La ley preverá un sistema integral de asistencia social a cargo de diseñar y ejecutar políticas públicas para la atención de personas, familias, grupos y comunidades con perspectiva de derechos humanos y resiliencia.

7. Esta Constitución reconoce como grupos de atención prioritaria, al menos y de manera enunciativa, a los referidos en los siguientes apartados.

C. Derechos de las mujeres

Esta Constitución reconoce la contribución fundamental de las mujeres en el desarrollo de la ciudad, promueve la igualdad sustantiva y la paridad de género. Las autoridades adoptarán todas las medidas necesarias, temporales y permanentes, para erradicar la discriminación, la desigualdad de género y toda forma de violencia contra las mujeres.

D. Derechos de las niñas, niños y adolescentes

1. Las niñas, niños y adolescentes son titulares de derechos y gozan de la protección de esta Constitución. La actuación de las autoridades atenderá los principios del interés superior de las niñas, niños y adolescentes, de la autonomía progresiva y de su desarrollo integral; también garantizarán su adecuada protección a través del Sistema de Protección Integral de los Derechos de Niñas, Niños y Adolescentes de la Ciudad de México.

2. La convivencia familiar es un derecho humano tutelado por esta Constitución.

E. Derechos de las personas jóvenes

Las personas jóvenes son titulares de derechos y tendrán la protección de la ley para participar en la vida pública y en la planeación y desarrollo de la Ciudad. Las autoridades adoptarán medidas para garantizar el pleno ejercicio de sus derechos, en particular a la identidad individual y colectiva, al libre desarrollo de su personalidad, a la autonomía, independencia y emancipación; a la participación política, económica, social, ambiental y cultural, y a la educación, al trabajo digno y a la vivienda. En razón de lo anterior se reconocerá el carácter diverso y heterogéneo de las personas jóvenes, así como sus necesidades específicas.

F. Derechos de personas mayores

Las personas mayores tienen los derechos reconocidos en esta Constitución, que comprenden, entre otros, a la identidad, a una ciudad accesible y segura, a servicios de salud especializados y cuidados paliativos, así como a una pensión económica no contributiva a partir de la edad que determine la ley. Tomando en cuenta las necesidades específicas de mujeres y hombres, la Ciudad establecerá un sistema integral para su atención que prevenga el abuso, abandono, aislamiento, negligencia, maltrato, violencia y cualquier situación que implique tratos o penas crueles, inhumanas o degradantes o atente contra su seguridad e integridad.

G. Derechos de personas con discapacidad

1. Esta Constitución reconoce los derechos de las personas con discapacidad. Se promoverá la asistencia personal, humana o animal, para su desarrollo en comunidad. Las autoridades adoptarán las medidas necesarias para salvaguardar integralmente el ejercicio de sus derechos y respetar su voluntad, garantizando en todo momento los principios de inclusión y accesibilidad, considerando el diseño universal y los ajustes razonables.

2. Las autoridades deben implementar un sistema de salvaguardias y apoyos en la toma de decisiones que respete su voluntad y capacidad jurídica.

3. Las familias que tengan un integrante con discapacidad y sobre todo las que tengan una condición de gran dependencia o discapacidad múltiple, recibirán formación, capacitación y asesoría, de parte de las autoridades de la Ciudad de México.

4. Las personas con discapacidad tendrán derecho a recibir un apoyo no contributivo hasta el máximo de los recursos disponibles.

H. Derechos de las personas LGBTTTI

1. Esta Constitución reconoce y protege los derechos de las personas lesbianas, gays, bisexuales, transgénero, travesti, transexuales e intersexuales, para tener una vida libre de violencia y discriminación.

2. Se reconoce en igualdad de derechos a las familias formadas por parejas de personas LGBTTTI, con o sin hijas e hijos, que estén bajo la figura de matrimonio civil, concubinato o alguna otra unión civil.

3. Las autoridades establecerán políticas públicas y adoptarán las medidas necesarias para la atención y erradicación de conductas y actitudes de exclusión o discriminación por orientación sexual, preferencia sexual, identidad de género, expresión de género o características sexuales.

I. Derechos de las personas migrantes y sujetas de protección internacional

Las personas migrantes y las personas sujetas de protección internacional y en otro contexto de movilidad humana, así como sus familiares, independientemente de su situación jurídica, tendrán la protección de la ley y no serán criminalizadas por su condición de migrantes. Las autoridades adoptarán las medidas necesarias para la protección efectiva de sus derechos, bajo criterios de hospitalidad, solidaridad, interculturalidad e inclusión.

J. Derechos de las víctimas

Esta Constitución protege y garantiza, en el ámbito de sus competencias, los derechos de las víctimas de violaciones a los derechos humanos o de la comisión de delitos. Las autoridades adoptarán las medidas necesarias para su atención integral en los términos de la legislación aplicable, dándose prioridad a las víctimas de todo delito que ponga en peligro su vida e integridad física y emocional.

K. Derechos de las personas en situación de calle

1. Esta Constitución protege a las personas que habitan y sobreviven en las calles. Las autoridades adoptarán medidas para garantizar todos sus derechos, impidiéndose acciones de reclusión, desplazamiento forzado, tratamiento de rehabilitación, internamiento en instituciones o cualquier otra, sin su autorización. Se implementarán medidas destinadas a superar su situación de calle.

2. Las autoridades adoptarán las medidas necesarias para salvaguardar la dignidad y el desarrollo de las niñas, niños y adolescentes en situación de calle, evitándose su participación en actividades que atenten contra su seguridad e integridad.

L. Derechos de las personas privadas de su libertad

Las personas privadas de su libertad tendrán derecho a un trato humano, a vivir en condiciones de reclusión adecuadas que favorezcan su reinserción social y familiar, a la seguridad, al respeto de su integridad física y mental, a una vida libre de violencia, a no ser torturadas ni víctimas de tratos crueles, inhumanos o degradantes y a tener contacto con su familia.

(DEROGADO SEGUNDO PÁRRAFO G.O. 26 DE JULIO DE 2019)

M. Derechos de personas que residen en instituciones de asistencia social

Las personas que residen en instituciones de asistencia social tienen el derecho a disfrutar de un entorno seguro, afectivo, comprensivo y libre de violencia; a recibir cuidado y protección frente a actos u omisiones que atenten contra su integridad; a una atención integral que les permita lograr su desarrollo físico, cognitivo, afectivo y social; a servicios de calidad y calidez por personal capacitado, calificado, apto y suficiente.

N. Derechos de personas afrodescendientes

1. Las personas afrodescendientes gozan de los derechos reconocidos por esta Constitución. Tienen derecho a la protección y promoción de sus conocimientos tradicionales y su patrimonio cultural, artístico, material e inmaterial.

2. Las autoridades adoptarán medidas efectivas de trato igualitario, en consulta y cooperación con estas personas, para el ejercicio pleno de sus derechos, combatir los prejuicios y estigmas, eliminar el racismo, así como para la prevención, atención, sanción y erradicación de las violencias en su contra.

3. Las autoridades fomentarán la autoadscripción de las personas afrodescendientes mediante campañas de información y sensibilización para su reconocimiento.

4. Esta Constitución reconoce y protege las contribuciones históricas de las personas afromexicanas en la construcción de la nación mexicana y de la Ciudad de México.

O. Derechos de personas de identidad indígena

Esta Constitución protege los derechos reconocidos a las personas de identidad indígena que habiten o estén de tránsito en la Ciudad de México. Las autoridades adoptarán las medidas necesarias para impedir la discriminación y garantizar el trato igualitario progresivo y culturalmente pertinente.

P. Derechos de minorías religiosas

1. Todas las personas tienen derecho a una vida libre de violencia y discriminación religiosa, así como a expresar sus convicciones en lo privado y en lo público, en los términos de la ley.

2. Se reconoce la igualdad de derechos a todas las personas, sin importar sus convicciones éticas, de conciencia y de su vida religiosa.

3. Las autoridades implementarán mecanismos que protejan a las minorías religiosas para prevenir cualquier tipo de discriminación, exclusión, maltrato, abuso, violencia y violaciones a sus derechos y libertades.

Artículo 12. Derecho a la Ciudad

1. La Ciudad de México garantiza el derecho a la ciudad que consiste en el uso y el usufructo pleno y equitativo de la ciudad, fundado en principios de justicia social, democracia, participación, igualdad, sustentabilidad, de respeto a la diversidad cultural, a la naturaleza y al medio ambiente.

2. El derecho a la ciudad es un derecho colectivo que garantiza el ejercicio pleno de los derechos humanos, la función social de la ciudad, su gestión democrática y asegura la justicia territorial, la inclusión social y la distribución equitativa de bienes públicos con la participación de la ciudadanía.

Artículo 13. Ciudad habitable

A. Derecho a un medio ambiente sano

1. Toda persona tiene derecho a un medio ambiente sano para su desarrollo y bienestar. Las autoridades adoptarán las medidas necesarias, en el ámbito de sus competencias, para la protección del medio ambiente y la preservación y

restauración del equilibrio ecológico, con el objetivo de satisfacer las necesidades ambientales para el desarrollo de las generaciones presentes y futuras.

2. El derecho a la preservación y protección de la naturaleza será garantizado por las autoridades de la Ciudad de México en el ámbito de su competencia, promoviendo siempre la participación ciudadana en la materia.

3. Para el cumplimiento de esta disposición se expedirá una ley secundaria que tendrá por objeto reconocer y regular la protección más amplia de los derechos de la naturaleza conformada por todos sus ecosistemas y especies como un ente colectivo sujeto de derechos.

B. Protección a los animales

1. Esta Constitución reconoce a los animales como seres sintientes y, por lo tanto, deben recibir trato digno. En la Ciudad de México toda persona tiene un deber ético y obligación jurídica de respetar la vida y la integridad de los animales; éstos, por su naturaleza son sujetos de consideración moral. Su tutela es de responsabilidad común.

2. Las autoridades de la Ciudad garantizarán la protección, bienestar, así como el trato digno y respetuoso a los animales y fomentarán una cultura de cuidado y tutela responsable. Asimismo, realizarán acciones para la atención de animales en abandono.

3. La ley determinará:

a) Las medidas de protección de los animales en espectáculos públicos, así como en otras actividades, de acuerdo a su naturaleza, características y vínculos con la persona;

b) Las conductas prohibidas con objeto de proteger a los animales y las sanciones aplicables por los actos de maltrato y crueldad;

c) Las bases para promover la conservación, así como prevenir y evitar maltratos en la crianza y el aprovechamiento de animales de consumo humano;

d) Las medidas necesarias para atender el control de plagas y riesgos sanitarios, y

e) Las facilidades para quienes busquen dar albergue y resguardo a animales en abandono.

C. Derecho a la vía pública

Toda persona tiene derecho al uso pacífico de la vía pública, en los términos previstos por la ley. Las autoridades adoptarán las medidas necesarias para garantizar el ejercicio de este derecho, con base en los objetivos de funcionalidad y movilidad de las vías públicas.

D. Derecho al espacio público

1. Los espacios públicos son bienes comunes. Tienen una función política, social, educativa, cultural, lúdica y recreativa. Las personas tienen derecho a usar, disfrutar y aprovechar todos los espacios públicos para la convivencia pacífica y el ejercicio de las libertades políticas y sociales reconocidas por esta Constitución, de conformidad con lo previsto por la ley.

(REFORMADO [N. DE E. ADICIONADO], G.O. 26 DE JULIO DE 2019)

Se entiende por espacio público al conjunto de bienes de uso común destinados a la generación y fomento de la interacción social, o bien, que permitan el desarrollo de las personas.

(REFORMADO [N. DE E. ADICIONADO CON SUS INCISOS], G.O. 26 DE JULIO DE 2019)

Son objetivos del espacio público:

a) Generar símbolos que sean fuente de pertenencia, herencia e identidad para la población

b) Mejorar la calidad de vida de las personas

c) Fortalecer el tejido social, a través de su uso, disfrute y aprovechamiento bajo condiciones dignas, seguras, asequible, de inclusión, libre accesibilidad, circulación y traslación

d) Garantizar el pleno disfrute y ejercicio del Derecho a la Ciudad

e) Permitir la convivencia, el esparcimiento, descanso, disfrute del ocio, la movilidad y el desarrollo de actividades físicas y de expresiones artísticas y culturales.

2. Las autoridades de la Ciudad garantizarán el carácter colectivo, comunitario y participativo de los espacios públicos y promoverán su creación y regeneración en condiciones de calidad, de igualdad, de inclusión, accesibilidad y diseño universal, así como de apertura y de seguridad que favorezcan la construcción de la ciudadanía y eviten su privatización.

E. Derecho a la movilidad

1. Toda persona tiene derecho a la movilidad en condiciones de seguridad, accesibilidad, comodidad, eficiencia, calidad e igualdad. De acuerdo a la jerarquía de movilidad, se otorgará prioridad a los peatones y conductores de vehículos no motorizados, y se fomentará una cultura de movilidad sustentable.

2. Las autoridades adoptarán las medidas necesarias para garantizar el ejercicio de este derecho, particularmente en el uso equitativo del espacio vial y la conformación de un sistema integrado de transporte público, impulsando

el transporte de bajas emisiones contaminantes, respetando en todo momento los derechos de los usuarios más vulnerables de la vía, el cual será adecuado a las necesidades sociales y ambientales de la ciudad.

F. Derecho al tiempo libre

En la Ciudad de México, toda persona tiene derecho a tener tiempo para la convivencia, el esparcimiento, el cuidado personal, el descanso, el disfrute del ocio y a una duración razonable de sus jornadas de trabajo. En atención al principio de igualdad sustantiva, las autoridades impulsarán políticas sociales, económicas y territoriales que liberen tiempo y permitan a las personas alcanzar el bienestar.

Artículo 14. Ciudad segura

A. Derecho a la seguridad urbana y a la protección civil

Toda persona tiene derecho a vivir en un entorno seguro, a la protección civil, a la atención en caso de que ocurran fenómenos de carácter natural o antropogénico, así como en caso de accidentes por fallas en la infraestructura de la ciudad. Las autoridades adoptarán las medidas necesarias para proteger a las personas y comunidades frente a riesgos y amenazas derivados de esos fenómenos.

B. Derecho a la seguridad ciudadana y a la prevención de la violencia y del delito

Toda persona tiene derecho a la convivencia pacífica y solidaria, a la seguridad ciudadana y a vivir libre de amenazas generadas por el ejercicio de las violencias y los delitos. Las autoridades elaborarán políticas públicas de prevención y no violencia, así como de una cultura de paz, para brindar protección y seguridad a las personas frente a riesgos y amenazas.

TÍTULO TERCERO
DESARROLLO SUSTENTABLE DE LA CIUDAD

CAPÍTULO ÚNICO
DESARROLLO Y PLANEACIÓN DEMOCRÁTICA

Artículo 15. De los instrumentos de la planeación del desarrollo

A. Sistema de planeación y evaluación

1. Esta Constitución garantiza el derecho a la ciudad a través de instrumentos de planeación, jurídicos, administrativos, financieros, fiscales y de

participación ciudadana para hacer efectivas las funciones social, económica, cultural, territorial y ambiental de la ciudad.

2. La planeación será democrática, abierta, participativa, descentralizada, transparente, transversal y con deliberación pública para impulsar la transformación económica, asegurar el desarrollo sustentable, satisfacer las necesidades individuales y los intereses de la comunidad, la funcionalidad y el uso, disfrute y aprovechamiento equitativo de la ciudad, así como propiciar la redistribución del ingreso y la riqueza.

3. El sistema de planeación será un proceso articulado, perdurable, con prospectiva, orientado al cumplimiento y al ejercicio progresivo de todos los derechos reconocidos en esta Constitución, así como a la prosperidad y funcionalidad de la Ciudad de México. Sus etapas y escalas serán establecidas en las leyes correspondientes.

4. La planeación del desarrollo tendrá como instrumentos el Plan General de Desarrollo de la Ciudad de México, el Programa General de Ordenamiento Territorial y los de cada alcaldía; el Programa de Gobierno de la Ciudad de México; los programas sectoriales, especiales e institucionales; los programas de gobierno de las alcaldías; y los programas parciales de las colonias, pueblos y barrios originarios y comunidades indígenas residentes. Sus características y contenidos serán precisados en la ley correspondiente, los cuales deberán armonizarse y elaborarse con la participación ciudadana en todas las etapas de consulta del proceso de planeación.

De conformidad con lo previsto en esta Constitución, el Sistema Integral de Derechos Humanos se articulará con el sistema de planeación de la Ciudad.

5. Para el logro de los propósitos del sistema de planeación, todos los entes de la administración pública que determine el Instituto de Planeación Democrática y Prospectiva, y las alcaldías, deberán contar con unidades administrativas especializadas, observando los criterios y mecanismos emitidos por este Instituto.

La programación y ejecución presupuestal deberán elaborarse considerando la información estadística y los resultados de las evaluaciones de que se dispongan y deberán establecer con claridad y precisión los resultados esperados, los objetivos, estrategias, indicadores, metas y plazos.

6. La Ciudad de México será una ciudad con baja huella ecológica, territorialmente eficiente, incluyente, compacta y diversa, ambientalmente sustentable, con espacios y servicios públicos de calidad para todos.

7. La evaluación externa de las políticas, programas y acciones que instrumente la administración pública estará a cargo del organismo autónomo previsto en esta Constitución.

Los resultados de las evaluaciones serán instrumentos esenciales para fundamentar y motivar la planeación, programación y presupuesto, así como para el diseño de políticas públicas y proyectos.

B. De la planeación

1. El Plan General de Desarrollo de la Ciudad es el instrumento al que se sujetarán los planes, programas, políticas y proyectos públicos; la programación y ejecución presupuestal incorporará sus objetivos, estrategias y metas. Su observancia será de carácter obligatorio para el sector público y regulatorio e indicativo para los demás sectores.

2. El Plan General de Desarrollo de la Ciudad de México definirá las políticas de largo plazo en las materias de relevancia estratégica para la Ciudad. Tendrá por objeto la cohesión social, el desarrollo sustentable, el mejoramiento de la calidad de vida de sus habitantes, el equilibrio territorial y la transformación económica.

3. El Plan General de Desarrollo de la Ciudad será elaborado por el Instituto de Planeación Democrática y Prospectiva. Para su aprobación, será enviado por la o el Jefe de Gobierno al Congreso, el cual deberá resolver en un periodo no mayor a seis meses posteriores a su presentación; trascurrido este plazo sin resolución, se considerará aprobado. Su vigencia será de veinte años y podrá ser modificado conforme a los procedimientos previstos para su aprobación. La ley contendrá las sanciones por el incumplimiento en su aplicación.

4. El Programa de Gobierno de la Ciudad de México establecerá las metas y objetivos de la acción pública en el ámbito del Poder Ejecutivo, para dar cumplimiento a lo establecido por esta Constitución. Se elaborará por la o el Jefe de Gobierno y será remitido al Congreso durante los primeros tres meses de la administración correspondiente, para su conocimiento y formulación de opinión en el plazo que señale la ley. El Programa tendrá una duración de seis años, será obligatorio para la administración pública de la Ciudad y los programas de la misma se sujetarán a sus previsiones. La planeación presupuestal y los proyectos de inversión incorporarán sus metas, objetivos y estrategias.

5. Los programas de gobierno de las alcaldías establecerán las metas y objetivos de la acción pública en el ámbito de las demarcaciones territoriales, para dar cumplimiento a lo establecido por esta Constitución. Se elaborarán por las personas titulares de las alcaldías, con la opinión del concejo y serán

remitidos al Congreso durante los primeros tres meses de la administración correspondiente, para su conocimiento y formulación de opinión en el plazo que señale la ley. Los programas tendrán una duración de tres años, serán obligatorios para la administración pública de la alcaldía y los programas de la misma se sujetarán a sus previsiones.

6. Estos programas se difundirán entre las autoridades y la ciudadanía.

C. De la planeación del ordenamiento territorial

1. El Programa General de Ordenamiento Territorial se sujetará al Plan General de Desarrollo, tendrá carácter de ley. Será elaborado por el Instituto de Planeación Democrática y Prospectiva, con la participación de la administración pública de la Ciudad, las alcaldías y la sociedad y enviado por la o el Jefe de Gobierno al Congreso. Para su aprobación deberán privilegiarse los criterios y lineamientos técnicos del instrumento. El Congreso deberá resolver en un periodo no mayor a seis meses posteriores a su presentación; transcurrido este plazo, se considerará aprobado.

2. El Programa General de Ordenamiento Territorial será el instrumento que regulará la transformación de la ciudad y fortalecerá la función social de la misma para su desarrollo sustentable.

3. Tendrá una vigencia de quince años, deberá evaluarse y actualizarse cada cinco o cuando ocurran cambios significativos en las condiciones que le dieron origen. Para su actualización deberán seguirse las mismas reglas y procedimientos que para su aprobación. En caso de no actualizarse o modificarse, la vigencia del programa prevalecerá.

4. Los programas de ordenamiento territorial de las alcaldías serán formulados por éstas, con base en los lineamientos que establezca el Instituto de Planeación Democrática y Prospectiva. Serán aprobados por el Congreso a propuesta de la o el Jefe de Gobierno, previo dictamen del Instituto.

5. Los programas parciales serán formulados con participación ciudadana, con base en los lineamientos que establezca el Instituto de Planeación Democrática y Prospectiva. Serán aprobados por el concejo de la alcaldía respectiva, previo dictamen del Instituto, y serán enviados a la o el Jefe de Gobierno para que sea remitido al Congreso de la Ciudad.

D. Instituto de Planeación Democrática y Prospectiva de la Ciudad de México

1. El Instituto será un organismo público con autonomía técnica y de gestión dotado de personalidad jurídica y patrimonio propio.

2. Tendrá a su cargo la elaboración y seguimiento del Plan General de Desarrollo y del Programa General de Ordenamiento Territorial, y garantizará la participación directa de los sectores académicos, culturales, sociales y económicos, con las modalidades que establezca la ley.

3. El Instituto de Planeación Democrática y Prospectiva de la Ciudad de México tendrá una Junta de Gobierno, una o un Director General, un Directorio Técnico y un Consejo Ciudadano. Su estructura será determinada por la ley conforme a las siguientes disposiciones:

a) La Junta de Gobierno será el órgano rector del Instituto, de carácter plural e interdisciplinario, que se integrará por la o el Jefe de Gobierno, en carácter de presidente, cinco representantes del gabinete, tres representantes del Cabildo de la Ciudad de México y siete consejeras y consejeros ciudadanos;

b) La o el Director General deberá ser un experto reconocido en planeación del desarrollo. Será designado por mayoría calificada del Congreso a partir de una terna propuesta por un comité de selección, conforme a los requisitos y métodos previstos por la ley. Durará en su encargo cinco años y podrá ser reelecto por otro periodo de tres años bajo el mismo procedimiento previsto para su nombramiento;

c) El Directorio Técnico será un órgano multidisciplinario y especializado encargado de la integración, operación, verificación y seguimiento del sistema de planeación. Se integrará por, cuando menos, quince expertos en temas de relevancia estratégica para la sustentabilidad de la ciudad, incluyendo a las y los siete integrantes ciudadanos que forman parte de la Junta de Gobierno. Durarán en su cargo tres años con posibilidad de reelegirse, con un mecanismo de escalonamiento en la sustitución; y

d) El Consejo Ciudadano fungirá como un órgano de consulta obligatoria y diálogo público, con carácter consultivo y propositivo en materia económica, social, cultural, territorial, ambiental y las demás relacionadas con la planeación para el desarrollo y la ordenación territorial. Verificará el cumplimiento progresivo de los derechos. Tendrá el número de integrantes determinado por la ley, para asegurar la participación y representación igualitaria de los sectores público, social, privado y académico. La ley establecerá su funcionamiento.

4. Las y los ciudadanos que integren la Junta de Gobierno y del Directorio Técnico deberán gozar de buena reputación y contar con reconocido mérito y trayectoria profesional y pública, en las materias relacionadas con la planeación del desarrollo.

Las y los ciudadanos que integren la Junta de Gobierno, el Directorio Técnico y el Consejo Ciudadano serán designados, de forma escalonada, por un comité técnico de selección integrado por once personalidades con fama pública de probidad y solvencia profesional en las materias de relevancia para la sustentabilidad.

5. El Instituto tendrá las siguientes funciones:

I. Formular el Plan General de Desarrollo y el Programa General de Ordenamiento Territorial, y sus actualizaciones;

II. Integrar un sistema de información estadística y geográfica científico, público, accesible y transparente y elaborar los diagnósticos y estudios requeridos por los procesos de planeación y prospectiva. La información generada deberá estar disponible en formato abierto;

III. Elaborar el sistema de indicadores de la Ciudad de México a utilizar en las diversas etapas del proceso de planeación. Este sistema dará prioridad a la definición y actualización de los indicadores para la fijación de metas y el cumplimiento progresivo en materia de derechos humanos;

IV. Elaborar los dictámenes técnicos para la actualización de los usos del suelo conforme a los principios y lineamientos previstos en esta Constitución y las leyes en la materia;

V. Participar en la integración de los instrumentos de planeación para la Zona Metropolitana del Valle de México y en los acuerdos regionales en los que participe la Ciudad de México;

VI. Promover, convocar y capacitar a la ciudadanía y organizaciones sociales para participar en todas las etapas de los procesos de planeación y transparentar y difundir el conocimiento sobre la ciudad, mediante observatorios ciudadanos y otros mecanismos de participación ciudadana establecidos en esta Constitución y las leyes;

VII. Verificar la congruencia y alineación entre la asignación presupuestal del gasto, las estrategias y acciones establecidas en el Plan General de Desarrollo y los demás planes y programas aprobados; así como generar recomendaciones, en caso de incongruencias;

VIII. Definir los lineamientos de los instrumentos de planeación de las alcaldías, asesorarlas y apoyarlas técnicamente en su elaboración; y

IX. Las demás que determinen esta Constitución y las leyes.

6. El Instituto contará con una oficina especializada de consulta pública y participación social.

Artículo 16. Ordenamiento territorial

Se entenderá por ordenamiento territorial la utilización racional del territorio y los recursos de la Ciudad de México, y su propósito es crear y preservar un hábitat adecuado para las personas y todos los seres vivos.

A. Medio Ambiente

1. Derivado del escenario geográfico, hidrológico y biofísico en que se localiza la Ciudad de México, se requerirán políticas especiales que sean eficaces en materia de gestión hidrológica, protección ambiental, adaptación a fenómenos climáticos, prevención y protección civil.

La Ciudad de México integrará un sistema de áreas naturales protegidas. Su administración, vigilancia y manejo es responsabilidad directa de la o el Jefe de Gobierno a través de un organismo público específico con participación ciudadana sujeto a los principios, orientaciones, regulaciones y vigilancia que establezcan las leyes correspondientes, en coordinación con las alcaldías, la Federación, Estados y Municipios conurbados.

Dicho sistema coexistirá con las áreas naturales protegidas reconocidas por la Federación.

El sistema protegerá, al menos, el Desierto de los Leones, el Parque Nacional Cumbres del Ajusco, el Parque Ecológico de la Ciudad de México del Ajusco Medio, los Dinamos de Contreras, el Cerro de la Estrella, la Sierra de Santa Catarina, la Sierra de Guadalupe y las zonas lacustres de Xochimilco y Tláhuac, el Parque Nacional de Fuentes Brotantes, los parques estratégicos de Chapultepec en sus tres secciones, el Bosque de Tlalpan y el Bosque de Aragón, así como las áreas de valor ambiental decretadas y que se decreten. Estas áreas serán de acceso público.

2. La biodiversidad, los ecosistemas naturales, el patrimonio genético y las especies nativas son bienes comunes y de interés público; su protección, preservación y recuperación es corresponsabilidad entre los sectores público, privado y social. En la Ciudad de México los seres sintientes gozarán de protección especial. Las leyes garantizarán su protección para las presentes y futuras generaciones. La Ciudad atenderá a los criterios de sustentabilidad, minimización de la huella ecológica y reversión del daño ambiental.

La Ciudad de México minimizará su huella ecológica, en los términos de emisión de gases de efecto invernadero, a través de una estructura urbana compacta y vertical, nuevas tecnologías, uso de energía renovable, una estructura modal del transporte orientada hacia la movilidad colectiva y no motorizada, vehículos de cero emisiones de servicio público y privado, medidas y políticas de eficiencia energética, políticas de recuperación y conservación de ecosistemas y políticas de aprovechamiento energético del metano generado por residuos orgánicos.

3. Los servicios ambientales son esenciales para la viabilidad de la ciudad. Las autoridades adoptarán medidas para garantizar la recarga de los acuíferos, la conservación de los bienes naturales, el incremento de áreas verdes, la protección de la atmósfera, la recuperación del suelo y la resiliencia ante fenómenos naturales; las medidas respetarán los derechos humanos. Se impedirá la deforestación, la destrucción de humedales y la contaminación de aire, agua, suelo, acústica, visual, lumínica y cualquier otra. Se fomentará la adopción de patrones de producción y consumo sustentables, compatibles con el respeto a los ciclos vitales de la naturaleza.

4. Las autoridades garantizarán el derecho a un medio ambiente sano. Aplicarán las medidas necesarias para reducir las causas, prevenir, mitigar y revertir las consecuencias del cambio climático. Se crearán políticas públicas y un sistema eficiente con la mejor tecnología disponible de prevención, medición y monitoreo ambiental de emisiones de gases de efecto invernadero, agua, suelo, biodiversidad y contaminantes, así como de la huella ecológica de la ciudad. Asimismo, establecerán las medidas necesarias y los calendarios para la transición energética acelerada del uso de combustibles fósiles al de energías limpias.

5. Las autoridades, en el marco de su competencia, adoptarán medidas de prevención y reducción de la generación de residuos sólidos, de manejo especial y de materiales peligrosos, así como su gestión integral de manera concurrente con los sectores social y privado, para evitar riesgos a la salud y contaminación al medio ambiente. Quienes generen residuos son corresponsables de su gestión integral y de la remediación de los sitios contaminados.

Las autoridades prestarán de manera exclusiva y gratuita los servicios de barrido, recolección, transportación y destino final.

El tratamiento, aprovechamiento y manejo de los residuos sólidos, se desarrollarán con base en los mecanismos que las leyes permitan.

Queda prohibida la privatización y concesión de los servicios públicos de recolección y tratamiento de residuos sólidos.

Se abandonará de forma progresiva el uso de productos no biodegradables, no reciclables y de elevado impacto ambiental. El Gobierno de la Ciudad contará con una política educativa e informativa dirigida a sus habitantes sobre el manejo de los residuos y su impacto al medio ambiente.

La prestación de los servicios de gestión integral de los residuos sólidos es responsabilidad pública, para lo cual se desarrollarán los mecanismos que las leyes permitan.

El Gobierno de la Ciudad deberá adoptar las tecnologías que permitan el manejo sustentable de los residuos sólidos.

6. El principio precautorio regirá cuando existan indicios fundados de que el uso de productos, tecnologías o actividades representan riesgos para la salud o el medio ambiente, en los términos que determine la ley.

7. El daño o deterioro ambiental genera responsabilidad. Quienes los provoquen están obligados a la compensación y reparación integral del daño, sin perjuicio de las sanciones penales o administrativas que establezcan las leyes.

8. Las autoridades garantizarán el derecho de acceso a la información pública sobre el medio ambiente y establecerán mecanismos de participación y consulta ciudadana en las regulaciones y programas ambientales.

9. La Ciudad de México promueve y protege los conocimientos y prácticas tradicionales que los pueblos y barrios originarios y comunidades indígenas residentes realizan para la preservación de su medio ambiente.

B. Gestión sustentable del agua

1. Las autoridades de la Ciudad de México garantizarán la disposición y distribución diaria, continua, equitativa, asequible y sustentable del agua, con las características de calidad establecidas en esta Constitución.

2. Se garantizará el saneamiento de aguas residuales, entendido como su recolección, conducción, tratamiento, disposición y reutilización, sin mezclarlas con las de origen pluvial.

3. La política hídrica garantizará:

a) La preservación, restauración y viabilidad del ciclo del agua;

b) La conservación, protección y recuperación de las zonas de recarga de los acuíferos, de los cuerpos de agua, humedales, ríos, presas y canales, así como la inyección de aguas al subsuelo;

c) La satisfacción de las necesidades de orden social, garantizando el acceso básico vital a todas las personas. El Gobierno de la Ciudad abastecerá el agua sin cargos a las viviendas en zonas urbanas que carezcan de conexión a la red pública;

d) El establecimiento de tarifas diferenciadas y progresivas de acuerdo a su consumo;

e) La reducción de las pérdidas por fugas en las redes de distribución, para lo cual será prioritario invertir en la renovación, mantenimiento y reparación de la infraestructura hidráulica;

f) La promoción de la captación de agua pluvial, el tratamiento y reutilización de aguas para su uso y para revertir la sobreexplotación de los acuíferos;

g) La elaboración y aplicación de un plan de infraestructura para el aprovechamiento, tratamiento y preservación del agua, así como para la captación y uso de aguas pluviales y la recuperación de los acuíferos;

h) El acceso gratuito al agua potable para beber en espacios públicos, e

i) El uso de materiales favorables para la captación de agua en la construcción y rehabilitación de espacios públicos, incluyendo obras de pavimentación.

4. El servicio público de potabilización, distribución, abasto de agua y drenaje será prestado por el Gobierno de la Ciudad a través de un organismo público con personalidad jurídica y patrimonio propio, autonomía técnica y de gestión, coordinará las acciones de las instituciones locales con perspectiva metropolitana y visión de cuenca. Este servicio no podrá ser privatizado.

5. Las actividades económicas no podrán comprometer en ningún caso la satisfacción de las necesidades de uso personal y doméstico del agua. Se promoverá el uso eficiente, responsable y sustentable del agua en las actividades económicas y se regulará el establecimiento de industrias y servicios con alto consumo.

6. El gobierno impulsará en todos los niveles educativos, la cultura del uso y cuidado del agua.

7. El desperdicio del agua y su contaminación se sancionarán conforme a las leyes.

(REFORMADO, G.O. 7 DE AGOSTO DE 2023)

C. Regulación del suelo.

1. Esta Constitución reconoce la función social del suelo y de la propiedad pública, privada y social, en los términos de la Constitución Política de los Estados Unidos Mexicanos. El Gobierno de la Ciudad es responsable de administrar y gestionar el suelo para garantizar la distribución equitativa de las cargas y los beneficios del desarrollo urbano, el desarrollo incluyente y equilibrado, así como el ordenamiento sustentable del territorio de la Ciudad y, en forma concurrente, del entorno regional, considerando la eficiencia territorial y la minimización de la huella ecológica.

2. El Plan General de Desarrollo de la Ciudad de México y el Programa General de Ordenamiento Territorial determinarán las áreas no urbanizables por razones de preservación ecológica, áreas de valor ambiental, recarga y captación de acuíferos, productividad rural, vulnerabilidad ante fenómenos naturales y protección del patrimonio natural, cultural y rural.

3. El Gobierno de la Ciudad evitará la expansión sobre áreas de conservación y de patrimonio natural. Fomentará el mejoramiento y la producción de viviendas adicionales en predios familiares ubicados en pueblos, barrios y colonias populares, en apoyo a la densificación, la consolidación urbana y el respeto al derecho de las personas a permanecer en los lugares donde han habitado, haciendo efectivo el derecho a la vivienda.

4. El desarrollo de obras y proyectos urbanos, públicos o privados, privilegiará el interés público. Las autoridades competentes de la Ciudad de México establecerán en sus programas y políticas, mecanismos para mitigar sus impactos, así como para minimizar las afectaciones sociales y económicas sobre residentes y actividades, y a las urbanas, ambientales, a la movilidad, patrimonio natural y cultural y los bienes comunes y públicos.

(REFORMADO [N. DE E. ESTE PÁRRAFO], G.O. 7 DE AGOSTO DE 2023)

5. El territorio de la Ciudad de México se clasificará en suelo urbano y de conservación. Las leyes y los instrumentos de planeación determinarán las políticas, instrumentos y aprovechamientos que se podrán llevar a cabo conforme a las siguientes disposiciones:

(REFORMADO, G.O. 7 DE AGOSTO DE 2023)

a) Se establecerán principios e instrumentos asociados al desarrollo sustentable en el suelo de conservación, otorgándole al menos el mismo monto anual de presupuesto previsto en el año anterior y se promoverá la compensación o pagos por servicios ambientales y se evitará su ocupación irregular;

b) Se promoverá el uso equitativo y eficiente del suelo urbano, privilegiando la vivienda, la densificación sujeta a las capacidades de equipamiento e infraestructura, de acuerdo a las características de la imagen urbana y la utilización de predios baldíos, con estricta observancia al Plan General de Desarrollo y el Programa General de Ordenamiento Territorial; y

c) Se definirán las áreas estratégicas para garantizar la viabilidad de los servicios ambientales.

6. El Gobierno de la Ciudad regulará los cambios de uso de suelo, con la participación que corresponda al Congreso en los casos de alto impacto. La ley definirá los procedimientos para las modificaciones a los usos de suelo solicitados por un particular, dependencia u órgano de la administración pública local o federal ante el Gobierno de la Ciudad. En todos los casos se integrará un expediente para dictamen del Instituto de Planeación Democrática y Prospectiva, con la opinión de las alcaldías.

Los principios de transparencia y máxima publicidad regirán los cambios de uso del suelo. La autoridad está obligada a informar oportunamente a la comunidad sobre las solicitudes turnadas ante el Instituto de Planeación Democrática y Prospectiva para su dictamen, así como los estudios establecidos en la legislación correspondiente. El proceso de transparencia en el cambio de uso de suelo incluye el informe que rinda el registro público de la propiedad respecto de la inscripción de los bienes amparados. Las consultas tendrán carácter vinculante según lo establecido en esta Constitución. En todo caso se privilegiará el interés público.

La ley deberá prever sanciones penales para aquellas personas servidoras públicas que otorguen permisos, licencias o autorizaciones cuyo contenido sea violatorio de las leyes o programas de ordenamiento territorial, y para aquellas personas que destinen dolosamente, un bien inmueble a un uso distinto del uso de suelo que tenga permitido u obtenga un beneficio económico derivado de dicha conducta, o presenten documentos apócrifos en relación con algún permiso, licencia, autorización o manifestación ante las autoridades competentes en las materias de obras, ordenamiento territorial o medio ambiente.

(REFORMADO [N. DE E. REPUBLICADO ESTE PÁRRAFO], G.O. 7 DE AGOSTO DE 2023)

7. La regulación del uso del suelo considerará:

a) La dotación de reservas territoriales en áreas urbanas consolidadas para destinarlas a la producción social del hábitat y la vivienda, infraestructura, equipamiento y servicios, espacio público, revitalización urbana, movilidad y transformación económica;

b) La promoción de la regularización de los asentamientos precarios que no estén ubicados en zonas de alto riesgo, de preservación ecológica o en propiedad privada;

c) La situación de los posesionarios de buena fe y el impulso de su regularización para promover su acceso a créditos para el acceso a subsidios o créditos para la producción social de la vivienda, sin demérito de que accedan a otros programas que puedan beneficiarlos;

d) La ley regulará la obligación de los propietarios de desarrollos inmobiliarios de pagar una compensación monetaria para mitigar el impacto urbano y ambiental, a fin de contribuir al desarrollo y mejoramiento del equipamiento urbano, la infraestructura vial e hidráulica y el espacio público. La ley establecerá las fórmula (sic) y criterios para la aplicación de dichos ingresos en las zonas de influencia o de afectación, en condiciones de equidad, transparencia y rendición de cuentas.

(REFORMADO, G.O. 7 DE AGOSTO DE 2023)

e) Los cambios de uso del suelo de público a privado se permitirán sólo en los casos que especifique la ley y el ordenamiento territorial;

f) La vigencia de los cambios de uso del suelo, considerando el tiempo de ejecución de las obras y las circunstancias de su cancelación;

g) La improcedencia de la afirmativa ficta en los cambios de uso del suelo y certificados de zonificación; y

h) Los programas y planes parciales contemplarán cambios o actualizaciones de usos del suelo cuando se disponga de la dotación suficiente de infraestructura y servicios públicos.

[N. DE E. VÉASE G.O. DE 5 DE FEBRERO DE 2017, PÁGINA 32]

8. Para los fines de regulación del suelo se establecerán los mecansimos (sic), incentivos y sanciones que garanticen su preservación y mantenimiento.

D. Desarrollo rural y agricultura urbana

1. Las zonas rurales serán protegidas y conservadas como parte de la funcionalidad territorial y el desarrollo de la entidad, promoviendo un aprovechamiento racional y sustentable que permita garantizar el derecho a la tierra, así como la prosperidad de las personas propietarias y poseedoras originarias.

En las zonas rurales se preservarán el equilibrio ecológico, los recursos naturales y los servicios ambientales que prestan, así como su valor patrimonial y el derecho de las personas a disfrutarlos. Para conciliar el interés productivo y el medioambiental, se diseñarán políticas e instrumentos que favorezcan este propósito.

2. El Gobierno de la Ciudad promoverá, con perspectiva de género, el desarrollo rural, la producción agropecuaria, agroindustrial, silvícola, acuícola y artesanal, proyectos de turismo alternativo en apoyo de los núcleos agrarios y

la pequeña propiedad rural, así como el debido aprovechamiento de los recursos naturales y la preservación del suelo de conservación.

3. Se armonizarán el desarrollo urbano y el rural con respeto a las formas, prácticas y actividades culturales de las personas, comunidades y núcleos agrarios. Se establecerán criterios y procesos de cooperación, convivencia e intercambio económico e intersectorial con las personas, instituciones y dependencias del medio urbano. Para promover una relación complementaria entre los mercados urbano y rural, se dispondrá de mecanismos financieros, comerciales y de desarrollo técnico.

4. En el aprovechamiento productivo se fomentará el desarrollo de la agroecología, se protegerá la diversidad biológica, principalmente del maíz y las especies características de los sistemas rurales locales y se estimulará la seguridad alimentaria.

Se impedirá el uso de todo producto genéticamente modificado que pueda causar daño a los ecosistemas, a la salud y a la sociedad; se favorecerá el desarrollo de la agricultura orgánica.

Se aplicará el principio precautorio a las actividades y productos que causen daño a los ecosistemas, a la salud y a la sociedad.

5. Se impulsará la investigación, innovación, transferencia tecnológica y el extensionismo, así como la capacitación en el medio rural.

6. Se evitará el crecimiento urbano sobre el suelo de conservación y se definirá, en el Programa General de Ordenamiento Territorial y en el Plan General de Desarrollo, un límite físico definitivo para la edificación y el desarrollo urbano, en torno a la mancha urbana existente y a los poblados rurales.

7. El Gobierno de la Ciudad y las alcaldías fomentarán y formularán políticas y programas de agricultura urbana, periurbana y de traspatio que promuevan la utilización de espacios disponibles para el desarrollo de esta actividad, incluida la herbolaria, que permitan el cultivo, uso y comercialización de los productos que generen mediante prácticas orgánicas y agroecológicas.

E. Vivienda

1. La vivienda es un componente esencial del espacio urbano, del ordenamiento territorial, de la vida comunitaria y del bienestar de las personas y las familias.

Esta Constitución reconoce la producción social y privada de vivienda.

2. Las autoridades establecerán una política habitacional acorde con el ordenamiento territorial, el desarrollo urbano y el uso del suelo, a fin de ga-

rantizar a sus habitantes el derecho a la vivienda adecuada que favorezca la integración social. Para ello:

a) Procurarán la construcción de la vivienda adecuada que atienda a la población de menores ingresos;

b) Determinarán la ubicación, densidad y normas de construcción para el desarrollo de vivienda, en colaboración con los organismos federales y locales y con los promotores privados y sociales, con base en las políticas de suelo urbano y reservas territoriales;

c) Establecerán programas que cubran al conjunto de sectores sociales que enfrentan carencias habitacionales, favoreciendo a las personas en situación de pobreza y a los grupos de atención prioritaria, sin condicionamiento político;

d) Asegurarán que las políticas en la materia contemplen la vivienda nueva terminada, la progresiva, el mejoramiento y consolidación de viviendas en proceso, así como el mantenimiento, rehabilitación y adaptación para personas con discapacidad, de las viviendas y unidades habitacionales que lo requieran.

Es de interés público la promoción, recuperación y reciclaje de inmuebles en riesgo estructural, físico y social, en abandono o en extrema degradación para el desarrollo de vivienda, preferentemente popular de interés social;

e) Adoptarán medidas que contribuyan a la sustentabilidad ambiental;

f) Con el fin de promover la cohesión social y la disminución de las desigualdades, el Gobierno de la Ciudad deberá inhibir la exclusión y segmentación social en las colonias;

g) Establecerán mecanismos que promuevan la vivienda de arrendamiento pública, social y privada; y

h) En los casos que requieran el desplazamiento de personas por razones de interés público, se indemnizará y reubicará inmediatamente a sus residentes en lugares seguros, cercanos y en condiciones iguales o mejores a la vivienda de origen. En caso de no ser esto posible, se ofrecerá protección legal y opciones para la reposición de la vivienda afectada.

3. El Gobierno de la Ciudad protegerá y apoyará la producción social de la vivienda y del hábitat que realizan sus habitantes en forma individual u organizada, sin fines de lucro. Para tales efectos:

a) Asignará recursos y formulará los instrumentos jurídicos, financieros y administrativos de inducción y fomento adecuados a esta forma de producción en sus diversas modalidades;

b) Fomentará la vivienda cooperativa en sus diversas modalidades. La ley en la materia regulará su constitución, funcionamiento y formas de tenencia;

c) Promoverá la asesoría integral para el desarrollo de estos proyectos; y

d) Dará prioridad en el acceso al suelo a quienes impulsen proyectos que integren áreas de convivencia social, servicios educativos, espacios públicos, productivos y otros servicios.

4. La política de vivienda será ejecutada por un organismo público descentralizado que facilite el acceso a las personas, familias y grupos sociales a una vivienda adecuada, con las condiciones previstas en esta Constitución, para el beneficio individual, el fortalecimiento del patrimonio familiar y la convivencia social.

F. Infraestructura física y tecnológica

1. El Plan General de Desarrollo y el Programa General de Ordenamiento Territorial contendrán previsiones de largo plazo para la construcción, instalación, mantenimiento, reposición, ampliación o actualización de la infraestructura física y tecnológica, equipamiento y mobiliario urbanos de la Ciudad de México. La inversión que se realice para el efecto se sujetará a los lineamientos de dicho Plan y será responsabilidad del Gobierno de la Ciudad y de las alcaldías en el ámbito de sus respectivas competencias.

2. En materia de infraestructura, el Plan General de Desarrollo precisará:

a) El impacto de la inversión para mejorar, de manera específica tanto la entrega de los servicios públicos, como el buen funcionamiento e imagen pública de la ciudad;

b) Las características etarias, de género o discapacidad y aquellas otras que se justifiquen, así como criterios de accesibilidad y diseño universal para mejorar las condiciones de equidad y funcionalidad en la provisión de los servicios públicos;

c) Los criterios de aprovechamiento óptimo de la infraestructura, equipamiento y mobiliario para incorporar servicios múltiples;

d) La importancia de las niñas, niños y adolescentes como parámetro y garantía para las necesidades de todas las personas en la ciudad;

e) La integración de sistemas propios de generación y abasto de energía, así como la incorporación progresiva de energías limpias;

f) La elaboración de los criterios de intervención para los programas anuales del Gobierno de la Ciudad y de las alcaldías;

g) Las medidas necesarias y suficientes para cubrir el financiamiento de la operación y la inversión en los sistemas, y para que las tarifas de los servicios públicos sean accesibles, asequibles y progresivas en función del consumo; y

h) Los mecanismos que garanticen la conectividad en la ciudad, especialmente en el espacio público.

3. La planeación financiera de la Ciudad y de las alcaldías preverá los recursos para la infraestructura, equipamiento y mobiliario urbanos de conformidad con la situación de la hacienda pública de la entidad.

4. El Gobierno de la Ciudad y las alcaldías, en el ámbito de sus competencias:

a) Elaborarán planes y programas de corto y mediano plazo, en concurrencia con los sectores social y privado, para desarrollo, inversión y operación de infraestructura hidráulica, agua y saneamiento, movilidad, abasto de energía y telecomunicaciones, en concurrencia con los sectores social y privado;

b) Formularán planes y programas de corto y de mediano plazo de equipamiento urbano, entendiéndose por éste los inmuebles e instalaciones para prestar a la población servicios públicos de administración, educación y cultura, abasto y comercio, salud y asistencia, deporte y recreación, movilidad, transporte y otros; y

c) Proveerán el mobiliario urbano para la ciudad, entendiéndose por ello los elementos complementarios al equipamiento urbano, ya sean fijos, móviles, permanentes o temporales, ubicados en la vía pública o en espacios públicos que forman parte de la imagen de la ciudad, de acuerdo con lo que determinen las leyes correspondientes.

5. Toda intervención en la vía pública o el equipamiento urbano cumplirá con los requisitos que establezca la ley correspondiente, para garantizar la realización de la obra y la reparación de eventuales daños.

6. Las autoridades facilitarán a sus habitantes el acceso a las tecnologías de la información y la comunicación a fin de asegurar su integración a la sociedad del conocimiento y el ejercicio de los derechos reconocidos en esta Constitución.

La conectividad será ofrecida en condiciones de eficiencia, calidad y alta velocidad que permitan consolidar una ciudad digital con acceso universal, equitativo, asequible y progresivo. Será gratuita en el espacio público. Para ello se promoverá la concurrencia de los sectores público, social y privado.

7. La Ciudad de México deberá contar con la infraestructura de tecnologías de la información y comunicaciones que garantice la transferencia, almacenamiento, procesamiento de información, la comunicación entre dependencias de la administración pública, así como la provisión de trámites y servicios de calidad a la población.

8. Los poderes públicos crearán un Sistema Público de Radiodifusión de la Ciudad de México que será garante y promotor del conjunto de derechos que gozan sus habitantes, así como del ejercicio de ciudadanía y participación social. Tendrá por objeto garantizar el derecho a la información y comunicación, el carácter público del servicio, la independencia editorial, la perspectiva intercultural, el acceso pleno a las tecnologías, los mecanismos de accesibilidad, la promoción de la cultura, la libertad de expresión, la difusión de información objetiva, plural y oportuna, la formación educativa, el respeto y la igualdad entre las personas; así como informar sobre construcción y funcionamiento de obras públicas estratégicas y servicios públicos.

Este Sistema será operado por un organismo público descentralizado, no sectorizado en los términos que la ley establezca y observando los principios rectores que esta Constitución define. Contará con un Consejo de Administración de siete integrantes con mayoría ciudadana como órgano de gobierno; un Consejo Consultivo Ciudadano de Programación de once integrantes y una persona titular de la Dirección General, designada por el Consejo de Administración y electa a partir de una terna propuesta por el Congreso de la Ciudad de México.

Las y los ciudadanos integrantes de ambos Consejos durarán cinco años en el cargo, nombrados de manera escalonada y sin posibilidad de reelección. Las y los consejeros ciudadanos y la terna para la Dirección General se elegirán mediante convocatoria pública, a propuesta de las organizaciones sociales y ciudadanas, el sector académico y expertos en la materia y serán electos por las dos terceras partes de las y los diputados presentes en sesión del Congreso de la Ciudad de México. Las y los ciudadanos que integren dichos consejos deberán tener plena independencia de los gobiernos, los partidos políticos y las empresas de radiodifusión de carácter privado.

G. Espacio público y convivencia social

1. En la Ciudad de México es prioridad la creación, recuperación, mantenimiento y defensa de los espacios públicos y de convivencia social. Las calles, banquetas, plazas, bosques urbanos, parques y jardines públicos, así como los bajo puentes son el componente fundamental de la convivencia, la expresión ciudadana y la cohesión social.

Las autoridades de la Ciudad garantizarán el rescate, mantenimiento e incremento progresivo del espacio público; en ningún caso podrán tomarse medidas que tiendan a su destrucción o disminución. Todas las personas tienen la obligación de respetar y contribuir a la conservación de los espacios públicos y áreas verdes.

2. El diseño y gestión de los espacios públicos deberán estar en armonía con la imagen y el paisaje urbano de las colonias, pueblos y barrios originarios de acuerdo con el ordenamiento territorial y con los usos y necesidades de las comunidades. Su diseño se regirá por las normas de accesibilidad y diseño universal. El Gobierno de la Ciudad regulará su cuidado y protección a fin de evitar la contaminación visual, acústica o ambiental provocada por cualquier publicidad o instalación de servicios.

3. El equipamiento y la vía pública son bienes públicos y su propiedad corresponde a la Ciudad de México. El Gobierno de la Ciudad, por causa de interés público, tendrá la facultad de transmitir el uso, goce o disfrute a los particulares y establecer los gravámenes que determine la ley.

4. El Gobierno de la Ciudad, de acuerdo con la ley, impedirá la ocupación privada de los espacios públicos, vías de circulación y áreas no urbanizables.

Las leyes establecerán incentivos urbanos y fiscales para generar espacios abiertos de uso público y áreas verdes. Se sancionará a quien haga uso inapropiado o dañe el espacio público.

5. Se promoverá la corresponsabilidad entre el gobierno y la sociedad en la definición de prioridades para la creación y el mejoramiento del espacio público y del entorno rural.

6. La Ciudad de México garantiza el derecho a realizar actividades de ocio, esparcimiento, recreativas, artísticas y turísticas, privilegiando el interés público. Las actividades comerciales y de servicios vinculadas con este derecho deberán contar con permiso de las alcaldías.

El Gobierno de la Ciudad y las alcaldías, en los ámbitos de su competencia, definirán programas de uso, mantenimiento y ampliación del espacio público con la participación ciudadana.

7. La Ciudad de México asume la defensa y desarrollo del espacio público. Ésta será una obligación de las autoridades que garantizarán la accesibilidad y diseño universal, seguridad y protección civil, sanidad y funcionalidad para su pleno disfrute.

H. Movilidad y accesibilidad

1. La Ciudad garantizará la movilidad de las personas en condiciones de máxima calidad a través de un sistema integrado y multimodal de transporte, que atienda las necesidades sociales y ambientales, bajo los principios de equi-

dad social, igualdad, de accesibilidad, diseño universal, eficiencia, seguridad, asequibilidad, permanencia, predictibilidad, continuidad, comodidad e higiene.

2. En orden de importancia, las leyes darán prioridad y preferencia en la movilidad primero a peatones, en especial personas con discapacidad o movilidad limitada; a cualquier forma de movilidad no motorizada; personas usuarias del transporte público de pasajeros; a los vehículos privados automotores en función de sus emisiones y al transporte de carga, con restricciones a su circulación en zonas, vialidades y horarios fijados por ley.

3. Las autoridades de la Ciudad desarrollarán y ejecutarán políticas de movilidad, para lo cual deberán:

a) Impulsar, a través de un plan de movilidad, la transición gradual hacia patrones donde predominen formas de movilidad colectivas, no motorizadas, motorizadas no contaminantes, peatonales, así como a base de nuevas tecnologías;

b) Privilegiar el desarrollo y la consolidación del transporte público colectivo;

c) Estimular el uso de vehículos no contaminantes o de bajas emisiones a la atmósfera, y la creación de infraestructura conectada y segura para peatones y ciclistas;

d) Promover el uso de sistemas inteligentes y tecnologías que permitan mayor fluidez a la circulación del tránsito vehicular, así como el mantenimiento óptimo de las vialidades, y regular los estacionamientos;

e) Promover y desarrollar paraderos y centros especializados de transferencia modal con el equipamiento requerido para garantizar la seguridad y el confort de los usuarios;

f) Regular el equipamiento adecuado en las vías y edificaciones de uso público para permitir la accesibilidad de las personas;

g) Realizar campañas de educación en favor de una nueva cultura cívica de la movilidad, fomentar la fluidez, seguridad vial y prevención de incidentes y accidentes de tránsito, así como el carácter público de las calles y de las vialidades;

h) Impulsar una participación corresponsable y equitativa de las y los ciudadanos en las políticas públicas;

i) Promover, bajo con criterios de equidad, la coordinación con otras entidades en los sistemas de movilidad metropolitana; y

j) Los demás que establezca la ley.

4. Corresponde al Gobierno de la Ciudad autorizar y regular la prestación de servicios públicos de transporte de personas por particulares y las tarifas correspondientes, en los términos que establezca la ley.

La prestación directa de servicios de transporte por parte del Gobierno de la Ciudad se hará a través de organismos públicos con planes y programas de desarrollo a mediano y largo plazo, participación ciudadana y rendición de cuentas sobre su desempeño funcional y financiero.

Las autorizaciones o concesiones para el servicio de transporte público colectivo sólo podrán ser otorgadas a empresas sociales y particulares, con operadores con salarios y prestaciones de ley. Las concesiones otorgadas con anterioridad a la entrada en vigor de esta Constitución, continuarán vigentes y sus titulares tienen derecho a la renovación en los términos en que fueron otorgadas.

El Gobierno de la Ciudad establecerá mecanismos de apoyo financiero directo a los sistemas de movilidad y transporte colectivo para asegurar su cobertura, eficiencia y confort, los cuales serán fondeados con instrumentos fiscales y económicos de interiorización de costos ambientales.

I. Vulnerabilidad, resiliencia, prevención y mitigación de riesgos

1. El Gobierno de la Ciudad garantizará la seguridad de las personas, estableciendo medidas de prevención, mitigación y gestión integral de riesgos que reduzcan la vulnerabilidad ante eventos originados por fenómenos naturales y por la actividad humana. Asimismo:

a) Deberá informar y prevenir a la población, en formatos accesibles para todos, ante los riesgos que amenacen su existencia mediante la elaboración de diagnósticos y atlas de riesgos, instrumentos de monitoreo, pronósticos, alerta temprana y los demás que establezca la ley;

b) Implantará la coordinación interinstitucional para la prevención, mitigación, auxilio, atención, recuperación y reconstrucción ante la ocurrencia de una emergencia, siniestro o desastre, privilegiando la integridad de las personas, su patrimonio y la protección de los animales en su calidad de seres sintientes;

c) Realizará programas participativos de reubicación de las personas y familias de escasos recursos que habiten en zonas y edificaciones de riesgo en condiciones que compensen sus pérdidas patrimoniales, mantengan sus redes sociales de apoyo y mejoren su calidad de vida;

d) Establecerá los mecanismos necesarios para garantizar dichas compensaciones en los casos de responsabilidad de las empresas inmobiliarias, y podrá expropiar, demoler y rehabilitar inmuebles riesgosos;

e) En situaciones de emergencia o desastre, garantizará la seguridad ciudadana, implementando medidas que tomen en cuenta todas las características de la población, brindará atención médica prehospitalaria y hospitalaria, y garantizará la infraestructura disponible;

f) Desarrollará la cultura de la seguridad y la resiliencia, promoviendo la participación ciudadana, el voluntariado, la autoprotección, la corresponsabilidad, la ayuda mutua y el auxilio a la población;

g) A través de un organismo público garante de la gestión integral de riesgos, diseñará y ejecutará, con base en los principios de diseño universal y accesibilidad, la preparación y respuesta para la reducción del riesgo y la prevención y atención de desastres, fortaleciendo el cuerpo de primera respuesta, conforme a lo que determine la ley en la materia; y

h) Llevará a cabo las demás acciones que establezca la ley.

2. El Gobierno de la Ciudad desarrollará un plan a largo plazo de adaptación al cambio climático.

Artículo 17. Bienestar social y economía distributiva

1. La Ciudad de México asume como fines del proceso de desarrollo el mejoramiento de la vida en los órdenes económico, social, ambiental y cultural para afirmar la dignidad de sus habitantes. Aspira a constituir un Estado social y democrático de pleno ejercicio de los derechos con los valores de libertad, igualdad y cohesión social.

2. Corresponde al gobierno, planear, conducir, coordinar y orientar el desarrollo de la ciudad, junto con las alcaldías, con la concurrencia participativa y responsabilidad social de los sectores público, privado y social que establezcan un sistema de bienestar social y desarrollo económico distributivo. En el ámbito de sus competencias, garantizarán los medios de coordinación con el gobierno federal, las instancias metropolitanas y los sectores privado y social, considerando los mecanismos de participación ciudadana.

3. Las políticas sociales y económicas se concebirán de forma integrada y tendrán como propósito el respeto, protección, promoción y realización de los derechos económicos, sociales, culturales y ambientales para el bienestar de la población y la prosperidad de la ciudad, de acuerdo a los principios de interdependencia e indivisibilidad.

A. De la política social

1. Se establecerá y operará un sistema general de bienestar social, articulado, incluyente, participativo y transparente vinculado a la estrategia de desarrollo redistributivo, al que concurrirán las instancias encargadas de las materias correspondientes. El sistema considerará al menos los siguientes elementos:

a) Las políticas y programas del sistema se diseñarán, ejecutarán y evaluarán de acuerdo a los indicadores, metodologías y metas de progresividad que definan el Instituto de Planeación Democrática y Prospectiva y el Consejo de Evaluación de la Ciudad de México; en el ámbito de sus respectivas competencias;

b) La ampliación del acceso, la mejoría en la calidad y la actualización de los servicios públicos que incidan en la calidad de vida de los habitantes de la Ciudad;

c) La ampliación, actualización, recuperación y mantenimiento de la infraestructura y los equipamientos correspondientes, en igualdad de condiciones de calidad y proporcionalidad en todo el territorio de la Ciudad de México, en tanto son la base material para la prestación de los servicios;

d) El desarrollo y la operación eficiente y transparente de los sistemas de educación, salud, asistencia social, cuidados, cultura y deporte en forma articulada en todo el territorio de la Ciudad;

e) La inclusión de la perspectiva de los grupos de atención prioritaria en la planeación y ejecución de todas las políticas y programas del gobierno y las alcaldías de la Ciudad de México, y el desarrollo de los sistemas especializados para su atención;

f) La promoción de sistemas de aseguramiento social de los habitantes de la Ciudad; y

g) Los mecanismos para hacer efectivo el derecho al mínimo vital para una vida digna, dando prioridad a las personas en situación de pobreza, que se establecerán de conformidad con los criterios de progresividad, con los indicadores que determine el organismo constitucional federal competente y las metas evaluables que fije el organismo local correspondiente.

La legislación en la materia contendrá los criterios y procedimientos para los programas sociales públicos, las transferencias monetarias y los demás instrumentos que se apliquen, asegurando el uso eficaz y transparente de los mecanismos financieros que para el efecto se dispongan.

2. Las políticas y programas sociales de la Ciudad de México y de las demarcaciones se realizarán con la participación de sus habitantes en el nivel territorial que corresponda, de acuerdo con lo que en la materia establezca esta Constitución.

3. Los programas de atención especializada y de transferencias monetarias y en especie que realicen el Gobierno de la Ciudad y las alcaldías, serán auditables y contarán con un padrón único, con transparencia y rendición de cuentas.

4. La ley establecerá las características, prioridades, criterios de progresividad y plazos para los programas de atención especializada y transferencias, a fin de garantizar a largo plazo el acceso efectivo a esos programas.

5. Queda prohibido a las autoridades de la Ciudad, partidos políticos y organizaciones sociales utilizar con fines lucrativos o partidistas, las políticas y programas sociales. Las leyes correspondientes, establecerán las sanciones a que haya lugar.

B. De la política económica

1. La política económica tendrá como objetivo el aumento en los niveles de bienestar de la población, la promoción de la inversión y la generación de empleos, respetando los derechos y promoviendo la expansión de las libertades económicas, la reducción de la pobreza y la desigualdad, el desarrollo sustentable y la promoción de la competitividad de la ciudad. Se realizará bajo la rectoría gubernamental en estrecha coordinación con los agentes económicos de la Ciudad y en el marco del régimen democrático, procurando la más amplia participación ciudadana.

2. Las autoridades proveerán lo necesario para que los emprendimientos económicos sean objeto de la protección y acompañamiento institucional. A la economía concurren los sectores público, social, privado y los demás que contribuyan al desarrollo; la ley la fomentará, protegerá y regulará, de acuerdo con el interés público y el beneficio general, la inversión, la generación de empleo y el ingreso dignos, la innovación y una distribución más justa del ingreso y la riqueza.

3. Las instituciones gubernamentales proveerán, bajo las modalidades que dicte el interés público, lo necesario para que:

a) La actividad económica sea objeto de protección y apoyo;

b) La empresa, la acción comunitaria y de cooperativas, las organizaciones sociales y colectivas de productores, comerciantes y consumidores sean objeto de fomento y apoyo;

c) Se promueva el intercambio justo y equitativo, apegado a las leyes y procurando el beneficio entre las zonas rurales y urbanas de la ciudad;

d) Se impulse al sector social y solidario de la economía a través de políticas para su constitución, desarrollo y fortalecimiento de sus capacidades y competencias; y

e) Se promueva el desarrollo rural integral y sustentable que garantice a los núcleos de población comunal y ejidal, el bienestar e incorporación al desarrollo de la ciudad, fomentando las actividades económicas en el ámbito rural, con obras de infraestructura, financiamiento, capacitación y asistencia técnica.

4. Las autoridades de la Ciudad promoverán activamente la economía innovadora y del conocimiento, compatible con la generación de mayor valor agregado, mejores remuneraciones, la protección de los ecosistemas y las demás prioritarias para el desarrollo de la ciudad.

La Ciudad de México impulsará las actividades turísticas aprovechando, de manera responsable y sustentable, su patrimonio histórico, arquitectónico, artístico, natural, cultural y de las tradiciones de sus pueblos y barrios originarios y comunidades indígenas residentes, considerando la opinión de estos en todo momento.

5. El Gobierno de la Ciudad establecerá políticas y programas para promover la inversión en beneficio del desarrollo, con mecanismos que otorguen certeza jurídica y cuenten con incentivos para su consolidación.

Las autoridades de los distintos órdenes de Gobierno de la Ciudad someterán, de manera permanente, continua y coordinada, sus actos, procedimientos y resoluciones con carácter normativo a la mejora regulatoria conforme a la ley en esta materia.

6. La Ciudad de México promoverá la contribución del sector de organizaciones no lucrativas al crecimiento económico y al desarrollo de la sociedad.

7. Las autoridades de la Ciudad promoverán el fortalecimiento de micro, pequeñas y medianas empresas y de la economía social y solidaria, así como de personas jóvenes emprendedoras con programas de fomento que agilicen su constitución y fortalezcan capacidades, competencias laborales y acceso al crédito.

8. La Ciudad de México contará con instrumentos propios de desarrollo económico, entre los que estarán: una política de protección salarial y trabajo digno, una hacienda pública sustentable, ordenada, equitativa y redistributiva y la constitución de fondos para proyectos destinados al equilibrio territorial.

El Gobierno de la Ciudad, para impulsar la inversión social productiva, establecerá las políticas de fomento, creación, capacitación, promoción al financiamiento e impulso a los proyectos productivos y de iniciativa empresarial, social y privada, por medio de un instituto de emprendimiento que será un órgano del poder público con personalidad jurídica y patrimonio propio, con autonomía técnica y de gestión.

9. En la aplicación de los recursos públicos, el Gobierno de la Ciudad favorecerá el desarrollo de la economía local, sobre todo mediante la pequeña y mediana empresa, la economía social y solidaria, así como de aquellos sectores que promuevan el desarrollo tecnológico y las industrias del conocimiento y la innovación.

10. La Ciudad de México podrá contar con las instituciones e instrumentos financieros, que requiera, para el desarrollo económico y social, de acuerdo a las leyes en la materia.

Las políticas y programas económicos se diseñarán, ejecutarán y evaluarán de acuerdo a los indicadores y criterios que definan el Instituto de Planeación Democrática y Prospectiva y el Consejo de Evaluación de la Ciudad de México, en el ámbito de sus respectivas competencias;

11. El Gobierno de la Ciudad de México y sus alcaldías promoverán y fomentarán la economía social y la distribución de alimentos básicos a través de los sistemas de abasto tradicionales como son los mercados públicos, los tianguis, las concentraciones y los pequeños comercios.

12. Las autoridades de la Ciudad podrán establecer plataformas y mecanismos de financiamiento en apoyo a las y los ciudadanos o a las organizaciones sociales que desarrollen comunidades digitales.

C. Consejo Económico, Social y Ambiental

1. El Consejo Económico, Social y Ambiental de la Ciudad de México es un órgano de diálogo social y concertación pública. Colaborará con el gobierno local, las alcaldías y el Cabildo en la promoción del desarrollo social incluyente, el cumplimiento de los derechos, el fomento del crecimiento económico sustentable en la viabilidad y equilibrio fiscales de la Ciudad y el empleo, y la justa distribución del ingreso.

2. El Consejo se integra por representantes de organizaciones de la sociedad civil, empresariales, de trabajadores y de profesionales, instituciones académicas, así como de las alcaldías. Para el desempeño de sus funciones, contará con autonomía técnica y financiera.

En el desempeño de las actividades se respetarán los principios de transparencia, rendición de cuentas y máxima publicidad.

Artículo 18. Patrimonio de la Ciudad

La memoria y el patrimonio histórico, cultural, inmaterial y material, natural, rural y urbano territorial son bienes comunes, por lo que su protección y conservación son de orden público e interés general.

A. Patrimonio histórico, cultural, inmaterial y material, natural, rural y urbano territorial

1. La Ciudad de México garantizará la identificación, registro, preservación, protección, conservación, revalorización, restauración, investigación y difusión y enriquecimiento del patrimonio mediante las leyes que para tal efecto emita el Congreso de la Ciudad, en concordancia y puntual observancia de las leyes federales y los instrumentos internacionales en la materia, así como de sus reglas y directrices operativas, observaciones generales, comentarios y criterios interpretativos oficiales.

2. El Gobierno de la Ciudad de México y la alcaldía correspondiente, emitirán declaratorias que protejan el patrimonio de la Ciudad en los términos de la legislación aplicable.

Cuando se trate de bienes culturales, objeto de estas declaratorias, que sean de dominio público y uso común, serán inalienables, inembargables e imprescriptibles y por ningún motivo serán objeto de permiso o concesión a los particulares para su explotación comercial, a excepción de la prestación de servicios que no sean ajenos a su naturaleza. Se podrán realizar actividades culturales y públicas que permitan financiar su preservación, protección, conservación, uso sustentable y disfrute, siempre que no se destruyan o dañen los elementos arquitectónicos u ornamentales del inmueble.

Para la recuperación y rehabilitación del patrimonio histórico, cultural, inmaterial y material, natural, rural, urbano territorial y otros bienes culturales en uso y ocupación de particulares, se estará a lo previsto en las leyes de la materia.

(REFORMADO, G.O. 26 DE JULIO DE 2019)

3. El Gobierno de la Ciudad y las alcaldías, en coordinación con el gobierno federal, y conforme a la ley en la materia, establecerán la obligación para el registro y catalogación del patrimonio histórico, cultural, inmaterial y material, natural, rural y urbano territorial. Esta misma ley establecerá la obligación de

la preservación de todos aquellos bienes declarados como monumentos, zonas, paisajes y rutas culturales y conjuntos artísticos e históricos que se encuentren en su territorio, así como los espacios naturales y rurales con categoría de protección.

Existirá un fondo para que las alcaldías cuenten con recursos para uso exclusivo para la preservación, protección, conservación, revalorización, restauración, investigación y difusión del patrimonio y de los bienes a que se refiere el párrafo anterior. El Congreso de la Ciudad de México, al aprobar el Presupuesto de Egresos, establecerá el monto de los recursos que se destinará a dicho fondo.

4. Los recursos económicos que se generen por el patrimonio histórico, cultural, inmaterial y material, natural, rural, y urbano territorial de la ciudad se regularán de conformidad con las leyes para su conservación, preservación y restauración, en beneficio de la comunidad. Asimismo, se deberá armonizar la protección del patrimonio con los requerimientos del desarrollo económico y social y se preservarán los mercados públicos en su carácter de patrimonio cultural e histórico.

5. En la preservación, protección, conservación, revalorización, restauración, gestión, uso sustentable, disfrute y las demás actividades relativas al patrimonio, el Gobierno de la Ciudad promoverá y apoyará la participación de organismos, organizaciones sociales, vecinales, instituciones educativas, culturales y de especialistas. El incumplimiento de las previsiones contenidas en el mismo, quedará sujeto a las sanciones establecidas en la ley.

B. Patrimonio de la humanidad en la ciudad

1. Las autoridades de la Ciudad, en coordinación con las autoridades federales, adoptarán medidas para la conservación y gestión de los sitios declarados patrimonio de la humanidad en la Ciudad y de los susceptibles de serlo, así como de aquellas relacionadas con el patrimonio inmaterial.

2. El Gobierno de la Ciudad creará órganos de coordinación para la protección y conservación de los sitios declarados patrimonio de la humanidad en la ciudad, mediante acciones de gobierno, desarrollo económico, cultural, social, urbano, rural y ambiental. Las leyes y reglamentos establecerán su ámbito de jurisdicción, presupuesto y funciones.

En los términos de la ley, el Centro Histórico de la Ciudad de México quedará bajo la responsabilidad directa del Jefe de Gobierno a través de la autoridad del Centro Histórico, en todo lo que respecta a regulación urbana, intendencia, mantenimiento, renovación, restauración y conservación de inmuebles y monumentos históricos.

La ley establecerá los mecanismos de concurrencia entre la Autoridad del Centro Histórico y las alcaldías correspondientes para el cumplimiento de los objetivos descritos en el párrafo anterior.

C. Del registro de la memoria oral histórica de la Ciudad de México

1. La Ciudad de México contará con un órgano colegiado que dependerá de la entidad de la administración pública encargada de la política en materia de cultura, patrimonio cultural, archivos históricos y registro de la crónica, y se encargará de organizar, sistematizar y consolidar el registro de la memoria histórica viva de la ciudad.

2. Dicho órgano tendrá, entre otros objetivos: el registro oral y documental a través de cualquier soporte, de personajes, acontecimientos y acervos históricos documentales, bienes y expresiones culturales como costumbres, tradiciones, expresiones artísticas y culturales de la ciudad, mismos que estarán abiertos al público para su consulta.

3. Este órgano se integrará por académicos, investigadores, cronistas, ciudadanos de las demarcaciones territoriales e integrantes de los pueblos y barrios originarios y comunidades indígenas con reconocimiento de su labor cultural. Su organización, funcionamiento, conformación y duración en el cargo de sus integrantes, serán determinados por la ley que para tal efecto expida el Congreso de la Ciudad.

Artículo 19. Coordinación Metropolitana y Regional

1. La coordinación y gestión regional y metropolitana es una prioridad para las personas que habitan la Ciudad. Las autoridades deberán impulsar gradualmente un desarrollo incluyente, funcional y eficiente para los habitantes de la Ciudad de México a través de la coordinación con la Federación, los Estados y Municipios conurbados de la Zona Metropolitana del Valle de México y la Región Centro del país, coherente con el Sistema de Planeación Nacional y el de la Ciudad de México.

Las autoridades de la Ciudad de México, al participar en organismos metropolitanos, deberán hacerlo corresponsablemente con el objetivo de mejorar las condiciones de habitabilidad, movilidad, sustentabilidad y calidad de vida en la metrópoli, procurando en todo momento la equidad en la colaboración.

2. El Gobierno de la Ciudad y las alcaldías impulsarán la creación de instancias y mecanismos de coordinación con la Federación, los Estados y Munici-

pios para la planeación democrática del desarrollo y la prestación de servicios públicos de impacto regional y metropolitano, en materia de asentamientos humanos, gestión ambiental, movilidad, transporte, agua, saneamiento, gestión de residuos, seguridad ciudadana y demás facultades concurrentes, de conformidad con la Constitución Política de los Estados Unidos Mexicanos, esta Constitución y las leyes en la materia.

3. La Jefatura de Gobierno, en el ámbito de sus atribuciones, podrá suscribir convenios y concertar con la Federación, los Estados y Municipios conurbados, la ejecución y operación de obras, prestación de servicios públicos o la realización de acciones conjuntas en la materia.

Se promoverá la creación de instrumentos y mecanismos que contribuyan a garantizar la aplicación de políticas y servicios suficientes y de calidad para las personas que habitan la Zona Metropolitana del Valle de México, con una visión territorial ecosistémica, incluyente y participativa.

4. La Ciudad de México participará en el Consejo de Desarrollo Metropolitano y en los organismos que correspondan, según lo disponga la ley.

El Congreso de la Ciudad de México impulsará la coordinación con los congresos locales de las entidades de la Zona Metropolitana del Valle de México, con apego a los principios federalistas y respeto a la soberanía de estas entidades.

5. El Cabildo impulsará ante el Consejo de Desarrollo Metropolitano y los organismos correspondientes los mecanismos de coordinación metropolitana y regional que especifiquen los objetivos, plazos, términos, recursos y responsables para la ejecución, seguimiento y evaluación de las acciones y programas acordados, así como de participación y representación ciudadana en los mismos.

6. Las alcaldías podrán suscribir acuerdos de coordinación para la prestación de servicios públicos con los municipios conurbados, en los términos que establezca y con el acuerdo de su respectivo concejo. El Congreso de la Ciudad autorizará los montos para la aportación de recursos materiales, humanos y financieros a que se comprometa la Ciudad en esta materia.

7. Los poderes públicos y las alcaldías propiciarán la participación ciudadana en la elaboración, ejecución y evaluación de la política de coordinación regional y metropolitana, de conformidad con los mecanismos de democracia directa y participativa previstos por esta Constitución; asimismo, difundirán los acuerdos y convenios para que se conozcan de manera precisa y rendirán cuentas sobre sus avances y resultados.

Se realizarán consultas a la ciudadanía cuando se prevea la suscripción de acuerdos para la ejecución de obras y la prestación de servicios públicos, susceptibles de afectarles directamente. Estas consultas serán vinculatorias conforme a lo previsto por esta Constitución.

Artículo 20. Ciudad Global

1. La Ciudad de México reafirma su histórica vocación pacifista, solidaria, hospitalaria y de asilo.

2. La Ciudad de México promoverá su presencia en el mundo y su inserción en el sistema global y de redes de ciudades y gobiernos locales, establecerá acuerdos de cooperación técnica con organismos multilaterales, instituciones extranjeras y organizaciones internacionales, de conformidad con las leyes en la materia, y asumirá su corresponsabilidad en la solución de los problemas de la humanidad, bajo los principios que rigen la política exterior.

3. Las autoridades adoptarán medidas y programas para contribuir al respeto y protección de los derechos, la cultura y la identidad de las personas originarias de la Ciudad y de sus familias en el exterior. Asimismo, establecerán los mecanismos institucionales para garantizar dicha protección, en los ámbitos de su competencia, y para el apoyo en los trámites respectivos.

Las autoridades de la Ciudad de México y de las alcaldías, adoptarán las medidas necesarias para prevenir la migración forzosa de las y los habitantes de la Ciudad de México.

4. El Congreso de la Ciudad de México armonizará su legislación con los tratados de derechos humanos celebrados por el Estado mexicano y la jurisprudencia de los tribunales y órganos internacionales para su cumplimiento.

5. El Gobierno de la Ciudad de México y todas las autoridades locales, en el ámbito de sus competencias, deberán promover, respetar, proteger y garantizar los derechos humanos de las personas migrantes, ya sea que se encuentren en tránsito, retornen a la Ciudad de México o que éste sea su destino, así como aquellas personas a las que les hubiera reconocido la condición de refugiados u otorgado asilo político o protección complementaria, con especial énfasis en niñas, niños y adolescentes, de conformidad con lo establecido en la Constitución Política de los Estados Unidos Mexicanos, los tratados internacionales y las leyes federales en la materia.

El Gobierno de la Ciudad de México, en coordinación con las alcaldías, instrumentará políticas de acogida a favor de las personas migrantes, así como de aquéllas que busquen y reciban asilo y protección internacional en México.

6. El Gobierno de la Ciudad generará los mecanismos necesarios para reconocer como víctimas de desplazamiento forzado interno a aquellas personas o grupos de personas forzadas u obligadas a escapar o huir de su hogar o de su lugar de residencia, como resultado de situaciones de violencia generalizada, de violaciones de derechos humanos o de catástrofes naturales o provocadas por el ser humano, sin que ello implique que crucen una frontera estatal internacionalmente reconocida.

Las autoridades de la Ciudad de México deberán promover, respetar, proteger y garantizar los derechos humanos de todas las personas a quienes se les reconozca como víctimas de desplazamiento forzado interno.

7. Los poderes públicos, organismos autónomos y alcaldías podrán celebrar acuerdos interinstitucionales con entidades gubernamentales equivalentes de otras naciones y con organizaciones multinacionales, que favorezcan la cooperación internacional y las relaciones de amistad, de conformidad con las leyes en la materia.

8. Los acuerdos y acciones internacionales del Gobierno de la Ciudad se informarán semestralmente al Congreso de la Ciudad y a las y los ciudadanos. En esos informes será preceptivo evaluar, cuantitativa y cualitativamente, por el gobierno y el Congreso las ventajas y beneficios de los acuerdos de carácter internacional de la Ciudad.

9. El Gobierno de la Ciudad establecerá un órgano coordinador de asuntos internacionales con la participación de actores públicos, privados, organizaciones de la sociedad civil y ciudadanía que mantengan vínculos con el exterior. Asimismo, promoverá la participación de las organizaciones de la sociedad civil en el ámbito internacional.

10. La Ciudad de México mantendrá relaciones de colaboración con las embajadas, consulados, representaciones de organismos internacionales, cámaras de la industria o del comercio e institutos culturales extranjeros que se encuentren dentro de su territorio a fin de promover la cooperación y el intercambio social y cultural.

Artículo 21. De la Hacienda Pública

A. Disposiciones generales

1. En la Ciudad de México el ejercicio pleno de los derechos se sustenta en el cumplimiento general de las obligaciones en el marco de la hacienda pública.

2. La hacienda de la Ciudad se organizará conforme a criterios de unidad presupuestaria y financiera. El gasto y la inversión pública, además de lo que

establece esta Constitución, se orientarán a incrementar la infraestructura y el patrimonio públicos, a garantizar servicios de calidad, al impulso de la actividad económica, el empleo, el salario y a la mejora de la calidad de vida de la población.

3. La hacienda pública conciliará su naturaleza unitaria con la diversidad económica y social de la ciudad, mediante una equitativa distribución de los recursos y las responsabilidades.

4. La generalidad, la sustentabilidad, honradez, proporcionalidad, equidad, efectividad, austeridad, certidumbre, transparencia y rendición de cuentas, son los principios que rigen la hacienda pública.

5. La recaudación y administración de los recursos quedará a cargo de las autoridades fiscales de la Ciudad en los términos que establezca la ley, sin menoscabo de los convenios de colaboración en la materia que puedan suscribir las alcaldías con el gobierno local.

6. El Gobierno de la Ciudad, conforme a la ley de la materia, podrá contraer deuda pública para destinarla a inversiones públicas productivas y a su refinanciamiento o reestructura, mismas que deberán realizarse bajo las mejores condiciones del mercado. No podrá utilizarse para cubrir gasto corriente o de operación.

7. Ninguna información de carácter público podrá restringirse en su conocimiento a la ciudadanía y deberá cumplir con los parámetros de gobierno abierto.

8. La Ciudad de México podrá establecer contribuciones de conformidad con lo dispuesto por la Constitución Política de los Estados Unidos Mexicanos y la legislación federal y local.

9. El Gobierno de la Ciudad garantizará que la información catastral y registral sea estructurada, normalizada, vinculada y sistematizada en una institución única, conforme lo establezca la ley de la materia.

B. Ingresos

1. La hacienda pública de la Ciudad se conforma por las contribuciones, productos y aprovechamientos que el Congreso de la Ciudad establezca, el financiamiento aprobado por el Congreso de la Unión, así como por las participaciones, aportaciones, transferencias u otros ingresos de origen federal por cualquier concepto, los rendimientos de los bienes que pertenezcan a la Ciudad y cualquier otro ingreso que en su derecho le corresponda.

2. En la planeación de las finanzas públicas de la Ciudad se considerarán los recursos que determine la Cámara de Diputados en el Presupuesto de

Egresos de la Federación, así como las bases que la misma establezca para su ejercicio, a fin de apoyar a la Ciudad de México en su carácter de capital de los Estados Unidos Mexicanos.

3. El Congreso de la Ciudad podrá establecer contribuciones especiales a las actividades que ocasionen consecuencias perjudiciales sobre la salud o el ambiente.

4. Las autoridades definirán las políticas de estímulos y compensaciones fiscales en los términos y condiciones que señale la ley.

5. La ley regulará los mecanismos que faciliten a las personas el cumplimiento de sus obligaciones fiscales, así como las instancias y procedimientos para la defensa de los derechos de los contribuyentes.

6. El Congreso de la Ciudad de México, de conformidad con la ley en materia de disciplina financiera de las entidades federativas y en la legislación local, en lo conducente, regulará la asignación de ingresos excedentes, excepcionales y remanentes; así como los procedimientos para efectuar las reducciones presupuestarias cuando la situación financiera lo requiera.

C. Egresos

1. El Presupuesto de Egresos de los Poderes, las alcaldías y de todo organismo autónomo; se sujetará a las previsiones de ingresos de la hacienda pública de la Ciudad en los términos de la Constitución Política de los Estados Unidos Mexicanos, de esta Constitución, la normatividad general y local aplicable y los lineamientos propios que deriven de su autonomía, en materia de disciplina financiera, ejercicio y control presupuestario.

2. El Presupuesto de Egresos deberá apegarse estrictamente a los objetivos y metas establecidos en el Plan General y los programas de desarrollo.

3. Ninguna autoridad podrá contraer obligaciones que impliquen erogaciones no comprendidas en sus presupuestos o determinadas por ley posterior.

4. Los resultados de las evaluaciones a programas, políticas públicas y proyectos de inversión a cargo del Consejo de Evaluación de la Ciudad de México se considerarán en el proceso presupuestario e incidirán para la orientación del gasto público.

5. La información y análisis sobre los egresos, el impacto presupuestal de iniciativas de ley y las estimaciones económicas y financieras de la Ciudad elaborados por la oficina presupuestal del Congreso de la Ciudad, serán considerados en la aprobación del Presupuesto de Egresos.

6. El Gobierno de la Ciudad podrá celebrar contratos multianuales de gasto, en los términos de la legislación aplicable en la materia, los cuales se deriven de contratos de obra pública, adquisiciones, arrendamientos y servicios.

7. El Gobierno de la Ciudad deberá transferir a las Alcaldías, con oportunidad y mediante calendarios públicos de ministración, los recursos públicos que de acuerdo a la ley, les correspondan.

D. Alcaldías

I. De los ingresos

Sujeto a las previsiones de ingresos de la hacienda pública de la Ciudad de México, las alcaldías contarán con los recursos públicos siguientes:

a) Las participaciones, aportaciones y demás ingresos de procedencia federal, de conformidad con las leyes de la materia;

b) Los recursos de aplicación automática que generen;

c) Las asignaciones determinadas para sus presupuestos, contempladas en el Presupuesto de Egresos de la Ciudad de México; y

d) Los ingresos provenientes del fondo establecido en el artículo 55 de esta Constitución.

II. Bases para la determinación de criterios y fórmulas

1. El Congreso de la Ciudad de México expedirá las normas correspondientes en materia hacendaria, las cuales establecerán los criterios y fórmulas para la asignación presupuestal a las demarcaciones territoriales, de conformidad con lo siguiente:

a) Para la asignación del gasto público se considerará: población residente y flotante; población en situación de pobreza; marginación y rezago social; extensión territorial, áreas verdes y suelo de conservación; inversión en infraestructura, servicios públicos y equipamiento urbano, así como su mantenimiento;

b) Las participaciones federales se aplicarán conforme a los porcentajes y criterios establecidos en la normatividad aplicable;

c) El presupuesto asignado a las alcaldías, proveniente de los recursos señalados en el inciso c), fracción I del presente apartado, no podrá ser menor en términos porcentuales, a lo que éste representó en el ejercicio fiscal inmediato anterior, respecto al presupuesto total de la Ciudad de México, salvo los casos excepcionales que la ley determine.

2. El Fondo establecido en el artículo 55, de la presente Constitución será adicional al monto que reciban las alcaldías por los conceptos de los incisos

a), b) y c) de la fracción I del presente apartado, a la fecha de entrada en vigor de las disposiciones contenidas en este precepto.

3. A este fondo, se le deberá destinar el monto equivalente al dos por ciento de lo que resulte de restar, al total de los ingresos de libre disposición, los recursos propios de los organismos, el gasto no programable del Gobierno de la Ciudad de México, y el presupuesto destinado a los organismos autónomos y de gobierno.

4. La orientación de este fondo se establece en el artículo 55 de esta Constitución. Su ejercicio deberá de apegarse a la Ley de Disciplina Financiera de las Entidades Federativas y los Municipios y a la legislación que al efecto emita el Congreso de la Ciudad de México, así como a la normatividad que en materia de ejercicio y fiscalización emita la autoridad local. Las alcaldías ejercerán estos recursos con base en un programa de inversión en infraestructura, equipamiento urbano y servicios públicos.

5. Este fondo deberá ser transparente en su aplicación, con informes trimestrales sobre su ejercicio al concejo, al Congreso, a las instancias de auditoría correspondientes y a las y los ciudadanos.

En ningún caso los recursos de este fondo podrán transferirse a otros rubros o partidas de gasto.

III. De la autonomía del ejercicio presupuestal

1. En el ejercicio de sus presupuestos, las alcaldías gozarán de las facultades siguientes:

a) Elaborar el Presupuesto de Egresos de sus demarcaciones, el cual será aprobado por su respectivo concejo, y se enviará a la o el Jefe de Gobierno para su integración al proyecto de Presupuesto de Egresos de la Ciudad;

b) Administrar y ejercer con autonomía sus presupuestos, sujetándose a las leyes y reglamentos de la materia;

c) Elaborar y programar los calendarios presupuestales;

d) Disponer de los recursos asignados en sus presupuestos y efectuar los pagos con cargo a los mismos, conforme a las ministraciones de recursos que reciban, debiendo registrar y contabilizar sus operaciones en el sistema de contabilidad gubernamental, de acuerdo con la normatividad federal y local de la materia;

e) Autorizar las adecuaciones presupuestarias, de conformidad con la ley;

f) Determinar, en los casos de aumento o disminución de ingresos en el presupuesto, los ajustes que correspondan sujetándose a la normatividad aplicable; y

g) Captar, registrar, administrar y ejercer los recursos de aplicación automática que generen.

2. Del presupuesto que el Congreso de la Ciudad les autorice en el correspondiente Decreto de Presupuesto de Egresos, cada una de las alcaldías deberá destinar al menos el 22% a proyectos de inversión en Infraestructura, equipamiento urbano y servicios públicos en todas las colonias, pueblos, barrios originarios y comunidades indígenas de la demarcación territorial. Dentro de este porcentaje se incluyen los recursos que la Alcaldía ejerza con cargo al fondo referido al apartado D, fracción II de este artículo.

3. La Auditoría Superior de la Ciudad de México fiscalizará que las alcaldías cumplan con lo señalado en el numeral anterior.

4. Las alcaldías no podrán, en ningún caso, contraer directa o indirectamente obligaciones o empréstitos.

TÍTULO CUARTO
DE LA CIUDADANÍA Y EL EJERCICIO DEMOCRÁTICO

CAPÍTULO I
DE LAS PERSONAS ORIGINARIAS Y DE LAS QUE HABITAN LA CIUDAD DE MÉXICO

Artículo 22. De las y los originarios, habitantes, vecinos y transeúntes

En la Ciudad de México se entiende por:

a) Originarias, a las personas nacidas en su territorio, así como a sus hijos e hijas;

b) Habitantes, a las personas que residan en la Ciudad;

c) Vecinas, a las personas que residen por más de seis meses. Esta calidad no se perderá en los casos que la ley establezca; y

d) Transeúntes, a las personas que no cumplan con las características anteriores y transitan por su territorio.

Artículo 23. Deberes de las personas en la ciudad

1. Toda persona tiene deberes con su familia, su comunidad y su entorno.

2. Son deberes de las personas en la Ciudad de México:

a) Ejercer y respetar los derechos reconocidos en esta Constitución y contribuir al acceso universal de los mismos, así como tratar a todas las personas con dignidad y sin discriminación;

b) Conocer y cumplir las disposiciones de la presente Constitución y las leyes que de ella emanen;

c) Respetar y coadyuvar en el desarrollo integral de los miembros de las familias;

d) Proteger, preservar y generar un medio ambiente sano y utilizar los recursos naturales de modo racional y sustentable;

e) Respetar la vida y la integridad de los animales como seres sintientes, así como brindarles un trato digno y respetuoso en los términos que dispone esta Constitución;

f) Contribuir al gasto público, conforme lo dispongan las leyes;

g) Denunciar conductas que pudieran ser constitutivas de un delito, particularmente actos de corrupción;

h) Promover la defensa del interés general por encima del interés particular;

i) Ser solidario con la comunidad y ayudar a otras personas en caso de un accidente o desastre natural, así como prestar a las autoridades el auxilio para el que fueren legalmente requeridos;

j) Conocer, valorar y conservar el patrimonio cultural, natural y rural de la ciudad, así como cuidar y respetar los bienes públicos;

k) Participar en la vida política, cívica y comunitaria, de manera honesta y transparente; y

l) Promover los valores comunitarios.

Artículo 24. De la ciudadanía

1. Se reconoce la ciudadanía como un vínculo existente entre las personas y la comunidad a la que pertenecen para el goce de los derechos reconocidos en esta Constitución, que se ejercerán en los casos y con los requisitos que determine la ley.

2. El sufragio es universal, efectivo, libre, secreto, directo y obligatorio tanto para la elección de autoridades como para el ejercicio de la democracia directa. La ley establecerá los mecanismos para garantizar la vinculación del derecho de las y los ciudadanos al voto efectivo, entre las plataformas electorales que dieron origen a las candidaturas triunfadoras y los planes, programas de gobierno, políticas y presupuestos.

3. La ley establecerá el derecho de las niñas, niños, adolescentes y personas jóvenes, como parte de su educación cívica, a participar en la observación electoral y en la toma de las decisiones públicas que se toman en los ámbitos familiar, escolar, social, comunitario o cualquier otro en el que se desarrollen,

les afecten o sean de su interés, conforme a lo establecido en la Constitución Política de los Estados Unidos Mexicanos, esta Constitución y las leyes aplicables en la materia.

4. La ley garantizará la creación de espacios de participación ciudadana y para la construcción de ciudadanía, los que se regirán bajo el principio de difusión. Se impulsará la democracia digital abierta basada en tecnologías de información y comunicación.

5. Las y los ciudadanos mexicanos, por nacimiento o naturalización, tienen derecho a acceder a cualquier cargo público de la Ciudad, incluyendo los de elección.

CAPÍTULO II
DE LA DEMOCRACIA DIRECTA, PARTICIPATIVA Y REPRESENTATIVA

Artículo 25. Democracia directa

A. Disposiciones comunes

1. Las y los ciudadanos tienen el derecho y el deber de participar en la resolución de problemas y temas de interés general y en el mejoramiento de las normas que regulan las relaciones en la comunidad, a través de los mecanismos de democracia directa y participativa reconocidos por esta Constitución. Dichos mecanismos se podrán apoyar en el uso intensivo de las tecnologías de información y comunicación.

2. Las autoridades de la Ciudad garantizarán la democracia participativa, entendida como el derecho de las personas a incidir, individual o colectivamente, en las decisiones públicas y en la formulación, ejecución, evaluación y control del ejercicio de la función pública, en los términos que las leyes señalen.

3. La ley establecerá los mecanismos institucionales para prevenir y sancionar, en su caso, las prácticas que distorsionen, impidan o vulneren el derecho a la participación ciudadana en la vida pública de la Ciudad.

4. Las y los ciudadanos tienen derecho de proponer modificaciones a las iniciativas legislativas que se presenten al Congreso de la Ciudad de México. El período para recibir las propuestas no será menor a diez días hábiles a partir de su publicación en la Gaceta Parlamentaria. Todas las propuestas deberán ser tomadas en cuenta en el dictamen.

5. En los casos de referéndum, plebiscito, consulta popular, iniciativa ciudadana, consulta ciudadana y revocación de mandato, el Instituto Electoral de la Ciudad de México vigilará el cumplimiento y acreditación de los requisi-

tos y plazos para que se lleve a cabo, y será responsable de la organización, desarrollo, cómputo y declaración de resultados, de conformidad con lo que establezca la ley.

6. Esta Constitución reconoce el derecho de los pueblos y barrios originarios y comunidades indígenas, residentes a ser consultadas en los términos de esta Constitución y tratados internacionales.

B. Iniciativa ciudadana

1. Se reconoce el derecho de las y los ciudadanos a iniciar leyes y decretos, así como reformas a esta Constitución ante el Congreso de la Ciudad de México, el cual establecerá una comisión para su debido procesamiento.

2. Dichos proyectos deberán contar con las firmas de al menos el cero punto trece por ciento de las personas inscritas en la lista nominal de electores de la Ciudad.

3. El Congreso de la Ciudad de México deberá resolver sobre la procedencia de la solicitud en un plazo no mayor de quince días hábiles. La ley establecerá los procedimientos para que, una vez admitida la iniciativa ciudadana, las personas proponentes puedan incorporarse a la discusión de los proyectos de legislación.

4. Tendrá el carácter de preferente aquella iniciativa que cuente con al menos el cero punto veinticinco por ciento de las firmas de las personas inscritas en la lista nominal de electores de la Ciudad y que sea presentada el día de la apertura del periodo ordinario de sesiones.

5. La iniciativa ciudadana no procederá en materia penal, tributaria y en ninguna materia que contravenga los derechos humanos.

C. Referéndum

1. Se reconoce el derecho ciudadano a aprobar mediante referéndum las reformas a esta Constitución conforme a lo establecido en el artículo 69 de esta Constitución, así como a las demás disposiciones normativas de carácter general que sean competencia del Congreso de la Ciudad de México, a solicitud de:

a) Al menos el cero punto cuatro por ciento de las y los ciudadanos inscritos en la lista nominal de electores de la Ciudad; y

b) Dos terceras partes de las y los integrantes del Congreso de la Ciudad.

2. Las decisiones legislativas en las materias de derechos humanos, penal o tributaria, no serán sometidas a referéndum.

3. El Congreso de la Ciudad de México determinará la entrada en vigor de las leyes o decretos de su competencia, conforme al resultado del referéndum que pudiera celebrarse.

D. Plebiscito

1. Las y los ciudadanos tienen derecho a ser consultados en plebiscito para aprobar o rechazar decisiones públicas que sean competencia del Poder Ejecutivo de la Ciudad o de las alcaldías, a solicitud de:

a) Al menos el cero punto cuatro por ciento de las personas inscritas en la lista nominal de electores del ámbito respectivo;

b) La persona titular de la Jefatura de Gobierno;

c) Una tercera parte de las y los integrantes del Congreso de la Ciudad de México; y

d) Las dos terceras partes de las alcaldías.

2. Las decisiones en materia de derechos humanos, penal, tributaria y fiscal no podrán ser sometidas a plebiscito.

E. Consulta ciudadana

1. Las y los ciudadanos tienen derecho a la consulta en los términos de los (sic) dispuesto en esta Constitución y la ley en la materia. A través de este instrumento, las autoridades someterán a consideración de las y los ciudadanos cualquier tema que tenga impacto trascendental en los distintos ámbitos temáticos o territoriales de la Ciudad.

2. La consulta ciudadana podrá ser solicitada por al menos el dos por ciento de las personas inscritas en el listado nominal del ámbito territorial correspondiente.

F. Consulta popular

1. Las y los ciudadanos tienen derecho a la consulta popular sobre temas de trascendencia de la Ciudad. El Congreso de la Ciudad de México convocará a la consulta, a solicitud de:

a) Al menos el dos por ciento de las personas inscritas en la lista nominal de electores de la Ciudad;

b) La persona titular de la Jefatura de Gobierno;

c) Una tercera parte de las y los integrantes del Congreso de la Ciudad de México;

d) Un tercio de las alcaldías;

e) El equivalente al diez por ciento de los Comités Ciudadanos o las Asambleas Ciudadanas; y

f) El equivalente al diez por ciento de los pueblos y barrios originarios y comunidades indígenas residentes.

2. La consulta popular se realizará el mismo día de la jornada electoral local. Ningún instrumento de participación ciudadana, excluyendo la consulta

popular, podrá llevarse a cabo cuando exista proceso electoral en la Ciudad de México.

3. No podrán ser objeto de consulta popular las decisiones en materia de derechos humanos, penal, tributaria y fiscal.

G. Revocación del mandato

1. Las y los ciudadanos tienen derecho a solicitar la revocación del mandato de representantes electos cuando así lo demande al menos el diez por ciento de las personas inscritas en la lista nominal de electores del ámbito respectivo.

2. La consulta para la revocación del mandato sólo procederá una vez, cuando haya transcurrido al menos la mitad de la duración del cargo de representación popular de que se trate.

H. Vinculatoriedad del referéndum, plebiscito, consultas ciudadanas y revocación de mandato

1. Los resultados del referéndum y plebiscito serán vinculantes cuando cuenten con la participación de al menos la tercera parte de las personas inscritas en el listado nominal de electores del ámbito respectivo.

2. Las consultas ciudadanas serán vinculantes cuando cuenten con la participación de al menos el quince por ciento de las personas inscritas en el listado nominal de electores del ámbito respectivo.

3. En el caso de la revocación del mandato, sus resultados serán obligatorios siempre que participe al menos el cuarenta por ciento de las personas inscritas en el listado nominal de electores del ámbito respectivo y que de éstas el sesenta por ciento se manifieste a favor de la revocación.

Artículo 26. Democracia participativa

A. Gestión, evaluación y control de la función pública

1. Esta Constitución reconoce la participación de las personas que habitan la Ciudad de México, en sus más variadas formas, ámbitos y mecanismos que adopte la población de manera autónoma y solidaria, en los distintos planos de la democracia participativa: territorial, sectorial, temática, pueblos y barrios originarios y comunidades indígenas residentes. Las autoridades, en el ámbito de sus competencias, deberán respetar y apoyar sus formas de organización.

2. Las autoridades de la Ciudad y las alcaldías establecerán procedimientos y formas de gobierno abierto que garanticen la participación social efectiva, amplia, directa, equitativa, democrática y accesible en el proceso de planeación, elaboración, aprobación, gestión, evaluación y control de planes, programas, políticas y presupuestos públicos, en los términos que establezca la ley.

3. Los poderes públicos, los organismos autónomos y las alcaldías están obligados a informar, consultar, realizar audiencias públicas deliberativas y rendir cuentas ante las personas y sus comunidades sobre la administración de los recursos y la elaboración de las políticas públicas.

4. La ley establecerá los procedimientos y formas institucionales que posibiliten el diálogo entre las autoridades y la ciudadanía para el diseño presupuestal y de los planes, programas y políticas públicas, la gestión de los servicios y la ejecución de los programas sociales. Entre otros, los de consulta ciudadana, colaboración ciudadana, rendición de cuentas, difusión pública, red de contralorías ciudadanas, audiencia pública, asamblea ciudadana, observatorios ciudadanos y presupuesto participativo.

5. El Gobierno de la Ciudad, los organismos autónomos y las alcaldías tendrán, en todo momento, la obligación de fortalecer la cultura ciudadana mediante los programas, mecanismos y procedimientos que la ley establezca.

B. Presupuesto participativo

1. Las personas tienen derecho a decidir sobre el uso, administración y destino de los proyectos y recursos asignados al presupuesto participativo, al mejoramiento barrial y a la recuperación de espacios públicos en los ámbitos específicos de la Ciudad de México. Dichos recursos se sujetarán a los procedimientos de transparencia y rendición de cuentas.

2. La ley establecerá los porcentajes y procedimientos para la determinación, organización, desarrollo, ejercicio, seguimiento y control del presupuesto participativo.

Artículo 27. Democracia representativa

A. Candidaturas sin partido

1. La ciudadanía podrá presentar candidaturas para acceder a cargos de elección popular sin necesidad de que sean postuladas por un partido político, siempre que cuenten con el respaldo de una cantidad de firmas equivalente al uno por ciento de la lista nominal de electores en el ámbito respectivo. Las personas que hayan sido militantes de un partido deberán renunciar a su militancia por lo menos un año antes del registro de su candidatura, de conformidad con lo previsto por la ley.

2. La ley electoral establecerá las reglas y procedimientos para su registro y participación, así como las medidas para garantizar su acceso al financiamiento público y a las prerrogativas en todo el proceso electoral, en los términos de lo dispuesto por la ley general.

3. Los requisitos que establezca la ley para su registro se guiarán por los principios de justicia, racionalidad y proporcionalidad.

4. La ley electoral deberá garantizar que las fórmulas de candidaturas sin partido estén integradas por personas del mismo género.

B. Partidos políticos

1. Los partidos políticos son entidades de interés público; la ley determinará las normas y requisitos para su registro legal, las formas específicas de su intervención en el proceso electoral y los derechos, obligaciones y prerrogativas que les correspondan.

2. Los partidos políticos tienen como fin promover la participación del pueblo en la vida democrática, contribuir a la integración de los órganos de representación política y como organizaciones de ciudadanos, hacer posible el acceso de éstos al ejercicio del poder público, de acuerdo con los programas, principios e ideas que postulan y mediante el sufragio universal, libre, secreto y directo; así como adoptar las reglas para garantizar la paridad entre los géneros en candidaturas a diputaciones locales. Sólo las y los ciudadanos podrán formar partidos políticos y afiliarse libre e individualmente a ellos. Queda prohibida la intervención de organizaciones gremiales, religiosas o con objeto social diferente de la creación de un partido y cualquier forma de afiliación corporativa.

3. Los partidos políticos respetarán los derechos de militancia, asociación y libre expresión de sus integrantes.

4. La selección de las candidaturas se hará de conformidad con lo que dispone la Constitución Política de los Estados Unidos Mexicanos, esta Constitución, la legislación electoral y los estatutos de los partidos políticos; se salvaguardarán los derechos políticos de las y los ciudadanos, la postulación de personas jóvenes e integrantes de pueblos y comunidades indígenas, y cumplirán las obligaciones en materia de transparencia, declaración patrimonial, de interés y fiscal, protección de datos personales, paridad de género, y las demás que establezca la ley.

5. En las elecciones locales podrán participar los partidos políticos nacionales, así como los locales que obtengan el registro correspondiente en la ciudad, de conformidad con lo previsto por la ley.

6. Los requisitos que deberán cumplirse para el registro de un partido político ante el Instituto Electoral de la Ciudad de México, así como las causas de pérdida de éste, serán establecidos por la ley.

7. La ley señalará:

I. El contenido mínimo de los documentos básicos que rijan la vida interna de los partidos políticos locales y garantizará que estos sean democráticos, respeten los derechos de las y los militantes, candidatos y ciudadanos y contribuyan a la difusión de la cultura cívica democrática;

II. Las obligaciones y prerrogativas a que se encuentran sujetos los partidos políticos en la Ciudad;

III. Su derecho a recibir, en forma equitativa, financiamiento público para sus actividades ordinarias permanentes, las tendientes a la obtención del voto durante los procesos electorales y por actividades específicas como entidades de interés público, así como a contar con financiamiento privado al que puedan acceder. En ambas formas de financiamiento, se atenderán los criterios establecidos en la Constitución Política de los Estados Unidos Mexicanos;

IV. El monto total del financiamiento de origen público a distribuir entre los partidos políticos, que será determinado anualmente por el Instituto Electoral de la Ciudad de México;

V. Su derecho a conformar frentes, coaliciones y candidaturas comunes, conforme lo señale la ley;

VI. Las reglas para las precampañas y campañas electorales. Las campañas electorales durarán noventa días para la elección de Jefa o Jefe de Gobierno, y sesenta días cuando se elijan diputadas o diputados al Congreso y las alcaldías. Las precampañas electorales no podrán abarcar más de las dos terceras partes de la duración de las respectivas campañas. El Instituto Electoral de la Ciudad de México garantizará para cualquier tipo de elección la organización de al menos tres debates públicos entre las y los candidatos, mismos que deberán tener formatos abiertos y flexibles y ser difundidos ampliamente;

VII. La obligación de que en la propaganda política o electoral que difundan, se abstengan de expresiones que calumnien a las personas;

VIII. La información que deberán hacer pública para transparentar sus actividades y el origen, monto y destino de sus recursos; así como el procedimiento para que las y los ciudadanos les soliciten información y puedan presentar recursos, en caso de inconformidad;

IX. El procedimiento para la liquidación de los partidos políticos locales que pierdan su registro y el destino de sus bienes y remanentes;

X. Los mecanismos de verificación para garantizar que sus documentos básicos y demás normatividad que rija su vida interna se apegue a los principios constitucionales, legales y sean democráticos. Asimismo, revisará la integración paritaria de sus órganos directivos, pudiendo negar el registro de estos cuando no se cumpla con ello; y

XI. Las demás bases para la contribución de los partidos al fortalecimiento de la democracia y la construcción de ciudadanía a través de los procesos electorales en la Ciudad.

C. De las agrupaciones políticas locales

1. Las agrupaciones políticas locales son formas de asociación ciudadana.

2. Las agrupaciones políticas locales tendrán como fin coadyuvar al desarrollo de la vida democrática de los habitantes de la Ciudad de México, mediante el desarrollo de una cultura política sustentada en la tolerancia, respeto a la legalidad y la creación de una opinión pública mejor informada.

3. La ley determinará los requisitos para su constitución, funcionamiento y extinción.

D. Sistema de nulidades en materia electoral y de participación ciudadana

1. La ley contará con un sistema de nulidades a través del cual se determinarán las causales que generarán la invalidez de elecciones de la Jefatura de Gobierno, diputaciones locales y alcaldías, así como de los procesos de participación ciudadana en la Ciudad de México.

> (NOTA: EL 17 DE AGOSTO DE 2017, EL PLENO DE LA SUPREMA CORTE DE JUSTICIA DE LA NACIÓN, EN EL RESOLUTIVO SEXTO DE LA SENTENCIA DICTADA AL RESOLVER LA ACCIÓN DE INCONSTITUCIONALIDAD 15/2017 Y SUS ACUMULADAS 16/2017, 18/2017 Y 19/2017, DECLARÓ LA INVALIDEZ DEL NUMERAL 2 DEL APARTADO D DE ESTE ARTÍCULO INDICADO CON MAYÚSCULAS, LA CUAL SURTIÓ EFECTOS EL 18 DE AGOSTO DE 2017 DE ACUERDO A LAS CONSTANCIAS QUE OBRAN EN LA SECRETARÍA GENERAL DE ACUERDOS DE LA SUPREMA CORTE DE JUSTICIA DE LA NACIÓN. DICHA SENTENCIA PUEDE SER CONSULTADA EN LA DIRECCIÓN ELECTRÓNICA http://www2.scjn.gob.mx/).

2. SIN PERJUICIO DE LAS CAUSALES ESPECÍFICAS QUE PREVEA LA LEY DE LA MATERIA, SERÁ NULA LA ELECCIÓN O EL PROCESO DE PARTICIPACIÓN CIUDADANA EN EL QUE SE ACREDITE LA EXISTENCIA DE VIOLENCIA POLÍTICA DE GÉNERO E IRREGULARIDADES GRAVES DURANTE LAS DIVERSAS ETAPAS DEL PROCESO ELECTORAL QUE VIOLENTEN LOS PRINCIPIOS PREVISTOS EN ESTA CONSTITUCIÓN, INCLUYENDO LA COMPRA O COACCIÓN DEL VOTO, EL EMPLEO DE PROGRAMAS GUBERNAMENTALES O ACCIONES INSTITUCIONALES EXTRAORDINARIAS, EL DESVÍO DE RECURSOS PÚBLICOS CON FINES ELECTORALES, LA COMPRA O ADJUDICACIÓN

DE TIEMPOS EN RADIO Y TELEVISIÓN, EL REBASE DE TOPES DE GASTOS DE CAMPAÑA Y LA VIOLENCIA POLÍTICA.

3. Los medios de impugnación en materia electoral y de participación ciudadana a que se refiere el presente apartado serán resueltos por el Tribunal Electoral de la Ciudad de México, de conformidad con lo previsto en esta Constitución y las leyes en la materia.

4. En los casos de faltas graves, las y los candidatos responsables serán sancionados con la cancelación de la candidatura por la autoridad electoral competente.

Además, los partidos políticos, ciudadanos y ciudadanas, militantes y personas servidoras públicas involucrados serán sancionados de conformidad con lo que establezcan las leyes.

5. La autoridad electoral realizará el recuento total de los votos emitidos en la jornada electoral siempre que el resultado de la elección arroje una diferencia entre el primero y el segundo lugar igual o inferior al uno por ciento.

6. Durante los procesos electorales en los tiempos del Estado que corresponde a la autoridad electoral y que sean de mayor audiencia se difundirá que el voto es libre y secreto y se señalará que no puede ser obtenido mediante compra, coacción o violencia.

TÍTULO QUINTO
DE LA DISTRIBUCIÓN DEL PODER

Artículo 28. Del poder público de la Ciudad de México

La Ciudad de México adoptará para su régimen interior la forma de gobierno republicano, representativo, democrático y laico. El poder público de la Ciudad de México se dividirá para su ejercicio en Legislativo, Ejecutivo y Judicial. No podrán reunirse dos o más de estos poderes en una sola persona o corporación ni depositarse el Legislativo en un solo individuo.

CAPÍTULO I
DE LA FUNCIÓN LEGISLATIVA

Artículo 29. Del Congreso de la Ciudad

A. Integración

1. El Poder Legislativo se deposita en el Congreso de la Ciudad de México.

(REFORMADO, G.O. 30 DE NOVIEMBRE DE 2022)

2. El Congreso de la Ciudad de México se integrará por 66 diputaciones, 33 electas según el principio de mayoría relativa, mediante el sistema de distritos electorales uninominales, una diputación electa por el principio de mayoría relativa mediante el voto de las ciudadanas y ciudadanos originarios de la Ciudad de México residentes en el extranjero; y 32 diputadas y diputados electos según el principio de representación proporcional. Las diputaciones serán electas en su totalidad cada tres años, mediante el voto universal, libre y secreto. Por cada persona propietaria se elegirá una suplente del mismo género.

3. En la integración del Congreso de la Ciudad de México, la ley electoral determinará los mecanismos para cumplir con el principio de paridad de género.

4. El Congreso de la Ciudad de México se regirá por los principios de parlamento abierto. Las diputadas y diputados establecerán mecanismos de audiencia y rendición de cuentas que garanticen su responsabilidad frente al electorado.

5. Las y los diputados, cuando estuvieren en ejercicio, no podrán desempeñar ninguna otra comisión o empleo públicos con goce de sueldo.

6. Las y los diputados al Congreso de la Ciudad son inviolables por las opiniones que manifiesten en el desempeño de su encargo. No podrán ser reconvenidos ni procesados por éstas. La o el Presidente del Congreso de la Ciudad de México velará por el respeto a la inviolabilidad del recinto donde se reúnan a sesionar.

B. De la elección e instalación del Congreso

1. La elección, asignación, convocatoria a elección extraordinaria y sustitución de vacantes de las diputaciones se sujetará a lo establecido en la ley aplicable. En la asignación por el principio de representación proporcional, los partidos políticos registrarán una lista parcial de diecisiete fórmulas de candidatas y candidatos por el principio de representación proporcional, lista «A». Los otros diecisiete espacios de la lista de representación proporcional, lista «B», serán ocupadas de conformidad con el procedimiento que contemple la ley.

2. Para la asignación de curules por el principio de representación proporcional se observarán las siguientes reglas:

a) Ningún partido podrá contar con más de cuarenta diputaciones electas por ambos principios;

b) Todo partido que alcance por lo menos el tres por ciento del total de la votación válida emitida tendrá derecho a que le sean asignados diputadas y diputados, según el principio de representación proporcional; y

c) En ningún caso, un partido político podrá contar con un número de diputaciones por ambos principios que represente un porcentaje del total del Congreso que exceda en ocho puntos a su votación válida emitida. Lo anterior no será aplicable al partido político que, por sus triunfos en distritos uninominales, obtenga un porcentaje de curules del total del Congreso, superior a la suma del porcentaje de su votación válida emitida más el ocho por ciento. Asimismo, el porcentaje de representación de un partido político no podrá ser menor al porcentaje de su votación válida emitida menos ocho puntos porcentuales.

(NOTA: EL 17 DE AGOSTO DE 2017, EL PLENO DE LA SUPREMA CORTE DE JUSTICIA DE LA NACIÓN, EN EL RESOLUTIVO SEXTO DE LA SENTENCIA DICTADA AL RESOLVER LA ACCIÓN DE INCONSTITUCIONALIDAD 15/2017 Y SUS ACUMULADAS 16/2017, 18/2017 Y 19/2017, DECLARÓ LA INVALIDEZ DE LA PORCIÓN NORMATIVA DEL NUMERAL 3 DEL APARTADO B DE ESTE ARTÍCULO INDICADA CON MAYÚSCULAS, LA CUAL SURTIÓ EFECTOS EL 18 DE AGOSTO DE 2017 DE ACUERDO A LAS CONSTANCIAS QUE OBRAN EN LA SECRETARÍA GENERAL DE ACUERDOS DE LA SUPREMA CORTE DE JUSTICIA DE LA NACIÓN. DICHA SENTENCIA PUEDE SER CONSULTADA EN LA DIRECCIÓN ELECTRÓNICA http://www2.scjn.gob.mx/).

3. Las y los diputados al Congreso de la Ciudad de México podrán ser reelectos PARA UN SÓLO PERÍODO CONSECUTIVO. La postulación deberá ser realizada por el mismo partido o por cualquiera de los partidos integrantes de la coalición que los hubieren postulado, salvo que hayan renunciado o perdido su militancia antes de la mitad de su mandato. Quienes hubieren accedido al Congreso por la vía de candidaturas sin partido deberán conservar esta calidad para poder ser reelectos.

4. El Congreso podrá expedir convocatorias para elecciones extraordinarias con el fin de cubrir las vacantes de sus miembros electos por mayoría relativa. Las vacantes de sus miembros electos por el principio de representación proporcional, serán cubiertas por aquellas candidatas y candidatos del mismo partido que sigan en el orden de la lista respectiva, después de habérsele asignado las y los diputados que le hubieren correspondido.

5. La totalidad de solicitudes de registro para diputadas y diputados que presenten los partidos políticos o las coaliciones, deberán integrarse salva-

guardando la paridad entre los géneros ordenada por la Constitución Política de los Estados Unidos Mexicanos y las leyes de la materia.

C. De los requisitos de elegibilidad

Para ser diputada o diputado se requiere:

a) Tener la ciudadanía mexicana en el ejercicio de sus derechos;

b) Tener dieciocho años cumplidos el día de la elección;

(REFORMADO, G.O. 30 DE NOVIEMBRE DE 2022)

c) Ser originario o contar con al menos dos años de vecindad efectiva en la Ciudad, anteriores al día de la elección, salvo en el caso de candidaturas de las personas originarias de la Ciudad de México residentes en el extranjero. La residencia no se interrumpe por haber ocupado cargos públicos fuera de la entidad;

d) No estar en servicio activo en el Ejército Federal ni tener mando en la policía de la Ciudad de México, cuando menos antes del inicio del proceso electoral local correspondiente;

e) No ser titular de alguna Secretaría o Subsecretaría de Estado, de la Fiscalía General de la República, ni ministra o ministro de la Suprema Corte de Justicia de la Nación o integrante del Consejo de la Judicatura Federal, a menos que se haya separado definitivamente de sus funciones al menos 120 días antes de la jornada electoral local correspondiente o dos años antes en el caso de los y las ministros e integrantes del Consejo de (sic) Judicatura Federal;

f) No ser magistrada o magistrado de Circuito o Juez de Distrito en la Ciudad de México, a menos que se haya separado definitivamente de sus funciones antes del inicio del proceso electoral local correspondiente;

g) No ser magistrada o magistrado del Poder Judicial, del Tribunal de Justicia Administrativa, consejera o consejero de la Judicatura de la Ciudad de México, a menos que se haya separado definitivamente de sus funciones antes del inicio del proceso electoral local correspondiente;

h) No ser Jefa o Jefe de Gobierno de la Ciudad de México, ni titular de una alcaldía, dependencia, unidad administrativa, órgano desconcentrado, organismo autónomo o entidad paraestatal de la administración pública o de la Fiscalía General de Justicia de la Ciudad de México, a menos que se haya separado de sus funciones 120 días antes de la jornada electoral local correspondiente;

i) No ser ministro de culto religioso, a menos que hubiere dejado de serlo con cinco años de anticipación y en la forma que establezca la ley; y

j) No haber sido consejera o consejero, magistrada o magistrado electoral, a menos que haya concluido su encargo o se haya separado del mismo, tres años antes del inicio del proceso electoral local correspondiente.

D. De las competencias del Congreso de la Ciudad de México

El Congreso de la Ciudad de México tendrá las siguientes competencias legislativas:

a) Expedir y reformar las leyes aplicables a la Ciudad de México en las materias conferidas al ámbito local, por la Constitución Política de los Estados Unidos Mexicanos en las que se ejerzan facultades concurrentes, coincidentes o de coordinación con los poderes federales y las que no estén reservadas a la Federación, así como las que deriven del cumplimiento de los tratados internacionales en materia de derechos humanos y todas aquellas que sean necesarias, a objeto de hacer efectivas las facultades concedidas a las autoridades de la Ciudad;

b) Legislar sobre los poderes de la Ciudad y las alcaldías en cuerpos normativos que tendrán el carácter de leyes constitucionales. La ley reglamentaria en materia de derechos humanos y sus garantías tendrá el mismo carácter;

c) Iniciar leyes y decretos ante el Congreso de la Unión, en los términos previstos por la Constitución Política de los Estados Unidos Mexicanos;

d) Aprobar o rechazar las reformas a la Constitución Política de los Estados Unidos Mexicanos remitidas por el Congreso de la Unión;

e) Designar a la persona titular de la Jefatura de Gobierno, en el caso de falta absoluta, en los términos previstos por esta Constitución;

f) Expedir las disposiciones legales para organizar la hacienda pública, la entidad de fiscalización, el presupuesto y el gasto público de la Ciudad en los términos de lo dispuesto por la Constitución Política de los Estados Unidos Mexicanos y esta Constitución;

g) Examinar, discutir y aprobar anualmente la Ley de Ingresos y el Presupuesto de Egresos, aprobando primero las contribuciones, así como otros ingresos necesarios para financiar el gasto;

h) Revisar la cuenta pública del año anterior, por conducto de su entidad de fiscalización en los términos previstos por la Constitución Política de los Estados Unidos Mexicanos, esta Constitución y las leyes en la materia;

i) Aprobar y reformar la ley constitucional del Congreso de la Ciudad de México y las normas que rigen su vida interior; incluyendo la garantía de los derechos humanos y laborales de sus personas trabajadoras;

j) Ratificar a las personas titulares de las dependencias de la Administración Pública de la Ciudad de México, en los términos de lo dispuesto por esta Constitución y las leyes;

k) Solicitar información por escrito, a través del pleno o comisiones, y llamar a comparecer a la persona titular de la Jefatura de Gobierno, a las y los titulares de las secretarías del gabinete, de las dependencias, entidades u organismos autónomos y de las alcaldías para informar sobre asuntos de su competencia, así como participar en la discusión de los informes periódicos de los mismos que contemple esta Constitución. Las personas servidoras públicas tendrán la obligación de proporcionar información al Congreso de la Ciudad de México en los términos de la ley; si no lo hicieren, estarán sujetos a las responsabilidades que la misma establezca;

l) Analizar y aprobar las disposiciones e instrumentos en materia de planeación y ordenamiento territorial en los términos establecidos por esta Constitución y las leyes;

m) Aprobar su presupuesto sujetándose a las disposiciones de austeridad y políticas de racionalidad del gasto público que establezca la ley. El monto anual no podrá ser mayor al cero punto ocho por ciento del Presupuesto de Egresos de la Ciudad; y el incremento del presupuesto anual que solicite y apruebe, no podrá ser superior a la inflación del ejercicio que concluye, de conformidad con los datos que publique la autoridad competente;

n) Autorizar las salidas oficiales del territorio nacional de la persona titular de la Jefatura de Gobierno, quien deberá informar y hacer públicas las actividades realizadas, en un periodo no mayor a quince días naturales posteriores a su regreso al país;

o) Aprobar e integrar a solicitud de una cuarta parte de sus miembros, comisiones para investigar el funcionamiento y la gestión de las dependencias y entidades de la administración pública o los organismos constitucionales autónomos. Las comisiones podrán realizar audiencias y comparecencias en los términos que establezca la ley. Sus resultados serán públicos;

p) Elaborar un sistema de evaluación de resultados de su trabajo legislativo, así como su impacto en la sociedad. Dicho sistema deberá presentar sus resultados anualmente, los cuales deberán ser difundidos bajo los principios de transparencia y rendición de cuentas;

q) Promover la conformación del Parlamento Metropolitano; y

r) Las demás que establezcan esta Constitución y las leyes.

E. Del funcionamiento del Congreso de la Ciudad de México

1. El Congreso de la Ciudad de México funcionará en pleno, comisiones y comités; sus sesiones serán públicas. La ley determinará sus materias, atribuciones e integración.

2. Se garantizará la inclusión de todos los grupos parlamentarios en los órganos de gobierno del Congreso de la Ciudad de México. Los de mayor representación tendrán acceso a la Presidencia de los mismos.

3. El Congreso de la Ciudad de México contará con una mesa directiva y un órgano de coordinación política que reflejarán en su composición la pluralidad y proporción de los grupos parlamentarios que integren al pleno. Sus presidencias serán rotativas cada año y no podrán depositarse simultáneamente en representantes de (sic) mismo partido político. En ningún caso se podrán desempeñar cargos en el órgano de coordinación política y en la mesa directiva al mismo tiempo.

4. La mesa directiva conducirá las actividades del Congreso de la Ciudad de México y tendrá su representación legal. Estará integrada por una presidencia, las vicepresidencias y secretarías que contemple la ley.

5. El Congreso de la Ciudad de México se reunirá en dos períodos ordinarios de sesiones. El primero que comprenderá del 1 de septiembre de cada año y culminará el 15 de diciembre del mismo año, excepto cuando la persona titular del Ejecutivo local inicie su encargo, en cuyo caso, podrá extenderse hasta el 31 de diciembre de ese mismo año. Por su parte, el segundo dará inicio el 1 de febrero de cada año y culminará el 31 de mayo del mismo.

6. El Congreso de la Ciudad de México contará con una contraloría interna que ejercerá sus funciones en el marco del Sistema Anticorrupción nacional y local. La persona titular de la contraloría interna será nombrada por las dos terceras partes de las y los integrantes del Congreso de entre una terna propuesta por el Comité de Participación Ciudadana del Sistema Anticorrupción. En caso de que el Congreso de la Ciudad de México rechace la totalidad de la terna propuesta, el Comité someterá una nueva dentro de los treinta días siguientes. Si esta segunda terna fuera rechazada, ocupará el cargo la persona que, dentro de dicha terna, sea designada por insaculación de entre las y los integrantes de esta segunda terna.

7. El recinto de sesiones del Congreso de la Ciudad de México será inviolable.

8. El Congreso de la Ciudad de México contará con una Oficina Presupuestal, con carácter de órgano especializado con autonomía técnica y de gestión, a cargo de integrar y proporcionar información y estudios objetivos

para contribuir al cumplimiento de sus facultades en materia hacendaria. La ley desarrollará su estructura y organización.

[N. DE E. DE LA APLICACIÓN DEL DECRETO PUBLICADO EL 27 DE NOVIEMBRE DE 2019, SE ADVIERTE ÚNICAMENTE LA ACTUALIZACIÓN DE LAS AUTORIDADES Y ÓRGANOS FACULTADOS PARA INICIAR LEYES O DECRETOS, SE SUGIERE CONSULTAR LA HISTORIA LEGISLATIVA DE ESTE ARTÍCULO, G.O. 27 DE NOVIEMBRE DE 2019, PÁGINAS 5 Y 6]

Artículo 30. De la iniciativa y formación de las leyes

(REFORMADO, G.O. 27 DE NOVIEMBRE DE 2019)

1. La facultad de iniciar leyes o decretos compete a:

a) La o el Jefe de Gobierno de la Ciudad de México;

b) Las diputadas y diputados al Congreso de la Ciudad de México;

c) Las alcaldías;

(REFORMADO, G.O. 27 DE NOVIEMBRE DE 2019)

d) El Tribunal Superior de Justicia de la Ciudad de México, en las materias de su competencia;

(REFORMADO [N. DE E. ADICIONADO], G.O. 27 DE NOVIEMBRE DE 2019)

e) El Tribunal de Justicia Administrativa de la Ciudad de México, en las materias de su competencia;

(REFORMADO, G.O. 27 DE NOVIEMBRE DE 2019)

f) Las y los ciudadanos que reúnan al menos el cero punto trece por ciento de la lista nominal de electores vigente en los términos previstos por esta Constitución y las leyes. Para que la iniciativa ciudadana sea considerada preferente deberá cumplir con lo establecido en el numeral 4 del apartado B del artículo 25 de esta Constitución, y

(REFORMADO [N. DE E. REUBICADO], G.O. 27 DE NOVIEMBRE DE 2019)

g) Los organismos autónomos, en las materias de su competencia.

(F. DE E., P.O. 4 DE DICIEMBRE DE 2019)

2. Las leyes establecerán los requisitos para la presentación de estas iniciativas.

(F. DE E., P.O. 4 DE DICIEMBRE DE 2019)

3. El día de la apertura del periodo ordinario de sesiones la o el Jefe de Gobierno podrá presentar una iniciativa para trámite preferente, en los términos previstos por esta Constitución. Las y los ciudadanos podrán hacerlo cumpliendo con lo establecido en el numeral 4 del apartado B del artículo 25 de esta Constitución. Los dictámenes de éstas deberán ser discutidos y votados por el pleno en un plazo máximo de cuarenta y cinco días naturales, de lo contrario las iniciativas serán discutidas y votadas en sus términos en la siguiente sesión del pleno. Las iniciativas de reforma a la Constitución no podrán tener carácter preferente.

(F. DE E., P.O. 4 DE DICIEMBRE DE 2019)

4. Cada decreto de ley aprobado por el Congreso de la Ciudad de México será remitido a la o el Jefe de Gobierno para su consideración; si ésta o éste tuviere observaciones, las remitirá durante los treinta días naturales a partir de su recepción al Congreso para su análisis; vencido este plazo el Ejecutivo dispondrá de hasta diez días naturales para promulgar el decreto. Transcurrido este segundo plazo, el proyecto será ley, se considerará promulgado y la mesa directiva del Congreso contará con un plazo máximo de diez días naturales para ordenar la publicación del decreto.

(F. DE E., P.O. 4 DE DICIEMBRE DE 2019)

5. Tras el análisis de las observaciones del Ejecutivo, si el Congreso insistiese en el mismo decreto con la confirmación de dos terceras partes de los presentes, el proyecto será ley. El Congreso lo remitirá al Ejecutivo, quien contará con quince días naturales para su promulgación y publicación. Si no lo hiciere en este término se considerará promulgado y la mesa directiva del Congreso ordenará la publicación del decreto en los siguientes diez días naturales. Quedan exceptuadas las reformas constitucionales, las normas aprobadas mediante referéndum, las leyes constitucionales, las normas de funcionamiento del Congreso, los ingresos, egresos y los asuntos o designaciones para los que esta Constitución disponga un procedimiento distinto, así como las decisiones del Congreso al resolver procedimientos de juicio político.

(F. DE E., P.O. 4 DE DICIEMBRE DE 2019)

6. Las leyes y decretos deberán aprobarse por la mayoría de las y los diputados, con excepción de las leyes constitucionales, que deberán ser aprobadas por el voto de las dos terceras partes de las y los integrantes del Congreso de la Ciudad. El procedimiento para su creación y reforma, será establecido por la ley.

(REFORMADO, G.O. 16 DE MARZO DE 2022)

7. El sistema al que se refiere el inciso p) del apartado D del artículo 29 de esta Constitución realizará la evaluación cuantitativa y cualitativa de las leyes.

Artículo 31. De la Comisión Permanente

1. La Comisión Permanente estará conformada por el veinte por ciento de los integrantes del Congreso de la Ciudad de México, además de una o un sustituto por cada integrante. Sesionará en los recesos a fin de desahogar proposiciones y comunicaciones; turnar las iniciativas y mociones a los órganos correspondientes. No podrá desahogar dictámenes de mociones, leyes, decretos ni designaciones.

2. El día que se decrete el periodo de receso del Congreso de la Ciudad de México, el pleno nombrará a la Comisión Permanente y a su mesa directiva, misma que deberá instalarse inmediatamente y funcionar hasta el reinicio del periodo ordinario.

3. La Comisión Permanente acordará por mayoría relativa la convocatoria del Congreso de la Ciudad de México a períodos extraordinarios, la cual deberá señalar el objeto de los mismos.

4. La Comisión Permanente tiene competencia para tomar protesta de las y los funcionarios, en los casos que determinen esta Constitución y las leyes, y autorizar, en su caso, viajes al extranjero de la o el Jefe de Gobierno bajo las condiciones que fije el ordenamiento.

5. La Comisión Permanente tiene competencia para aprobar solicitudes de licencia de las y los diputados y tomar protesta a los legisladores suplentes.

CAPÍTULO II
DE LA FUNCIÓN EJECUTIVA

Artículo 32. De la Jefatura de Gobierno

A. De la elección

1. La persona titular del Poder Ejecutivo se denominará Jefa o Jefe de Gobierno de la Ciudad de México y tendrá a su cargo la administración pública de la entidad; será electa por votación universal, libre, secreta y directa; no podrá durar en su encargo más de seis años y entrará en funciones el 5 de octubre del año de la elección. Durante el tiempo que dure su encargo deberá residir en la Ciudad de México.

2. Quien haya ocupado la titularidad del ejecutivo local designado o electo, en ningún caso y por ningún motivo podrá volver a ocupar ese cargo, ni con el carácter de interino, provisional, sustituto o encargado del despacho.

3. La persona que asuma la titularidad de la Jefatura de Gobierno rendirá protesta ante el Congreso de la Ciudad de México en los siguientes términos: «Protesto guardar y hacer guardar la Constitución Política de los Estados Unidos Mexicanos, la Constitución Política de la Ciudad de México y las leyes que de ellas emanen, desempeñar leal y patrióticamente el cargo de Jefe o Jefa de Gobierno de la Ciudad de México, mirando en todo por el bien y prosperidad de la Unión y de la Ciudad de México, y si así no lo hiciere que el pueblo me lo demande».

B. De los requisitos para ser titular de la Jefatura de Gobierno Para acceder a la Jefatura de Gobierno se requiere:

a) Ser ciudadana o ciudadano originario de la Ciudad de México en pleno goce de sus derechos;

b) Para las personas no nacidas en la Ciudad, se requerirá vecindad de al menos 5 años. La ausencia de la Ciudad hasta por seis meses no interrumpe la vecindad, así como la ausencia por cumplimiento de un encargo del servicio público;

c) Tener 30 años cumplidos al día de la elección;

d) No haber recibido sentencia por delito doloso;

e) No ser titular de una Secretaría o Subsecretaría en el Ejecutivo local o federal, a menos que se separe definitivamente de su puesto al menos 180 días antes de la jornada electoral local correspondiente;

f) No tener mando en instituciones militares o policiales, a menos que se separe del cargo antes de la fecha de inicio del proceso electoral local correspondiente;

g) No ejercer una magistratura de Circuito o ser Juez de Distrito en la Ciudad de México, a menos que se haya separado definitivamente de sus funciones antes de la fecha de inicio del proceso electoral local correspondiente;

(REFORMADO, G.O. A 31 DE AGOSTO DE 2020)

h). No ejercer una magistratura en el Poder Judicial, el Tribunal de Justicia Administrativa ni ser integrante del Consejo de la Judicatura de la Ciudad de México, a menos que se haya separado definitivamente de sus funciones antes de la fecha de inicio del proceso electoral local correspondiente;

i) No ser legislador local o federal, ni ser titular o concejal de una alcaldía, dependencia, unidad administrativa, órgano desconcentrado, organismo autónomo o entidad paraestatal de la Administración Pública de la Ciudad de México o de la Fiscalía General de Justicia de la Ciudad de México, a menos que se haya separado definitivamente de sus funciones al menos 180 días antes de la jornada electoral local correspondiente;

j) No ser ministro de culto religioso, a menos que hubiere dejado de serlo con cinco años de anticipación y en la forma que establezca la ley; y

k) No haber sido consejera o consejero, magistrada o magistrado electorales, a menos que haya concluido su encargo o se haya separado del mismo, al menos tres años antes de la fecha de inicio del proceso electoral local correspondiente.

C. De las Competencias

1. La persona titular de la Jefatura de Gobierno tiene las siguientes competencias:

a) Promulgar y ejecutar las leyes y decretos expedidos por el Congreso de la Ciudad de México, proveyendo en la esfera administrativa a su exacta observancia;

b) Cumplir y hacer cumplir la Constitución Política de los Estados Unidos Mexicanos, esta Constitución y las leyes generales expedidas por el Congreso de la Unión y por el Congreso de la Ciudad de México;

c) Nombrar y remover libremente a su gabinete o proponer ante el Congreso de la Ciudad de México a las y los integrantes del mismo para su ratificación, en caso de gobierno de coalición. La o el Jefe de Gobierno deberá garantizar la paridad de género en su gabinete;

d) Presentar al Congreso de la Ciudad de México la iniciativa de Ley de Ingresos y el Proyecto de Presupuesto de Egresos en los términos previstos por esta Constitución;

e) Proponer al Congreso a la persona titular encargada del control interno de la Ciudad de México observando lo dispuesto en el numeral 3 del artículo 61 de esta Constitución;

f) Remitir en los términos que establezca la Constitución Política de los Estados Unidos Mexicanos la propuesta de los montos de endeudamiento necesarios para el financiamiento del Presupuesto de Egresos de la Ciudad e informar sobre el ejercicio de los recursos correspondientes, en los términos que disponga la ley en la materia;

g) Realizar estudios, análisis e investigaciones apropiadas que permitan proponer al Gobierno Federal la implementación de políticas de recuperación de los salarios mínimos históricos de las personas trabajadoras de la Ciudad de México;

h) Presentar la Cuenta de la hacienda pública de la Ciudad;

i) Rendir al Congreso de la Ciudad los informes anuales sobre la ejecución y cumplimiento de los planes, programas y presupuestos;

j) Presentar observaciones a las leyes y decretos expedidos por el Congreso de la Ciudad, en los plazos y bajo las condiciones señaladas en las leyes;

k) Dirigir las instituciones de seguridad ciudadana de la entidad, así como nombrar y remover libremente a la persona servidora pública que ejerza el mando directo de la fuerza pública;

l) Expedir las patentes de Notario para el ejercicio de la función notarial en favor de las personas que resulten triunfadoras en el examen público de oposición correspondiente y acrediten los demás requisitos que al efecto establezca la ley de la materia, misma que invariablemente será desempeñada por profesionales del Derecho independientes económica y jerárquicamente del poder público;

m) (DEROGADO, G.O. 26 DE JULIO DE 2019)

n) Informar de manera permanente y completa mediante el sistema de gobierno abierto;

o) Garantizar los derechos laborales de las personas trabajadoras del Poder Ejecutivo y de sus alcaldías;

p) Las que señala la Constitución Política de los Estados Unidos Mexicanos; y

q) Las demás expresamente conferidas en la presente Constitución y las leyes.

2. La persona titular de la Jefatura de Gobierno deberá remitir al Congreso de la Ciudad de México los convenios generales suscritos con otras entidades federativas para su ratificación. El Congreso contará con un plazo de noventa días para su análisis y votación; de no ratificarse dentro de este plazo, el convenio se tendrá por aprobado.

3. La persona titular de la Jefatura de Gobierno remitirá por escrito su informe de gestión ante el Congreso de la Ciudad de México el día de su instalación de cada año y acudirá invariablemente a la respectiva sesión de informe y comparecencia en el pleno a más tardar el 15 de octubre siguiente, con excepción del último año de gobierno, que deberá acudir antes del 5 de octubre.

D. De las faltas temporales y absolutas

1. Si antes de iniciar un periodo constitucional la elección no estuviese hecha o declarada válida, cesará la o el Jefe de Gobierno cuyo periodo haya concluido y el Congreso de la Ciudad de México designará a la o el interino en los términos del presente artículo.

2. Si al comenzar el periodo constitucional hubiese falta absoluta de la o el Jefe de Gobierno, asumirá provisionalmente el cargo quien presida el Congreso de la Ciudad de México, en tanto se designa a la o el interino, conforme a lo dispuesto en este artículo.

3. En caso de falta temporal de la o el Jefe de Gobierno, que no exceda de treinta días naturales, la o el Secretario de Gobierno se encargará del despacho de los asuntos de la Administración Pública de la Ciudad de México por el tiempo que dure dicha falta. Cuando la falta sea mayor a treinta días naturales, se convertirá en absoluta y el Congreso procederá en los términos de lo dispuesto en este artículo.

4. Cuando la o el Jefe de Gobierno solicite licencia para separarse del cargo hasta por sesenta días naturales, una vez autorizada por el Congreso, la o el Secretario de Gobierno asumirá provisionalmente la titularidad del Poder Ejecutivo para el despacho de los asuntos de la Administración Pública de la Ciudad de México por el tiempo que dure dicha falta. Si la falta temporal se convierte en absoluta, se procederá como dispone este artículo.

5. En caso de falta absoluta de la o el Jefe de Gobierno, en tanto el Congreso nombra a quien lo sustituya, la o el Secretario de Gobierno asumirá provisionalmente la titularidad del Poder Ejecutivo. Quien ocupe provisionalmente la Jefatura de Gobierno no podrá remover o designar a las y los integrantes del gabinete sin autorización previa del Congreso. Dentro de los quince días siguientes a la conclusión del encargo deberá entregar al Congreso un informe de labores.

6. Cuando la falta absoluta de la o el Jefe de Gobierno ocurriese en los cuatro primeros años del período respectivo, si el Congreso se encontrase en sesiones, con la asistencia de cuando menos las dos terceras partes del número total de sus miembros, se constituirá inmediatamente en Colegio Electoral y

nombrará en escrutinio secreto y por mayoría de dos terceras partes de las y los diputados presentes, una o un Jefe de Gobierno interino, en los términos que disponga la ley. El mismo Congreso expedirá, dentro de los diez días siguientes a dicho nombramiento, la convocatoria para la elección de la o el Jefe de Gobierno que deba concluir el período respectivo, debiendo mediar entre la fecha de la convocatoria y la que se señale para la realización de la jornada electoral, un plazo no menor de seis meses ni mayor de ocho. Quien haya sido electo iniciará su encargo y rendirá protesta ante el Congreso siete días después de concluido el proceso electoral.

7. Si el Congreso no estuviere en sesiones, la Comisión Permanente lo convocará inmediatamente a sesiones extraordinarias para que se constituya en Colegio Electoral, nombre a la o el interino y expida la convocatoria a elecciones en los términos del párrafo anterior.

Artículo 33. De la Administración Pública de la Ciudad de México

(REFORMADO, G.O. 26 DE JULIO DE 2019)

1. La Administración Pública de la Ciudad de México será centralizada y paraestatal y se regirá bajo los principios de la innovación, atención ciudadana, gobierno abierto, integridad y plena accesibilidad con base en diseño universal. La hacienda pública de la Ciudad, su administración y régimen patrimonial serán unitarios, incluyendo los tabuladores de remuneraciones y percepciones de las personas servidoras públicas.

2. Las personas titulares de las Secretarías del gabinete deberán presentar sus informes anuales de gestión durante el mes de octubre y acudir a la respectiva sesión de comparecencia en el pleno del Congreso cuando sean citados.

Artículo 34. Relación entre los poderes ejecutivo y legislativo

A. Colaboración entre poderes

1. El Congreso de la Ciudad de México podrá solicitar información mediante pregunta parlamentaria al Poder Ejecutivo, alcaldías, órganos, dependencias y entidades, los cuales contarán con un plazo de treinta días naturales para responder. El Congreso contará con treinta días para analizar la información y, en su caso, llamar a comparecer ante el pleno o comisiones, a las personas titulares mediante acuerdo aprobado por mayoría absoluta del pleno.

2. Los exhortos o cualesquiera otras solicitudes o declaraciones aprobadas por el pleno o por la Comisión Permanente, deberán ser respondidas por los

poderes, órganos, dependencias, entidades o alcaldías correspondientes en un plazo máximo de sesenta días naturales.

3. La persona titular de la Jefatura de Gobierno podrá proponer la participación de sus funcionarios en reunión extraordinaria de comisiones o comités del Congreso para aportar opiniones o información sobre un asunto en proceso de dictamen.

B. Gobierno de coalición

1. La persona titular de la Jefatura de Gobierno podrá optar, en cualquier momento, por conformar un gobierno de coalición con uno o varios de los partidos políticos representados en el Congreso de la Ciudad, de acuerdo a lo establecido por la ley, a fin de garantizar mayorías en la toma de decisiones de gobierno, así como la gobernabilidad democrática.

2. El gobierno de coalición es un cuerpo colegiado conformado por las personas titulares de las dependencias de la administración pública local, a propuesta de la persona titular de la Jefatura de Gobierno y ratificadas por el pleno del Congreso de la Ciudad.

En el registro de una coalición electoral, los partidos políticos deberán registrar una plataforma electoral y podrán convenir optar por la integración de un gobierno de coalición, en caso de que la persona postulada para asumir la Jefatura de Gobierno resulte electa.

Los compromisos establecidos en el convenio de coalición serán regulados en los términos de la ley en la materia.

3. La persona titular de la Jefatura de Gobierno podrá disolver a la totalidad del gabinete.

4. Las y los diputados y los grupos parlamentarios podrán declararse en oposición parlamentaria para ejercer una función crítica y plantear alternativas políticas.

CAPÍTULO III
DE LA FUNCIÓN JUDICIAL

Artículo 35. Del Poder Judicial

A. De la función judicial

La función judicial se regirá por los principios de legalidad y honradez, accesibilidad, transparencia, máxima publicidad y rendición de cuentas.

(ADICIONADO, G.O. 22 DE JULIO DE 2021)

Para garantizar el acceso a la justicia de forma ágil y oportuna, el Poder Judicial, a través del Consejo de la Judicatura; el Tribunal Electoral, el Sistema de Justicia Laboral y el Tribunal de Justicia Administrativa, todos de la Ciudad de México, contarán con un Sistema de Justicia Electrónica, acorde con el principio de equivalencia funcional y mediante el uso de las tecnologías de la información y la comunicación, a efecto de proporcionar las herramientas para tramitar los juicios y sus instancias, en forma electrónica, de manera alternativa y adicional a su tramitación escrita, de acuerdo con su naturaleza y formalidades esenciales.

B. De su integración y funcionamiento

1. El Poder Judicial de la Ciudad de México se deposita en un Tribunal Superior de Justicia que contará con una Sala Constitucional; un Consejo de la Judicatura y Juzgados.

(REFORMADO, G.O. 2 DE SEPTIEMBRE DE 2021)

2. La administración, gestión vigilancia, evaluación, disciplina y servicio de carrera del Poder Judicial de la Ciudad de México estarán a cargo del Consejo de la Judicatura local.

3. El Consejo de la Judicatura designará a las y los jueces conforme a lo previsto por esta Constitución y la ley en la materia.

Las y los jueces deberán presentar el respectivo examen de oposición, con base en lo dispuesto en el apartado E, numeral 11 del presente artículo y en lo dispuesto por la ley orgánica.

Las y los jueces durarán seis años en su cargo y podrán ser ratificados, previa evaluación pública, en los términos ya descritos. Durarán en el cargo hasta los setenta años de edad, y sólo podrán ser privados de sus puestos en los términos que establece esta Constitución y las leyes.

Las y los jueces no podrán actuar como patronos, abogados o representantes en cualquier proceso ante los órganos judiciales de la Ciudad de México mientras estén en el cargo, cuando hayan sido separados del mismo por sanción disciplinaria o dentro de los dos años siguientes a su retiro.

(REFORMADO [N. DE E. ESTE PÁRRAFO], G.O. 2 DE SEPTIEMBRE DE 2021)

4. A propuesta del Consejo de la Judicatura las y los magistrados del Tribunal Superior de Justicia serán designados y en su caso ratificados por las dos terceras partes de las y los diputados del Congreso.

(REFORMADO, G.O. 2 DE SEPTIEMBRE DE 2021)

Las personas aspirantes propuestas deberán cumplir los requisitos establecidos en el apartado E, numeral 11 del presente artículo.

Las y los magistrados durarán seis años en su cargo y podrán ser ratificados, previa evaluación pública en los términos dispuestos en esta Constitución y en la ley de la materia. Una vez ratificados permanecerán en su encargo hasta los setenta años de edad, y sólo podrán ser privados del mismo en los términos que establecen esta Constitución y las leyes.

Las y los magistrados no podrán actuar como patronos, abogados o representantes en cualquier proceso ante los órganos judiciales de la Ciudad de México, mientras estén en el cargo, cuando hayan sido separados del mismo por sanción disciplinaria o dentro de los dos años siguientes a su retiro.

5. Para ser magistrado o magistrada se deberán acreditar los requisitos establecidos en las fracciones I a V del artículo 95 de la Constitución Política de los Estados Unidos Mexicanos y los que disponga la ley.

6. Los Tribunales del Poder Judicial funcionarán en pleno y en salas. El Consejo de la Judicatura determinará el número de salas, magistraturas, jueces y demás personal con el que contará. Son principios fundamentales la autonomía e independencia de las personas que integran el Poder Judicial los cuales deberán garantizarse en su ley orgánica.

7. Las y los jueces y magistrados percibirán una remuneración adecuada e irrenunciable, la cual no podrá ser disminuida durante su encargo.

8. En la integración del Poder Judicial se garantizará en todo momento, el principio de paridad de género.

(REFORMADO, G.O. 10 DE DICIEMBRE DE 2019)

9. Las y los Magistrados integrantes del Pleno del Tribunal Superior de Justicia elegirán por mayoría de votos en sesión pública y mediante sufragio secreto, a la persona que lo presidirá. Quien lo presida durará en su encargo cuatro años; la persona que haya ocupado la Presidencia bajo cualquier supuesto del presente numeral, no podrá volver a ocuparla posteriormente bajo

ningún concepto, ni sucesiva, ni alternadamente, independientemente de la calidad con que pueda ostentarla.

C. Facultades y atribuciones del Tribunal Superior de Justicia

El Tribunal Superior de Justicia de la Ciudad de México tendrá las siguientes funciones:

(NOTA: EL 10 DE SEPTIEMBRE DE 2019, EL PLENO DE LA SUPREMA CORTE DE JUSTICIA DE LA NACIÓN, EN EL APARTADO VII, PARTES 2 Y 3 Y APARTADO VIII, ASÍ COMO EN EL RESOLUTIVO CUARTO DE LA SENTENCIA DICTADA AL RESOLVER LA CONTROVERSIA CONSTITUCIONAL 83/2017, DECLARÓ LA INVALIDEZ DE LAS PORCIONES NORMATIVAS DEL INCISO a) DEL APARTADO C) DE ESTE ARTÍCULO INDICADAS CON MAYÚSCULAS, LA CUAL SURTIÓ EFECTOS EL 10 DE SEPTIEMBRE DE 2019 DE ACUERDO A LAS CONSTANCIAS QUE OBRAN EN LA SECRETARÍA GENERAL DE ACUERDOS DE LA SUPREMA CORTE DE JUSTICIA DE LA NACIÓN. DICHA SENTENCIA PUEDE SER CONSULTADA EN LA DIRECCIÓN ELECTRÓNICA http://www2.scjn.gob.mx/).

a) Ejercer el control de constitucionalidad, CONVENCIONALIDAD y legalidad EN LOS TÉRMINOS QUE ESTABLECE LA CONSTITUCIÓN POLÍTICA DE LOS ESTADOS UNIDOS MEXICANOS, y determinar la inaplicación de las leyes o decretos contrarios a esta Constitución, en las materias de sus respectivas competencias; y

(NOTA: EL 10 DE SEPTIEMBRE DE 2019, EL PLENO DE LA SUPREMA CORTE DE JUSTICIA DE LA NACIÓN, EN EL APARTADO VII, PARTES 2 Y 3 Y APARTADO VIII, ASÍ COMO EN EL RESOLUTIVO CUARTO DE LA SENTENCIA DICTADA AL RESOLVER LA CONTROVERSIA CONSTITUCIONAL 83/2017, DECLARÓ LA INVALIDEZ DE LA PORCIÓN NORMATIVA DEL INCISO b) DEL APARTADO C) DE ESTE ARTÍCULO INDICADA CON MAYÚSCULAS, LA CUAL SURTIÓ EFECTOS EL 10 DE SEPTIEMBRE DE 2019 DE ACUERDO A LAS CONSTANCIAS QUE OBRAN EN LA SECRETARÍA GENERAL DE ACUERDOS DE LA SUPREMA CORTE DE JUSTICIA DE LA NACIÓN. DICHA SENTENCIA PUEDE SER CONSULTADA EN LA DIRECCIÓN ELECTRÓNICA http://www2.scjn.gob.mx/).

b) Proteger y salvaguardar los derechos humanos y sus garantías reconocidos por esta Constitución Y POR LOS TRATADOS INTERNACIONALES.

D. Medios alternativos de solución de controversias

1. El sistema integral de justicia de la Ciudad de México privilegiará los medios alternativos de solución de controversias. Para garantizar el acceso a estos medios se establecerá el Centro de Justicia Alternativa.

(REFORMADO, G.O. 2 DE SEPTIEMBRE DE 2021)

2. El Centro de Justicia Alternativa dependerá de la Presidencia del Tribunal Superior de Justicia del Poder Judicial de la Ciudad de México; su titular será nombrado por éste última (sic) de conformidad con lo previsto por la ley orgánica y durará seis años en su cargo, sin posibilidad de reelección.

3. El Centro de Justicia Alternativa tendrá las siguientes facultades:

(NOTA: EL 10 DE SEPTIEMBRE DE 2019, EL PLENO DE LA SUPREMA CORTE DE JUSTICIA DE LA NACIÓN, EN EL APARTADO VII, NUMERAL 4 Y APARTADO VIII, ASÍ COMO EN EL RESOLUTIVO QUINTO DE LA SENTENCIA DICTADA AL RESOLVER LA CONTROVERSIA CONSTITUCIONAL 97/2017, DECLARÓ LA INVALIDEZ DE LA PORCIÓN NORMATIVA DEL INCISO a) DEL NUMERAL 3 DEL APARTADO D DE ESTE ARTÍCULO INDICADA CON MAYÚSCULAS, LA CUAL SURTIÓ EFECTOS EL 10 DE SEPTIEMBRE DE 2019 DE ACUERDO A LAS CONSTANCIAS QUE OBRAN EN LA SECRETARÍA GENERAL DE ACUERDOS DE LA SUPREMA CORTE DE JUSTICIA DE LA NACIÓN. DICHA SENTENCIA PUEDE SER CONSULTADA EN LA DIRECCIÓN ELECTRÓNICA http://www2.scjn.gob.mx/).

a) Facilitar la mediación como mecanismo de solución de controversias civiles, mercantiles, familiares, penales CUANDO SE TRATE DE DELITOS NO GRAVES y de justicia para adolescentes;

b) Mediar en controversias vinculadas con el régimen de condominios;

c) Coordinar con las instancias de acción comunitaria establecidas por la ley para la mediación y resolución de conflictos vecinales, comunitarios, de barrios y pueblos; y

d) Las demás que prevea la ley.

E. Consejo de la Judicatura

1. El Consejo de la Judicatura de la Ciudad de México es un órgano del Poder Judicial dotado de autonomía, independencia técnica y de gestión para realizar sus funciones. Sus resoluciones serán definitivas e inatacables.

(REFORMADO, G.O. 10 DE DICIEMBRE DE 2019)

2. El Consejo se integrará por quien presida el Tribunal y seis Consejeras o Consejeros, que serán una o un Magistrado y dos Juezas o Jueces, elegidos por, al menos las dos terceras partes del Pleno del Tribunal en votación; asimismo, dos Consejeras o Consejeros electos por el voto de las dos terceras partes de las y los Diputados presentes del Congreso de la Ciudad de México y una o uno designado por la o el Jefe de Gobierno de la Ciudad de México.

La designación de las tres últimas Consejeras o Consejeros que refiere el párrafo anterior, deberá recaer en personas que se hayan distinguido por su capacidad, honestidad y honorabilidad en el ejercicio de las actividades jurídicas y administrativas, y no representarán los intereses del Órgano que los haya elegido. La persona que presida el Tribunal Superior de Justicia también presidirá el Consejo de la Judicatura.

(REFORMADO, G.O. 10 DE DICIEMBRE DE 2019)

3. Las y los Consejeros de la Judicatura, a excepción del Presidente, durarán seis años en el cargo y no podrán ser nombrados para un nuevo período, ni sucesiva ni alternadamente, con independencia de la forma en que hayan sido electos. En caso de ausencia definitiva de algún integrante, según corresponda, el Pleno del Tribunal Superior de Justicia, el Congreso de la Ciudad de México, la o el Jefe de Gobierno, deberán iniciar el proceso de elección o designación, según sea el caso, a que se refiere el numeral anterior, para que en cualquiera de los supuestos, en un plazo no mayor a treinta días naturales desde que se produjo la vacante, sea nombrada la persona que deba ocupar ésta, quien habrá de ocuparlo hasta concluir con el periodo que debió cubrir la o el Consejero ausente. En el caso de ausencias temporales, se estará a lo dispuesto en la ley de la materia.

Asimismo, las y los Consejeros serán sustituidos escalonadamente, conforme se produzcan las vacantes una vez concluido el periodo para el cual se les hubiere designado; la persona que presida el Consejo será sustituida conforme lo sea en la Presidencia del Tribunal.

4. Para ser integrante del Consejo de la Judicatura se requiere cubrir los requisitos previstos en las fracciones I a V del artículo 95 de la Constitución Política de los Estados Unidos Mexicanos y los que dispongan esta Constitución.

5. Las y los consejeros ejercerán su función con independencia e imparcialidad. Las sesiones del Consejo de la Judicatura serán públicas, salvo lo dispuesto en la normatividad aplicable. Los actos y decisiones del Consejo de la Judicatura, en ningún caso, podrán modificar las resoluciones o invadir la función jurisdiccional depositada en los órganos del Poder Judicial de la Ciudad de México, ni podrán afectar las resoluciones de las y los jueces y magistradas o magistrados.

6. Las y los consejeros sólo podrán ser removidos en los términos establecidos en esta Constitución, estarán sujetos a las mismas responsabilidades que

las y los magistrados del Tribunal Superior de Justicia y la Sala Constitucional; recibirán el mismo salario y prestaciones que estos.

7. Las y los consejeros no podrán actuar como patronos, abogados o representantes en cualquier proceso ante los órganos judiciales de la Ciudad de México mientras estén en el cargo, cuando hayan sido separados del mismo por sanción disciplinaria o dentro de los dos años siguientes a su retiro.

8. Las y los consejeros se abstendrán de intervenir de cualquier manera en los asuntos a cargo del Tribunal Superior de Justicia, la Sala Constitucional, el Tribunal Electoral y los juzgados.

9. El Consejo de la Judicatura seguirá los principios de legalidad y honradez, accesibilidad, transparencia, máxima publicidad y rendición de cuentas.

El Consejo de la Judicatura funcionará en pleno y en comisiones y contará con los órganos auxiliares necesarios para el desempeño de sus atribuciones. Será competente en la adscripción y remoción de jueces y magistrados; velará por los derechos humanos laborales de las personas servidoras públicas para nombrar y remover al personal administrativo; nombrará y removerá al personal administrativo del Poder Judicial respetando el servicio civil de carrera, a propuesta de las y los titulares de los órganos; y en la aplicación de las normas que regulan las relaciones de trabajo de las personas servidoras públicas y los poderes de la Ciudad, así como las demás facultades que la ley señale.

(REFORMADO, G.O. 10 DE DICIEMBRE DE 2019)

10. El Consejo de la Judicatura elaborará el proyecto de presupuesto del Poder Judicial, mismo que deberá someter a la aceptación del Pleno del Tribunal Superior de Justicia. Una vez realizado lo anterior, se incorporará en el Proyecto de Presupuesto de Egresos de la Ciudad de México, por conducto de la o el Jefe de Gobierno.

(REFORMADO, G.O. 2 DE SEPTIEMBRE DE 2021)

11. El ingreso, formación, permanencia y especialización de la carrera judicial se basará en los resultados del desempeño y el reconocimiento de méritos. Se regirá por los principios de excelencia, objetividad, imparcialidad, profesionalismo, honradez e independencia. El ingreso se hará mediante concursos públicos de oposición a cargo del Instituto de Estudios Judiciales que dependerá de la Presidencia del Tribunal Superior de Justicia del Poder Judicial de la Ciudad de México, contará con un Consejo Académico. La permanencia estará sujeta al cumplimiento de los requisitos para el cargo, así como a la evaluación

y vigilancia sobre el desempeño en los términos previstos en la ley y en los acuerdos generales que con arreglo a ésta, emita este Consejo Académico. La ley regulará el servicio de carrera para el personal de la rama administrativa.

F. Instituto de Servicios Periciales y Ciencias Forenses

(REFORMADO, G.O. 2 DE SEPTIEMBRE DE 2021)

Es un órgano dependiente de la Presidencia del Tribunal Superior de Justicia del Poder Judicial de la Ciudad de México, especializado en la prestación de servicios periciales y forenses. La ley regulará su organización y funcionamiento. Contará con un consejo técnico que coadyuvará en el debido funcionamiento y el ejercicio de las atribuciones del propio Instituto, cuya integración y facultades estarán previstas en la ley.

En el ejercicio de sus funciones deberá garantizar la objetividad e imparcialidad de los dictámenes que emita, de conformidad con las leyes y los estándares nacionales e internacionales en la materia.

Artículo 36. Control constitucional local

A. Integración de la Sala Constitucional

1. El Tribunal Superior de Justicia contará con una Sala Constitucional de carácter permanente, misma que será la máxima autoridad local en materia de interpretación de la Constitución Política de la Ciudad de México. Estará encargada de garantizar la defensa, integridad y supremacía de esta Constitución y la integridad del sistema jurídico local sin perjuicio de lo previsto en la Constitución Política de los Estados Unidos Mexicanos.

2. La Sala se integrará por siete magistradas y magistrados designados por el Pleno del Tribunal Superior de Justicia. El proceso de selección se llevará a cabo en sesiones abiertas y transparentes. El número de integrantes de un mismo género no podrá ser mayor a cuatro.

3. Los magistrados o magistradas de la Sala Constitucional durarán en el cargo ocho años.

B. Competencia

1. La Sala Constitucional tendrá las siguientes atribuciones:

a) Garantizar la supremacía y control de esta Constitución;

b) Declarar la procedencia, periodicidad y validez del referéndum en los términos previstos por esta Constitución y las leyes en la materia;

c) Conocer y resolver las acciones de inconstitucionalidad que le sean presentadas dentro de los treinta días naturales siguientes a la promulgación y publicación de normas locales de carácter general que se consideren total o parcialmente contrarias a esta Constitución o de aquéllas que, aun siendo normas constitucionales, hubieren presentado vicios o violaciones en los procedimientos de su formación;

d) Conocer y resolver sobre las controversias constitucionales que se susciten entre los entes legitimados de conformidad con esta Constitución;

e) Conocer y resolver las acciones por omisión legislativa cuando el Legislativo o el Ejecutivo no hayan aprobado alguna ley, decreto o norma de carácter general o reglamentaria de esta Constitución, o habiéndolas aprobado se estime que no cumplen con los preceptos constitucionales;

f) Conocer y resolver las acciones de cumplimiento en contra de las personas titulares de los poderes públicos, los organismos autónomos y las alcaldías cuando se muestren renuentes a cumplir con sus obligaciones constitucionales y con las resoluciones judiciales. Estas acciones podrán ser interpuestas por cualquier persona cuando se trate de derechos humanos; y

g) Las demás que determine la ley.

2. La Sala Constitucional no tendrá competencia respecto de recursos ordinarios en contra de resoluciones judiciales definitivas emitidas por otras Salas del propio Tribunal Superior de Justicia.

3. Las y los jueces de tutela de derechos humanos de la Ciudad de México conocerán de la acción de protección efectiva de derechos, la cual se sujetará a las siguientes bases:

a) Se interpondrá para reclamar la violación a los derechos previstos en esta Constitución, sin mayores formalidades y a través de solicitud oral o escrita. Se suplirá siempre la deficiencia de la queja;

b) a (sic) ley determinará los sujetos legitimados y establecerá los supuestos de procedencia de la acción;

c) Las resoluciones deberán emitirse en un plazo no mayor a diez días naturales y serán de inmediato cumplimiento para las autoridades de la Ciudad de México. La ley establecerá medidas cautelares y de apremio, así como las sanciones aplicables a las personas servidoras públicas en caso de incumplimiento;

d) La o el quejoso podrá impugnar ante la Sala Constitucional las resoluciones de las o los jueces de tutela, en los plazos y conforme a los procedimientos previstos en la ley;

e) Cualquier magistrado o magistrada del Tribunal Superior, de la Sala Constitucional o la persona titular del Instituto de Defensoría Pública podrá solicitar que se revise algún criterio contenido en una resolución o para resolver contradicciones en la interpretación constitucional, para aclarar el alcance de un derecho o evitar un perjuicio grave;

f) Los criterios de las resoluciones de la Sala Constitucional con relación a la acción de protección efectiva de derechos humanos serán vinculantes para las y los jueces de tutela; y

g) El Consejo de la Judicatura a través de acuerdos generales, establecerá juzgados de tutela en las demarcaciones territoriales.

4. (DEROGADO, G.O. 26 DE JULIO DE 2019)

5. En el caso de las recomendaciones no aceptadas, la Comisión de Derechos Humanos, por sí o con la concurrencia del Instituto de Defensoría Pública, brindará acompañamiento y asesoría jurídica a las víctimas, sin perjuicio de otras acciones procedentes para la defensa de sus derechos.

C. Legitimación

1. Las acciones de inconstitucionalidad podrán ser interpuestas por:

a) La o el Jefe de Gobierno de la Ciudad de México;

b) Cuando menos el treinta y tres por ciento de las y los diputados del Congreso;

c) Cualquier organismo constitucional autónomo en la materia de su competencia;

d) La o el Fiscal General de Justicia;

e) Los partidos políticos en materia electoral; y

f) La ciudadanía que considere afectados sus derechos por la vigencia de dicha ley, siempre que la solicitud cuente con al menos cinco mil firmas de las personas inscritas en la lista nominal de electores de la Ciudad.

2. Las controversias constitucionales serán las que se susciten entre:

a) La persona titular de una alcaldía y el concejo;

b) Dos o más alcaldías;

c) Una o más alcaldías y el Poder Ejecutivo o Legislativo o algún organismo constitucional autónomo de la Ciudad;

d) Los Poderes Legislativo y Ejecutivo de la Ciudad; y

e) Los organismos constitucionales autónomos y el Poder Ejecutivo o Legislativo de la Ciudad.

3. Las acciones por omisión legislativa podrán interponerse por:

a) La o el Jefe de Gobierno de la Ciudad de México;

b) Cualquier organismo constitucional autónomo en la materia de su competencia;

c) El o la Fiscal General;

d) Las alcaldías;

e) El equivalente al quince por ciento de los integrantes del Congreso; y

f) La ciudadanía, siempre que la solicitud cuente con al menos cinco mil firmas de las personas inscritas en la lista nominal de electores de la Ciudad.

D. De las declaratorias de inconstitucionalidad

1. La declaratoria de inconstitucionalidad tendrá efectos generales respecto de la norma impugnada o parte de ella, cuando hubiere sido aprobada por una mayoría de por lo menos cinco votos.

2. Cuando se trate de una acción de inconstitucionalidad y la Sala haya emitido una declaratoria al respecto, transcurrido el plazo de noventa días naturales sin que el Congreso de la Ciudad haya subsanado la inconstitucionalidad, la Sala Constitucional emitirá, siempre que fuere aprobada por una mayoría de cuando menos cinco votos, la declaratoria general de inconstitucionalidad, en la cual se fijarán sus alcances y condiciones en los términos de la ley reglamentaria. Dichas disposiciones no serán aplicables a normas generales en materia tributaria.

3. Cuando se trate de controversias que versen sobre disposiciones generales de los Poderes Ejecutivo, Legislativo o de las alcaldías y la resolución de la Sala Constitucional las declare inconstitucionales, dicha resolución tendrá efectos generales cuando hubiere sido aprobada por una mayoría de por lo menos cinco votos.

4. Cuando la Sala Constitucional declare la existencia de una omisión legislativa, notificará al Congreso para que, en el periodo de sesiones ordinarias en que sea notificado, inicie el estudio del asunto materia de la omisión mediante el procedimiento legislativo que corresponda. En el caso de omisión de normas generales, se obligará a la autoridad correspondiente a expedirla o cumplir lo ordenado en un plazo no mayor a noventa días naturales. La Sala revisará que haya sido subsanada en su totalidad.

Si transcurrido el plazo señalado en el párrafo anterior no se atendiere la resolución, la Sala Constitucional dictará las bases a que deban sujetarse las autoridades, en tanto se expide dicha norma general.

Artículo 37. Del Consejo Judicial Ciudadano

1. El Consejo Judicial Ciudadano es un órgano que estará integrado por once personas de las que siete serán profesionales del Derecho. Deberán gozar de buena reputación y haberse distinguido por su honorabilidad e independencia; no tener conflicto de interés; no haber participado como candidatas o

candidatos en un proceso de elección popular cuatro años antes de su designación. El cargo no será remunerado. Se respetará la equidad de género y la igualdad sustantiva.

2. Las y los integrantes del Consejo Judicial Ciudadano serán designados por dos terceras partes del Congreso mediante convocatoria pública a propuesta de instituciones académicas, civiles y sociales que al momento de hacer la propuesta tengan al menos, cinco años ininterrumpidos de haberse constituido. El Consejo concluirá su encargo una vez ejercida su función.

3. Las atribuciones del Consejo Judicial Ciudadano serán:

a) (DEROGADO, G.O. 10 DE DICIEMBRE DE 2019)

b) Proponer, con la aprobación de las dos terceras partes de sus integrantes, a la o el Jefe de Gobierno una terna de candidatos, a fin de que éste someta al Congreso la designación de la o el titular de la Fiscalía General de Justicia de la Ciudad de México; y

c) Proponer al Congreso las ternas para elegir a las y los fiscales especializados en materia electoral y de combate a la corrupción.

Artículo 38. Tribunal Electoral de la Ciudad de México

1. Es el órgano jurisdiccional especializado en materia electoral y procesos democráticos; gozará de autonomía técnica y de gestión en su funcionamiento e independencia en sus decisiones; y cumplirá sus funciones bajo los principios y normas que establezca la ley de la materia.

2. Estará integrado por cinco magistradas o magistrados electorales designados por el Senado de la República que actuarán en forma colegiada y durarán siete años en su encargo y no podrán desempeñar ningún otro empleo o comisión, con excepción de aquellos en actividades docentes, científicas, culturales o de beneficencia. Las personas integrantes del Tribunal elegirán en sesión pública, por mayoría de votos a su Presidente, quien durará tres años en su encargo sin posibilidad de reelección.

3. Concluido el encargo de la magistratura, no podrán asumir un cargo público en los órganos emanados de las elecciones sobre las cuales se hayan pronunciado, ni ser postulados para un cargo de elección popular o asumir un cargo de dirigencia partidista, por un plazo equivalente a una cuarta parte del tiempo en que haya ejercido su función.

4. El Tribunal Electoral de la Ciudad de México es competente para resolver los medios de impugnación en materia electoral y de participación ciudadana en la Ciudad, relacionados con probables irregularidades en el desarrollo de

estos procesos; actos o resoluciones de las autoridades en la materia, aún fuera de procesos electorales; cuando se consideren violentados los derechos político electorales de las personas; conflictos entre órganos de representación ciudadana o sus integrantes; conflictos laborales entre este Tribunal y sus servidores o el Instituto Electoral y sus servidores; así como para verificar que los actos y resoluciones de las autoridades electorales y de participación ciudadana se ajusten a lo previsto por esta Constitución, de conformidad con los requisitos y procedimientos que determine la ley.

5. Para garantizar los principios de constitucionalidad y legalidad de los actos y resoluciones electorales y en materia de participación ciudadana, la ley establecerá un sistema de medios de impugnación que dará definitividad a las distintas etapas de los procesos electorales locales y a los procesos de participación ciudadana y garantizará la protección de los derechos político-electorales de las y los ciudadanos.

(REFORMADO, G.O. A 31 DE AGOSTO DE 2020)

Artículo 39. Sistema de Justicia Laboral

El Sistema de Justicia Laboral se integrará de la siguiente forma:

A. Juzgados Laborales que estarán adscritos al Poder Judicial de la Ciudad de México, conocerán de los conflictos entre el capital y el trabajo, de conformidad con lo establecido en el apartado A del artículo 123 de la Constitución Política de los Estados Unidos Mexicanos y la Ley Federal del Trabajo.

B. Tribunal Burocrático, que dirimirán los conflictos individuales y colectivos, que se presenten entre las instituciones públicas de la Ciudad de México y las personas trabajadoras a su servicio, respecto de los cuales no exista régimen especial, así como aquellos que se presenten entre organizaciones sindicales o al interior de estas.

La ley determinará su organización, funcionamiento y naturaleza jurídica en los términos de lo dispuesto por el artículo 123 de la Constitución Política de los Estados Unidos Mexicanos y esta Constitución.

Artículo 40. Tribunal de Justicia Administrativa

1. La Ciudad de México contará con un Tribunal de Justicia Administrativa que forma parte del sistema de impartición de justicia, dotado de plena autonomía jurisdiccional, administrativa y presupuestaria, para el dictado de sus fallos y para el establecimiento de su organización, funcionamiento, pro-

cedimientos y, en su caso, recursos contra sus resoluciones. Para tal efecto, el Congreso tendrá facultad para expedir la Ley Orgánica del Tribunal de Justicia Administrativa de la Ciudad de México, así como la Ley de Justicia Administrativa de la Ciudad de México, en la que se establecerán los procedimientos que competen a ese Tribunal y los recursos para impugnar sus resoluciones.

2. El Tribunal tendrá a su cargo:

I. Dirimir las controversias que se susciten entre la administración pública de la Ciudad de México, las alcaldías y los particulares;

II. Imponer, en los términos que disponga la ley, las sanciones a las personas servidoras públicas locales y de las alcaldías por responsabilidades administrativas graves;

III. Imponer, en los términos que disponga la ley, las sanciones a los particulares que incurran en actos vinculados con faltas administrativas graves;

IV. Fincar a las personas responsables el pago de las indemnizaciones y sanciones pecuniarias que deriven de los daños y perjuicios que afecten a la hacienda pública de la Ciudad de México o de las alcaldías, o al patrimonio de los entes públicos de dichos ámbitos de gobierno;

V. Recibir y resolver los recursos que interpongan las y los ciudadanos por incumplimiento de los principios y medidas del debido proceso relativos al derecho a la buena administración, bajo las reservas de ley que hayan sido establecidas; para tal efecto, el Tribunal contará con una sala especializada en dirimir las controversias en materia de derecho a la buena administración; y

VI. Conocer y resolver sobre las faltas administrativas graves cometidas por personas servidoras públicas de los Poderes Ejecutivo y Legislativo, de las alcaldías y de los organismos autónomos en el ámbito local.

3. La ley regulará y garantizará la transparencia en el proceso de nombramiento de las y los magistrados que integren el Tribunal y sus respectivas salas. Para garantizar el desempeño profesional de sus integrantes, el Tribunal, por conducto del órgano que señale la ley, tendrá a su cargo la capacitación y especialización de su personal. Para garantizar el desempeño profesional y el reconocimiento a sus méritos, la ley establecerá el servicio civil de carrera, determinará sus derechos y obligaciones, así como el régimen disciplinario al que estarán sujetos.

CAPÍTULO IV
SEGURIDAD CIUDADANA Y PROCURACIÓN DE JUSTICIA

Artículo 41. Disposiciones generales

(NOTA: EL 10 DE SEPTIEMBRE DE 2019, EL PLENO DE LA SUPREMA CORTE DE JUSTICIA DE LA NACIÓN, EN EL APARTADO VII, PARTES 2 Y 3 Y APARTADO VIII, ASÍ COMO EN EL RESOLUTIVO CUARTO DE LA SENTENCIA DICTADA AL RESOLVER LA CONTROVERSIA CONSTITUCIONAL 83/2017, DECLARÓ LA INVALIDEZ DE LA PORCIÓN NORMATIVA DEL NUMERAL 1 DE ESTE ARTÍCULO INDICADA CON MAYÚSCULAS, LA CUAL SURTIÓ EFECTOS EL 10 DE SEPTIEMBRE DE 2019 DE ACUERDO A LAS CONSTANCIAS QUE OBRAN EN LA SECRETARÍA GENERAL DE ACUERDOS DE LA SUPREMA CORTE DE JUSTICIA DE LA NACIÓN. DICHA SENTENCIA PUEDE SER CONSULTADA EN LA DIRECCIÓN ELECTRÓNICA http://www2.scjn.gob.mx/).

1. La seguridad ciudadana es responsabilidad EXCLUSIVA del Gobierno de la Ciudad de México, en colaboración con las alcaldías y sus habitantes, para la prevención, investigación, sanción de infracciones administrativas y persecución de los delitos, la impartición de justicia, la reinserción social, el acceso a una vida libre de violencia y la protección de las personas frente a riesgos y amenazas que atenten contra sus derechos y libertades.

2. En la planeación, ejecución, control, vigilancia y disciplina de la seguridad y en la procuración e impartición de justicia en la Ciudad, regirán los derechos y principios contenidos en la Constitución Política de los Estados Unidos Mexicanos, los tratados internacionales de los que el Estado mexicano sea parte y su jurisprudencia, esta Constitución y las leyes de la materia.

Artículo 42. Seguridad Ciudadana

A. Principios

1. Las instituciones de seguridad ciudadana serán de carácter civil, disciplinado (sic) y profesional. Su función se sustenta en la protección integral de las personas y tiene como principios rectores la prevención social de las violencias y del delito, la atención a las personas, la transparencia en sus procedimientos y actuaciones, la garantía del ejercicio de los derechos humanos y libertades, así como la convivencia pacífica entre todas las personas.

2. La selección, ingreso, formación, evaluación, permanencia, reconocimiento y certificación de las y los integrantes de las instituciones de seguridad ciudadana, se hará conforme a lo previsto por la Constitución Política de los

Estados Unidos Mexicanos, esta Constitución y las leyes de la materia. La ley local establecerá el servicio profesional de carrera.

3. La ley contemplará mecanismos institucionales de evaluación, control y vigilancia sobre las actividades que lleven a cabo las fuerzas policiales y las de seguridad privada, así como los procedimientos de participación ciudadana para coadyuvar en esta materia.

B. Prevención social de las violencias y el delito

1. El Gobierno de la Ciudad y las alcaldías tendrán a su cargo programas de seguridad ciudadana y trabajarán coordinados privilegiando la prevención.

2. Las violencias y el delito son problemas de seguridad ciudadana. Esta Constitución garantizará las políticas públicas para su prevención.

3. Las autoridades adoptarán medidas administrativas, legislativas, presupuestales y judiciales a fin de prevenir los riesgos que los originan, mitigar sus consecuencias, rehabilitar a las víctimas, victimarios y aquellas personas que hubieren sido afectadas, desmantelar la estructura patrimonial de la delincuencia a fin de garantizar la reutilización social de los bienes asegurados que causen abandono en los términos de las disposiciones aplicables y de aquellos cuyo dominio se declare en sentencia firme, así como la salvaguarda y restitución del patrimonio de las víctimas.

C. Coordinación local y nacional en materia de seguridad ciudadana

1. Se integrará un sistema de seguimiento para la seguridad ciudadana que propondrá y coadyuvará en el diseño de las políticas, estrategias y protocolos; en los mecanismos de evaluación de resultados; en los criterios para el servicio profesional de carrera; y establecerá los lineamientos relativos al manejo de datos de incidencia delictiva.

2. Este sistema se conformará por la o el Jefe de Gobierno; un representante del Cabildo de la Ciudad de México; el o la Fiscal General de Justicia, así como representantes de la academia e institutos especializados y sociedad civil, en los términos que determine la ley en la materia.

3. Las alcaldías establecerán mecanismos de seguridad ciudadana y justicia cívica acordes a sus necesidades, mismos que deberán coordinarse con el mecanismo de seguimiento en la ejecución de las actividades en la materia, así como opinar y otorgar el aval ante la dependencia o institución encargada de la seguridad ciudadana ante el Gobierno de la Ciudad respecto de la designación, desempeño y remoción de los mandos policiacos en su ámbito territorial.

4. El Gobierno de la Ciudad, a través del sistema de seguimiento, se coordinará con los sistemas locales, regionales y nacionales de seguridad en los

términos de la Constitución Política de los Estados Unidos Mexicanos y las demás leyes que rijan la materia.

5. Cuando se solicite la protección de los Poderes de la Unión de conformidad con lo previsto en la Constitución Política de los Estados Unidos Mexicanos, se deberá atender el procedimiento establecido en la misma.

Artículo 43. Modelo de policías de proximidad y de investigación

1. Los cuerpos policiacos y sus integrantes en sus funciones darán prioridad al convencimiento, a la solución pacífica de los conflictos y en su actuación respetarán los derechos humanos de todos, incluidos las víctimas, los testigos e indiciados. El uso de la fuerza será excepcional, proporcional y como último recurso.

2. Las fuerzas de seguridad ciudadana, son instituciones al servicio de la sociedad.

3. Se establecerá un modelo de policías ciudadanas orientado a garantizar:

a) El Estado de Derecho, la vida, la protección física y de los bienes de las personas;

b) La prevención y contención de las violencias;

c) La prevención del delito y el combate a la delincuencia;

d) Los derechos humanos de todas las personas;

e) El funcionamiento adecuado de instituciones de seguridad y justicia;

f) La objetividad y legalidad de sus actuaciones, por medio de un mecanismo de control y transparencia; y

g) El buen trato y los derechos de las personas.

4. Para llevar a cabo sus tareas contará con:

a) Un servicio civil de carrera que defina las normas de acceso, promoción, permanencia y separación. La ley garantizará condiciones laborales y prestaciones suficientes y dignas;

b) Una institución de formación policial técnica y superior responsable de la capacitación y de la evaluación permanente de los miembros de las corporaciones policiacas; y

c) Un órgano interno de defensa de los derechos de las y los agentes policiales, respecto de actos y omisiones que menoscaben su dignidad o les impidan el adecuado ejercicio de sus funciones.

Artículo 44. Procuración de Justicia

A. Fiscalía General de Justicia

1. El Ministerio Público de la Ciudad de México se organizará en una Fiscalía General de Justicia como un organismo público autónomo que goza de personalidad jurídica y patrimonio propios.

2. La investigación de los delitos corresponde al Ministerio Público y a las policías investigadoras, las cuales actuarán bajo su mando y conducción de aquél en el ejercicio de esta función.

(REFORMADO, G.O. 26 DE JULIO DE 2019)

3. El ejercicio de la acción penal ante los tribunales corresponde al Ministerio Público.

4. La persona titular de esta Fiscalía durará cuatro años y será electa por mayoría calificada del Congreso a propuesta del Consejo Judicial Ciudadano, mediante un proceso de examinación público y abierto de conformidad con lo que establezca la ley. La o el Fiscal podrá ser ratificado por un periodo más a propuesta de este Consejo.

(REFORMADO [N. DE E. CON SUS INCISOS], G.O. 28 DE OCTUBRE DE 2019)

5. Para ser Titular de la Fiscalía de la Ciudad de México se requiere que al momento de su designación la persona, cumpla con los siguientes requisitos:

a) Tener ciudadanía Mexicana;

b) Tener cuando menos treinta y cinco años de edad;

c) Contar con Título y Cédula de Licenciatura en Derecho, con experiencia mínima de 5 años;

d) No haber sido condenada por delito doloso;

e) Someterse y acreditar en los términos de la ley, las evaluaciones y certificación de confianza;

f) Presentar y hacer pública en los términos de la ley su declaración patrimonial, fiscal y de intereses;

g) No haber desempeñado un cargo de elección popular, o cargo de dirección de un Partido Político, un año previo.

(ADICIONADO, G.O. 28 DE OCTUBRE DE 2019)

6. El perfil de la o el Fiscal General será de una persona honorable, con conocimientos y experiencia en el ámbito jurídico y de procuración de justicia, capacidad de administración y dirección institucional, diseño y ejecución de políticas públicas, independiente en su actuación, con una visión de respeto

y protección a los derechos humanos, atención a las víctimas y perspectiva de género.

B. Competencia

1. La Fiscalía General de Justicia tendrá las siguientes atribuciones:

a) (DEROGADO, G.O. 26 DE JULIO DE 2019)

b) Establecer una política de persecución criminal que le permita gestionar, de manera estratégica los delitos del fuero común; aquellos en los que, por disposición de las leyes generales, exista competencia concurrente, así como federales cuando lo determine la ley. Para tales efectos tendrá bajo su mando inmediato a la policía de investigación;

c) (DEROGADO, G.O. 26 DE JULIO DE 2019)

d) (DEROGADO, G.O. 26 DE JULIO DE 2019)

e) (DEROGADO, G.O. 26 DE JULIO DE 2019)

f) (DEROGADO, G.O. 26 DE JULIO DE 2019)

g) (DEROGADO, G.O. 26 DE JULIO DE 2019)

h) (DEROGADO, G.O. 26 DE JULIO DE 2019)

i) Crear una unidad interna de estadística y transparencia que garantice la publicación oportuna de información;

j) Crear una unidad interna de combate a la corrupción y la infiltración de la delincuencia organizada;

k) Expedir reglas para la administración eficiente de los recursos materiales y humanos de la institución;

l) Instituir mecanismos de asistencia con las instituciones de seguridad ciudadana, en las formas y modalidades que establezca la ley para la colaboración y autorización de sus actuaciones;

m) Establecer un servicio profesional de carrera, con reglas para la selección, ingreso, formación, promoción y permanencia de las personas servidoras públicas;

n) Solicitar el apoyo de las instituciones de seguridad ciudadana, en las formas y modalidades que establezca la ley para la colaboración y autorización de sus actuaciones;

o) (DEROGADO, G.O. 26 DE JULIO DE 2019)

p) Fungir como representante social y de la Ciudad, cuando la ley lo disponga;

q) Participar en las instancias relacionadas con los sistemas local, regional y nacional de seguridad;

r) Establecer vínculos de coordinación interinstitucional con las alcaldías y demás dependencias del gobierno para el mejor desempeño de sus funciones; y

s) Las demás que determine la ley en la materia.

2. La o el Fiscal General deberá presentar un plan de política criminal cada año al Congreso, el primer día del segundo periodo de sesiones. Dicho plan consistirá en un diagnóstico de la criminalidad y la calidad del trabajo del Ministerio Público; criterios sobre los delitos que se atenderán de manera prioritaria, y metas de desempeño para el siguiente año.

C. Fiscalías especializadas y unidades de atención temprana

1. El Ministerio Público tendrá fiscalías especializadas para la investigación de delitos complejos y contarán con personal multidisciplinario capacitado específicamente para cumplir su objeto. Sus titulares serán designados por mayoría calificada del Congreso, de conformidad con lo que establezca la ley.

2. Se establecerán unidades de atención temprana que brindarán asesoría y orientación legal a las y los denunciantes. Tendrán como objetivo recibir de forma inmediata las denuncias de las personas y canalizarlas a la instancia competente de acuerdo a la naturaleza del acto denunciado, de conformidad con la ley en la materia.

Artículo 45. Sistema de justicia penal

A. Principios

> (NOTA: EL 10 DE SEPTIEMBRE DE 2019, EL PLENO DE LA SUPREMA CORTE DE JUSTICIA DE LA NACIÓN, EN EL APARTADO VII, NUMERAL 4 Y APARTADO VIII, ASÍ COMO EN EL RESOLUTIVO QUINTO DE LA SENTENCIA DICTADA AL RESOLVER LA CONTROVERSIA CONSTITUCIONAL 97/2017, DECLARÓ LA INVALIDEZ DEL NUMERAL 1 DEL APARTADO A DE ESTE ARTÍCULO INDICADO CON MAYÚSCULAS, LA CUAL SURTIÓ EFECTOS EL 10 DE SEPTIEMBRE DE 2019 DE ACUERDO A LAS CONSTANCIAS QUE OBRAN EN LA SECRETARÍA GENERAL DE ACUERDOS DE LA SUPREMA CORTE DE JUSTICIA DE LA NACIÓN. DICHA SENTENCIA PUEDE SER CONSULTADA EN LA DIRECCIÓN ELECTRÓNICA http://www2.scjn.gob.mx/).

1. EN LA CIUDAD DE MÉXICO EL PROCESO PENAL SERÁ ACUSATORIO, ADVERSARIAL Y ORAL, Y SE REGIRÁ POR LOS PRINCIPIOS DE PUBLICIDAD, CONTRADICCIÓN, CONCENTRACIÓN, CONTINUIDAD, DE IGUALDAD ANTE LA LEY, DE IGUALDAD ENTRE LAS PARTES, DE DERECHO A UN JUICIO PREVIO Y DEBIDO PROCESO, PRESUNCIÓN DE INOCENCIA, PROHIBICIÓN DE DOBLE ENJUICIAMIENTO E INMEDIACIÓN. PARA LAS GARANTÍAS Y PRINCIPIOS DEL DEBIDO PROCE-

SO PENAL SE ESTARÁ A LO DISPUESTO EN LA CONSTITUCIÓN POLÍTICA DE LOS ESTADOS UNIDOS MEXICANOS, LOS INSTRUMENTOS INTERNACIONALES EN LA MATERIA, ESTA CONSTITUCIÓN Y LAS LEYES GENERALES Y LOCALES.

2. Las autoridades de la Ciudad establecerán una comisión ejecutiva de atención a víctimas que tome en cuenta sus diferencias, necesidades e identidad cultural; proporcione procedimientos judiciales y administrativos oportunos, expeditos, accesibles y gratuitos; e incluya el resarcimiento, indemnización, asistencia y el apoyo material, médico, psicológico y social necesarios, en los términos de lo previsto en la Constitución Política de los Estados Unidos Mexicanos, esta Constitución y las leyes generales y locales en la materia.

B. (DEROGADO, G.O. 26 DE JULIO DE 2019)

1. (DEROGADO, G.O. 26 DE JULIO DE 2019)
2. (DEROGADO, G.O. 26 DE JULIO DE 2019)
3. (DEROGADO, G.O. 26 DE JULIO DE 2019)
4. (DEROGADO, G.O. 26 DE JULIO DE 2019)
5. (DEROGADO, G.O. 26 DE JULIO DE 2019)
6. (DEROGADO, G.O. 26 DE JULIO DE 2019)
7. (DEROGADO, G.O. 26 DE JULIO DE 2019)

CAPÍTULO V
DE LOS ORGANISMOS AUTÓNOMOS

Artículo 46. Organismos Autónomos

A. Naturaleza jurídico-política

Los organismos autónomos son de carácter especializado e imparcial; tienen personalidad jurídica y patrimonios propios; cuentan con plena autonomía técnica y de gestión, capacidad para decidir sobre el ejercicio de su presupuesto y para determinar su organización interna de conformidad con lo previsto en las leyes correspondientes. Estos serán:

a) Consejo de Evaluación de la Ciudad de México;

b) Comisión de Derechos Humanos de la Ciudad de México;

c) Fiscalía General de Justicia;

d) Instituto de Transparencia, Acceso a la Información y Protección de Datos Personales;

e) Instituto Electoral de la Ciudad de México;

f) Instituto de Defensoría Pública; y

g) Tribunal Electoral de la Ciudad de México

B. Disposiciones comunes

1. Los organismos autónomos ajustarán sus actuaciones a los principios reconocidos en el derecho a la buena administración, serán independientes en sus decisiones y funcionamiento, profesionales en su desempeño e imparciales en sus actuaciones. Contarán con estatutos jurídicos que lo garanticen. Las leyes y estatutos jurídicos garantizarán que exista equidad de género en sus órganos de gobierno. Tendrán facultad para establecer su normatividad interna, presentar iniciativas de reforma legal o constitucional local en la materia de su competencia, así como las demás que determinen esta Constitución y las leyes de la materia.

2. La Legislatura asignará los presupuestos necesarios para garantizar el ejercicio de las atribuciones de estos organismos a partir de la propuesta que presenten en los plazos y términos previstos en la legislación de la materia.

Dichas asignaciones deberán garantizar suficiencia para el oportuno y eficaz cumplimiento de las obligaciones conferidas a los organismos, sujeto a las previsiones de ingreso de la hacienda pública local.

3. Los organismos autónomos contarán con órganos de control interno adscritos al Sistema Local Anticorrupción y su personal se sujetará al régimen de responsabilidades de las personas servidoras públicas, en los términos previstos por esta Constitución y las leyes.

Las y los titulares de los órganos internos de control de los organismos autónomos serán seleccionados y formados a través de un sistema de profesionalización y rendirán cuentas ante el Sistema Local Anticorrupción. La ley establecerá las facultades e integración de dichos órganos.

4. Las remuneraciones del personal que labore en los organismos autónomos se fijarán de conformidad con el artículo 127 de la Constitución Política de los Estados Unidos Mexicanos.

La remuneración de las y los titulares de los organismos constitucionales autónomos no será superior a la que perciba el Jefe de Gobierno.

C. Del nombramiento de las personas titulares y consejeras

1. Se constituirán, cada cuatro años, consejos ciudadanos de carácter honorífico por materia para proponer al Congreso, a las personas titulares y consejeras de los organismos autónomos, con excepción de aquellos para los que la Constitución Política de los Estados Unidos Mexicanos, esta Constitución y las leyes prevean mecanismos de designación distintos. Estos consejos sólo sesionarán cuando se requiera iniciar un proceso de nombramiento de la

materia de que se trate. La ley respectiva determinará el procedimiento para cubrir las ausencias.

2. El Congreso integrará, mediante convocatoria pública abierta y por mayoría de dos tercios, estos consejos, los cuales se constituirán por once personalidades ciudadanas con fama pública de probidad, independencia y profesionales de la materia correspondiente; propuestas por organizaciones académicas, civiles, sociales, sin militancia partidista, ni haber participado como candidata o candidato a un proceso de elección popular, por lo menos cuatro años antes de su designación en ambos casos.

3. Estos consejos tendrán como atribuciones proponer, para la aprobación por mayoría calificada de las y los diputados del Congreso, a las personas que habrán de integrar los organismos autónomos.

4. Los consejos acordarán el método para la selección de la terna que contenga la propuesta de las personas titulares y consejeras de conformidad con lo previsto en las leyes orgánicas respectivas, atenderán preferentemente la recepción de candidaturas por los sectores que integran el consejo a fin de garantizar la trayectoria, experiencia y calidad moral de sus integrantes.

5. El procedimiento que dichos consejos ciudadanos establezcan, garantizará el apego a los principios de imparcialidad y transparencia, así como la idoneidad de las personas aspirantes a ocupar el cargo de que se trate. Todas las etapas de dicho procedimiento serán públicas y de consulta accesible para la ciudadanía.

6. Las personas titulares y consejeras de los organismos autónomos se abstendrán de participar, de manera directa o indirecta, en procesos de adquisiciones, licitaciones, contrataciones o cualquier actividad que incurra en conflicto de intereses con el organismo autónomo de que se trate.

7. Las leyes en la materia preverán los requisitos que deberán reunir las personas aspirantes, las garantías de igualdad de género en la integración de los organismos, así como la duración, causales de remoción y forma de escalonamiento en la renovación de las personas consejeras, atendiendo los criterios previstos en la Constitución Política de los Estados Unidos Mexicanos, esta Constitución y las leyes.

8. Recibida la terna de candidatos y candidatas a la Fiscalía General de Justicia de la Ciudad de México, a la que se refiere el artículo 37, numeral 3, inciso b) de esta Constitución, el Jefe o la Jefa de Gobierno enviará al Congreso, dentro de los 15 días naturales siguientes, la propuesta de designación de entre las personas consideradas en la terna. La propuesta deberá razonar el

cumplimiento de los requisitos objetivos y subjetivos, así como la idoneidad del candidato o candidata para desempeñar el cargo. El Congreso nombrará a la persona titular de la Fiscalía General de Justicia de la Ciudad de México por mayoría calificada de dos terceras partes de los miembros presentes en la sesión respectiva, previa comparecencia de la persona propuesta en los términos que fije la ley. En el supuesto de que el Congreso rechace la propuesta de la persona titular de la Jefatura de Gobierno, el Consejo Judicial Ciudadano formulará nueva terna. Este procedimiento se seguirá hasta en tanto se realice el nombramiento por parte del Congreso.

Artículo 47. Consejo de Evaluación de la Ciudad de México

1. La Ciudad de México contará con un organismo autónomo técnico colegiado, encargado de la evaluación de las políticas, programas y acciones que implementen los entes de la administración pública y las alcaldías. La ley determinará las atribuciones, funciones y composición de dicho órgano, así como la participación de las y los ciudadanos en los procesos de evaluación.

2. Se integrará por cinco consejeras o consejeros de entre los cuales se elegirá a la persona que lo presida.

3. El Consejo de Evaluación de la Ciudad de México, con base en la ley de la materia, determinará mediante acuerdos generales el número de comités encargados de evaluar respectivamente las políticas, programas y acciones en materia de desarrollo económico, desarrollo social, desarrollo urbano y rural, seguridad ciudadana y medio ambiente. Las recomendaciones que emitan los comités serán vinculantes para orientar el mejoramiento de las políticas, programas y acciones.

Artículo 48. Comisión de Derechos Humanos de la Ciudad de México

1. Es el organismo encargado de la protección, promoción y garantía de los derechos humanos que ampara el orden jurídico mexicano, esta Constitución y las leyes.

2. Conocerá de las quejas por violaciones a derechos humanos causadas por entes públicos locales.

3. La Comisión de Derechos Humanos contará con visitadurías especializadas que consideren las situaciones específicas, presentes y emergentes de los derechos humanos en la Ciudad.

4. Son atribuciones y obligaciones de la Comisión de Derechos Humanos:

a) Promover el respeto de los derechos humanos de toda persona;

b) Definir los supuestos en los que las violaciones a los derechos humanos se considerarán graves;

(REFORMADO, G.O. 27 DE NOVIEMBRE DE 2019)

c) Iniciar e investigar, de oficio o a petición de parte, cualquier hecho o queja conducente al esclarecimiento de presuntas violaciones a los derechos reconocidos por esta Constitución; y con base en ellas y la participación de las víctimas sugerir las medidas de reparación integral del daño para las víctimas de esas violaciones;

d) Formular recomendaciones públicas y dar seguimiento a las mismas, de conformidad con la Constitución Política de los Estados Unidos Mexicanos, esta Constitución y las leyes de la materia. Cuando las recomendaciones no sean aceptadas por las autoridades o las personas servidoras públicas, éstas deberán fundar, motivar y hacer pública su negativa;

e) (DEROGADO, G.O. 26 DE JULIO DE 2019).

f) Asistir, acompañar y asesorar a las víctimas de violaciones a derechos humanos ante las autoridades correspondientes en el ámbito de su competencia, a través de abogados, abogadas y otros profesionales;

g) Propiciar procesos de mediación y de justicia restaurativa en las comunidades para prevenir violaciones a derechos humanos;

h) Ejercer al máximo sus facultades de publicidad para dar a conocer la situación de los derechos humanos en la Ciudad, así como para divulgar el conocimiento de los derechos de las personas;

i) Interponer acciones de inconstitucionalidad por normas locales de carácter general que contravengan los derechos reconocidos por esta Constitución;

j) Elaborar y publicar informes, dictámenes, estudios y propuestas sobre políticas públicas en las materias de su competencia;

k) Establecer delegaciones en cada una de las demarcaciones territoriales para favorecer la proximidad de sus servicios, promover la educación en derechos humanos, propiciar acciones preventivas y dar seguimiento al cumplimiento de sus recomendaciones;

l) Rendir informes anuales ante el Congreso y la sociedad sobre sus actividades y gestiones, así como del seguimiento de sus recomendaciones; y

m) Las demás que determinen esta Constitución y la ley.

Artículo 49. Instituto de Transparencia, Acceso a la Información Pública y Protección de Datos Personales

1. Es el organismo garante de los derechos de acceso a la información pública y la protección de datos personales, y su titularidad estará a cargo de cinco personas comisionadas. En su funcionamiento se regirá por los principios de certeza, legalidad, independencia, imparcialidad, eficacia, objetividad, profesionalismo, transparencia y máxima publicidad.

2. Las comisionadas y comisionados deberán ser ciudadanos mexicanos con reconocido prestigio en los sectores público y social, así como en los ámbitos académico y profesional, con experiencia mínima de cinco años en las materias de derecho a la información y de protección de datos personales, y que no pertenezcan o militen en algún partido político o hayan sido candidatas o candidatos a ocupar un cargo de elección popular, durante los cuatro años anteriores al día de su designación. La o el presidente del Instituto será designado por las y los propios comisionados mediante voto secreto, por un periodo de tres años, sin posibilidad de reelección, ya sea sucesiva o alternada.

3. El pleno del Instituto será la instancia responsable de conocer y resolver los recursos de revisión interpuestos por los particulares en contra de las resoluciones tomadas por los sujetos obligados a la transparencia: Poderes Legislativo, Ejecutivo y Judicial de la Ciudad; organismos autónomos, partidos políticos, fideicomisos y fondos públicos, así como cualquier persona física, moral o sindicatos que reciban y ejerzan recursos públicos o realicen actos de autoridad en el ámbito de la Ciudad.

La interposición de estos recursos se hará en los términos que establezcan las leyes, así como las medidas de apremio y sanciones aplicables. Las resoluciones que tome el pleno del órgano garante serán vinculatorias, definitivas e inatacables para los sujetos obligados.

4. Toda autoridad y persona servidora pública estará obligada a coadyuvar con el órgano garante para el buen desempeño de sus funciones.

5. Cuando una mayoría de las personas comisionadas lo apruebe, el organismo garante podrá interponer acciones de inconstitucionalidad contra disposiciones normativas que vulneren los derechos de acceso a la información pública en la Ciudad de México.

6. El organismo podrá emitir recomendaciones y proponer reglas modelo a los diversos órganos del poder público en materia de tecnologías de gobierno y de sus posibles afectaciones a la privacidad de los particulares.

7. La falta de cumplimiento de las resoluciones del pleno del Instituto, será causa de responsabilidad administrativa para las personas servidoras públicas responsables. Para lo anterior, el Instituto promoverá las acciones que correspondan ante las autoridades competentes.

Artículo 50. Instituto Electoral de la Ciudad de México

1. La organización, desarrollo y vigilancia de los procesos electorales para las elecciones de Jefatura de Gobierno, diputaciones al Congreso y alcaldías de la Ciudad de México, así como de los procesos de participación ciudadana en la Ciudad, mediante los cuales se ejerce la ciudadanía, son funciones que se realizan a través del Instituto Electoral de la Ciudad de México. Asimismo, tendrá a su cargo el diseño e implementación de las estrategias, programas, materiales y demás acciones orientadas al fomento de la educación cívica y la construcción de ciudadanía.

2. Este Instituto contará con un órgano superior de dirección, integrado por una persona Consejera o Consejero Presidente y seis personas Consejeras Electorales, con derecho a voz y voto, designadas por el Consejo General del Instituto Nacional Electoral. Asimismo, se integrará con un Secretario Ejecutivo y representantes de los partidos políticos con registro nacional o local, quienes concurrirán a las sesiones sólo con derecho a voz. Participarán también como invitadas e invitados permanentes a las sesiones del Consejo, sólo con derecho a voz, una o un diputado de cada grupo parlamentario del Congreso de la Ciudad.

3. En el ejercicio de esta función, serán principios rectores la certeza, legalidad, independencia, imparcialidad, objetividad y máxima publicidad.

4. El Instituto Electoral de la Ciudad de México ejercerá las atribuciones que le confieren la Constitución Política de los Estados Unidos Mexicanos, esta Constitución y las leyes de la materia.

Artículo 51. Instituto de Defensoría Pública

1. El Instituto de Defensoría Pública tiene como finalidad la asistencia profesional de abogadas y abogados públicos que presten servicios gratuitos de defensa de las personas justiciables, con el objeto de regular la prestación del servicio de defensoría pública en asuntos del fuero local, garantizar el derecho a la defensa en materia penal y el patrocinio legal durante la ejecución penal; el acceso a la justicia mediante la orientación, asesoría y representación jurídica en las materias familiar, administrativa, fiscal, mercantil y civil.

2. Este servicio se prestará bajo los principios de probidad, honradez y profesionalismo, y de manera obligatoria en los términos que establezcan las leyes.

3. El Instituto será un organismo constitucional autónomo especializado e imparcial; tiene personalidad jurídica y patrimonio propio. Contará con autonomía técnica y de gestión; plena independencia funcional y financiera; capacidad para decidir sobre el ejercicio de su presupuesto y para determinar su organización interna, de conformidad con lo previsto en la ley.

4. El Instituto velará en todo momento por que se cuente con los recursos necesarios para cumplir su función, así como por la capacitación permanente de las y los defensores. Para tales efectos, establecerá un servicio civil de carrera para las y los defensores públicos, cuyo salario no podrá ser inferior al que corresponda a las y los agentes del Ministerio Público.

5. La persona titular del Instituto será electa cada cuatro años por un Consejo Ciudadano mediante concurso público de conformidad con el procedimiento establecido en esta Constitución. La ley establecerá la estructura y organización del Instituto, mismo que tendrá entre sus atribuciones, las siguientes:

a) Representar a las personas justiciables ante toda clase de procedimientos y dar seguimiento a las quejas contra las y los integrantes del Poder Judicial local;

b) Interponer denuncias ante las autoridades respectivas por la violación de derechos humanos;

c) Propiciar procesos de mediación y de justicia restaurativa en las comunidades para prevenir violaciones a derechos humanos;

d) Solicitar medidas provisionales al Poder Judicial local en caso de violaciones graves y urgentes de derechos humanos, y cuando sean necesarias para evitar daños irreparables de las personas; y

e) Las demás que establezca la ley.

CAPÍTULO VI
DE LAS DEMARCACIONES TERRITORIALES Y SUS ALCALDÍAS

Artículo 52. Demarcaciones territoriales

1. Las demarcaciones territoriales son la base de la división territorial y de la organización político administrativa de la Ciudad de México. Serán autónomas en su gobierno interior, el cual estará a cargo de un órgano político administrativo denominado alcaldía.

2. Las demarcaciones se conforman por habitantes, territorio y autoridades políticas democráticamente electas. Son el orden de gobierno más próximo a la población de la Ciudad y sus instituciones se fundamentan en un régimen democrático, representativo, de participación ciudadana, así como en los preceptos del buen gobierno.

3. Las demarcaciones de la Ciudad de México, su denominación y límites territoriales serán los que señale la ley en la materia, considerando los siguientes elementos:

I. Población;

II. Configuración geográfica;

III. Identidades culturales de las y los habitantes;

IV. Reconocimiento a los pueblos y barrios originarios y comunidades indígenas residentes;

V. Factores históricos;

VI. Infraestructura y equipamiento urbano;

VII. Número y extensión de colonias, barrios, pueblos o unidades habitacionales;

VIII. Directrices de conformación o reclasificación de asentamientos humanos con categoría de colonias;

IX. Previsión de los redimensionamientos estructurales y funcionales, incluyendo áreas forestales y reservas hídricas; y

X. Presupuesto de egresos y previsiones de ingresos de la entidad.

4. La Ciudad de México está integrada por las siguientes demarcaciones territoriales: Álvaro Obregón, Azcapotzalco, Benito Juárez, Coyoacán, Cuajimalpa de Morelos, Cuauhtémoc, Gustavo

A. Madero, Iztacalco, Iztapalapa, Magdalena Contreras, Miguel Hidalgo, Milpa Alta, Tláhuac, Tlalpan, Venustiano Carranza y Xochimilco.

Las demarcaciones territoriales podrán ser modificadas en los términos establecidos en esta Constitución, sin que puedan ser menos en cantidad a las establecidas al momento de su entrada en vigor.

5. La modificación en el número, denominación y límites de las demarcaciones territoriales, tendrá por objeto:

I. Alcanzar un equilibrio demográfico, respetando la identidad histórica de sus colonias y pueblos y barrios originarios, existentes entre las demarcaciones territoriales;

II. El equilibrio en el desarrollo urbano, rural, ecológico, social, económico y cultural de la ciudad;

III. La integración territorial y la cohesión social;

IV. La mayor oportunidad, eficacia y cobertura de los servicios públicos y los actos de gobierno;

V. El incremento de la eficacia gubernativa;

VI. La mayor participación social; y

VII. Otros elementos que convengan a los intereses de la población.

6. Cualquier modificación en el número, denominación y límites de las demarcaciones territoriales deberá ser presentada ante el Congreso de la Ciudad de México a propuesta de:

I. La persona titular de la Jefatura de Gobierno de la Ciudad de México;

II. De un tercio de las y los diputados que integran el Congreso de la Ciudad de México;

III. De la alcaldía o alcaldías, cuyas demarcaciones territoriales resulten sujetas a análisis para su modificación; o

IV. Una iniciativa ciudadana.

En todos los casos, deberá ser aprobada por las dos terceras partes del Congreso de la Ciudad de México. Las propuestas deberán incluir el estudio que satisfaga los criterios de extensión y delimitación establecidos en el numeral 3.

En el supuesto de que la propuesta no sea presentada por la o las alcaldías sujetas a análisis para su modificación, éstas deberán expresar su opinión en torno a la creación, modificación o supresión de demarcaciones en un plazo no mayor a sesenta días naturales, contados a partir del día siguiente de su notificación.

El Congreso de la Ciudad de México deberá consultar a las personas que habitan la o las demarcaciones territoriales sujetas a análisis para su modificación, en los términos que establezca la ley.

El Congreso de la Ciudad de México establecerá el procedimiento y fecha de creación e inicio de funciones de la nueva demarcación, así como la forma de integración de sus autoridades y asignación presupuestal, lo cual no incidirá ni tendrá efectos para el proceso electoral inmediato posterior a su creación.

Las diferencias que se susciten sobre los límites y extensión de las demarcaciones territoriales serán resueltas por el Congreso de la Ciudad de México.

Artículo 53. Alcaldías

A. De la integración, organización y facultades de las alcaldías

1. Las alcaldías son órganos político administrativos que se integran por un alcalde o alcaldesa y un concejo, electos por votación universal, libre, secreta y directa para un periodo de tres años.

Estarán dotadas de personalidad jurídica y autonomía con respecto a su administración y al ejercicio de su presupuesto, exceptuando las relaciones laborales de las personas trabajadoras al servicio de las alcaldías y la Ciudad.

Las alcaldías son parte de la administración pública de la Ciudad de México y un nivel de gobierno, en los términos de las competencias constitucionales y legales correspondientes. No existirán autoridades intermedias entre la o el Jefe de Gobierno y las alcaldías.

2. Son finalidades de las alcaldías:

I. Ser representantes de los intereses de la población en su ámbito territorial;

II. Promover una relación de proximidad y cercanía del gobierno con la población;

III. Promover la convivencia, la economía, la seguridad y el desarrollo de la comunidad que habita en la demarcación;

IV. Facilitar la participación ciudadana en el proceso de toma de decisiones y en el control de los asuntos públicos;

V. Garantizar la igualdad sustantiva y la paridad entre mujeres y hombres en los altos mandos de la alcaldía;

VI. Impulsar en las políticas públicas y los programas, la transversalidad de género para erradicar la desigualdad, discriminación y violencia contra las mujeres;

VII. Propiciar la democracia directa y consolidar la cultura democrática participativa;

VIII. Promover la participación efectiva de niñas, niños y personas jóvenes, así como de las personas con discapacidad y las personas mayores en la vida social, política y cultural de las demarcaciones;

IX. Promover la participación de los pueblos y barrios originarios y comunidades indígenas residentes en los asuntos públicos de la demarcación territorial;

X. Garantizar la gobernabilidad, la seguridad ciudadana, la planeación, la convivencia y la civilidad en el ámbito local;

XI. Garantizar la equidad, eficacia y transparencia de los programas y acciones de gobierno;

XII. Mejorar el acceso y calidad de los servicios públicos;

XIII. Implementar medidas para que progresivamente se erradiquen las desigualdades y la pobreza y se promueva el desarrollo sustentable, que permita alcanzar una justa distribución de la riqueza y el ingreso, en los términos previstos en esta Constitución;

XIV. Preservar el patrimonio, las culturas, identidades, festividades y la representación democrática de los pueblos, comunidades, barrios y colonias asentadas en las demarcaciones; así como el respeto y promoción de los derechos de los pueblos y barrios originarios y de las comunidades indígenas residentes en la demarcación territorial.

Tratándose de la representación democrática, las alcaldías reconocerán a las autoridades y representantes tradicionales elegidos en los pueblos y barrios originarios y comunidades indígenas residentes, de conformidad con sus sistemas normativos y se garantizará su independencia y legitimidad, de acuerdo con esta Constitución y la legislación en la materia;

XV. Conservar, en coordinación con las autoridades competentes, las zonas patrimonio de la humanidad mediante acciones de gobierno, desarrollo económico, cultural, social, urbano y rural, conforme a las disposiciones que se establezcan;

XVI. Garantizar el acceso de la población a los espacios públicos y a la infraestructura social, deportiva, recreativa y cultural dentro de su territorio, los cuales no podrán enajenarse ni concesionarse de forma alguna;

XVII. Promover la creación, ampliación, cuidado, mejoramiento, uso, goce, recuperación, mantenimiento y defensa del espacio público;

XVIII. Proteger y ampliar el patrimonio ecológico;

XIX. Promover el interés general de la Ciudad y asegurar el desarrollo sustentable;

XX. Establecer instrumentos de cooperación local con las alcaldías y los municipios de las entidades federativas. Además, coordinarán con el Gobierno de la Ciudad de México y Gobierno Federal, la formulación de mecanismos de cooperación internacional y regional con entidades gubernamentales equivalentes de otras naciones y organismos internacionales; y

XXI. Las demás que no estén reservadas a otra autoridad de la Ciudad y las que determinen diversas disposiciones legales.

3. Las personas integrantes de la alcaldía se elegirán por planillas de entre siete y diez candidatos, según corresponda, ordenadas en forma progresiva, iniciando con la persona candidata a alcalde o alcaldesa y después con las y los concejales y sus respectivos suplentes, donde cada uno representará una

circunscripción dentro de la demarcación territorial. Las fórmulas estarán integradas por personas del mismo género, de manera alternada, y deberán incluir personas jóvenes con edad entre los 18 y 29 años de edad, de conformidad con la ley de la materia.

La ley en la materia establecerá las bases y procedimientos para garantizar su cumplimiento.

En ningún caso el número de las y los concejales podrá ser menor de diez ni mayor de quince, ni se otorgará registro a una planilla en la que algún ciudadano aspire a ocupar dos cargos de elección popular dentro de la misma.

4. Las y los integrantes de los concejos serán electos según los principios de mayoría relativa y de representación proporcional, en la proporción de sesenta por ciento por el primer principio y cuarenta por ciento por el segundo. Ningún partido político o coalición electoral podrá contar con más del sesenta por ciento de las y los concejales.

5. El número de concejales de representación proporcional que se asigne a cada partido, así como a las candidaturas independientes, se determinará en función del porcentaje de votos efectivos obtenidos mediante la aplicación de la fórmula de cociente y resto mayor, bajo el sistema de listas cerradas por demarcación territorial. En todo caso la asignación se hará siguiendo el orden que tuvieron las candidaturas en la planilla correspondiente, respetando en la prelación de la lista el principio de paridad de género.

La ley de la materia definirá lo no previsto por esta Constitución en materia electoral.

6. Las alcaldesas y los alcaldes y concejales podrán ser electos consecutivamente para el mismo cargo, hasta por un periodo adicional. La postulación sólo podrá ser realizada por el mismo partido o por cualquiera de los partidos integrantes de la coalición que les hubieren postulado, salvo que hayan renunciado o perdido su militancia antes de la mitad de su mandato.

7. Las alcaldesas, alcaldes y concejales no podrán ser electos para el periodo inmediato posterior en una alcaldía distinta a aquella en la que desempeñaron el cargo.

8. La determinación de la ausencia temporal o definitiva, así como la solicitud de licencia temporal o definitiva de las y los titulares de las alcaldías se establecerán en la ley.

9. En los supuestos en que alguna o alguno de los concejales titulares, dejare de desempeñar su cargo por un periodo mayor a sesenta días naturales, será sustituido por su suplente, en los términos establecidos por la ley.

En los casos en que la o el suplente no asuma el cargo, la vacante será cubierta por la o el concejal de la fórmula siguiente registrada en la planilla.

La o el concejal propietario podrá asumir nuevamente sus funciones en el momento que haya cesado el motivo de su suplencia, siempre y cuando no exista impedimento legal alguno.

10. Las alcaldías reúnen la voluntad colectiva y la diversidad política y social de las demarcaciones y se integrarán a partir de las siguientes bases:

I. En las demarcaciones con hasta 300 mil habitantes, las alcaldías se integrarán por la persona titular de la misma y diez Concejales;

II. En las demarcaciones con más de 300 mil habitantes y hasta 500 mil, las alcaldías se integrarán por la persona titular de la misma y doce Concejales;

III. En las demarcaciones con más de 500 mil habitantes, las alcaldías se integrarán por la persona titular de la misma y quince Concejales.

11. Las alcaldesas, alcaldes, concejales e integrantes de la administración pública de las alcaldías se sujetarán a los principios de buena administración, buen gobierno, y gobierno abierto con plena accesibilidad basado en la honestidad, transparencia, rendición de cuentas, integridad pública, atención y participación ciudadana y sustentabilidad. Para ello adoptarán instrumentos de gobierno electrónico y abierto, innovación social y modernización, en los términos que señalan esta Constitución y las leyes.

12. Las alcaldías tendrán competencia, dentro de sus respectivas jurisdicciones, en las siguientes materias:

I. Gobierno y régimen interior;

II. Obra pública y desarrollo urbano;

III. Servicios públicos;

IV. Movilidad;

V. Vía pública;

VI. Espacio público;

VII. Seguridad ciudadana;

VIII. Desarrollo económico y social;

IX. Educación, cultura y deporte;

X. Protección al medio ambiente;

XI. Asuntos jurídicos;

XII. Rendición de cuentas y participación social;

XIII. Reglamentos, circulares y disposiciones administrativas de observancia general;

XIV. Alcaldía digital; y

XV. Las demás que señalen las leyes.

El ejercicio de tales competencias se realizará siempre de conformidad con las leyes y demás disposiciones normativas aplicables en cada materia y respetando las asignaciones presupuestales.

13. Las alcaldías y el Gobierno de la Ciudad establecerán, conforme a los principios de subsidiariedad y proximidad, convenios de coordinación, desconcentración y descentralización administrativas necesarios para el mejor cumplimiento de sus funciones.

14. Las alcaldías podrán asociarse entre sí y con municipios vecinos de otras entidades federativas para el mejor cumplimiento de sus funciones. La asociación deberá plasmarse en convenios donde se establecerán las obligaciones y recursos humanos, materiales y financieros que corresponderá a cada una de ellas, así como las metas y objetivos precisos que se deberán cumplir en los términos y casos que establezca la ley.

B. De las personas titulares de las alcaldías

1. La administración pública de las alcaldías corresponde a los alcaldes y alcaldesas.

2. Para ser alcalde o alcaldesa se requiere:

I. Tener la ciudadanía mexicana en el ejercicio de sus derechos;

II. Tener por lo menos veinticinco años al día de la elección;

III. Tener residencia efectiva en la demarcación territorial correspondiente a su candidatura, por lo menos de seis meses ininterrumpidos inmediatamente anteriores al día de la elección;

IV. No ser legislador o legisladora en el Congreso de la Unión o en el Congreso de la Ciudad; juez, magistrada o magistrado, consejera o consejero de la Judicatura del Poder Judicial; no ejercer un mando medio o superior en la administración pública federal, local o de las alcaldías; militar o miembro de las fuerzas de seguridad ciudadana de la Ciudad, a menos que se separen de sus respectivos cargos por lo menos 60 días antes de la elección; y

V. No ocupar el cargo de ministra o ministro de algún culto religioso, a no ser que hubiere dejado de serlo con cinco años de anticipación y en la forma que establezca la ley.

3. Las personas titulares de las alcaldías tendrán las siguientes atribuciones:

a) De manera exclusiva:

GOBIERNO Y RÉGIMEN INTERIOR

I. Dirigir la administración pública de la alcaldía;

II. Someter a la aprobación del concejo, propuestas de disposiciones generales con el carácter de bando, únicamente sobre materias que sean de su competencia exclusiva;

III. Velar por el cumplimiento de las leyes, reglamentos, decretos, acuerdos, circulares y demás disposiciones jurídicas y administrativas, e imponer las sanciones que corresponda, excepto las de carácter fiscal;

IV. Presentar iniciativas ante el Congreso de la Ciudad de México;

V. Formular el proyecto de presupuesto de la demarcación territorial y someterlo a la aprobación del concejo;

VI. Participar en todas las sesiones del concejo, con voz y voto con excepción de aquellas que establezca la ley de la materia;

VII. Proponer, formular y ejecutar los mecanismos de simplificación administrativa, gobierno electrónico y políticas de datos abiertos que permitan atender de manera efectiva las demandas de la ciudadanía;

VIII. Establecer la estructura organizacional de la alcaldía, conforme a las disposiciones aplicables;

IX. Expedir un certificado de residencia de la demarcación para aquellos que cumplan con los requisitos señalados por el artículo 22 de esta Constitución;

X. Planear, programar, organizar, dirigir, controlar y evaluar el funcionamiento de las unidades administrativas adscritas a ellas;

XI. Administrar con autonomía los recursos materiales y los bienes muebles e inmuebles de la Ciudad de México asignados a la alcaldía, sujetándose a los mecanismos de rendición de cuentas establecidos en esta Constitución;

XII. Establecer la Unidad de Género como parte de la estructura de la alcaldía;

XIII. Designar a las personas servidoras públicas de la alcaldía, sujetándose a las disposiciones del servicio profesional de carrera. En todo caso, los funcionarios de confianza, mandos medios y superiores, serán designados y removidos libremente por el alcalde o alcaldesa;

XIV. Verificar que, de manera progresiva, la asignación de cargos correspondientes a la administración pública de la alcaldía, responda a criterios de igualdad de género;

XV. Legalizar las firmas de sus subalternos, y certificar y expedir copias y constancias de los documentos que obren en los archivos de la demarcación territorial;

OBRA PÚBLICA, DESARROLLO URBANO Y SERVICIOS PÚBLICOS

XVI. Supervisar y revocar permisos sobre aquellos bienes otorgados a su cargo con esas facultades;

XVII. Registrar las manifestaciones de obra y expedir las autorizaciones, permisos, licencias de construcción de demoliciones, instalaciones aéreas o subterráneas en vía pública, edificaciones en suelo de conservación, estaciones repetidoras de comunicación celular o inalámbrica y demás, correspondientes a su demarcación territorial, conforme a la normativa aplicable;

XVIII. Otorgar licencias de fusión, subdivisión, relotificación, de conjunto y de condominios; así como autorizar los números oficiales y alineamientos, con apego a la normatividad correspondiente;

XIX. Prestar los siguientes servicios públicos: alumbrado público en las vialidades; limpia y recolección de basura; poda de árboles; regulación de mercados; y pavimentación, de conformidad con la normatividad aplicable;

XX. Autorizar los horarios para el acceso a las diversiones y espectáculos públicos, vigilar su desarrollo y, en general, el cumplimiento de disposiciones jurídicas aplicables;

XXI. Autorizar la ubicación, el funcionamiento y las tarifas que se aplicarán para los estacionamientos públicos de la demarcación territorial;

XXII. Vigilar y verificar administrativamente el cumplimiento de las disposiciones, así como aplicar las sanciones que correspondan en materia de establecimientos mercantiles, estacionamientos públicos, construcciones, edificaciones, mercados públicos, protección civil, protección ecológica, anuncios, uso de suelo, cementerios, servicios funerarios, servicios de alojamiento, protección de no fumadores, y desarrollo urbano;

XXIII. Elaborar, digitalizar y mantener actualizado el padrón de los giros mercantiles que funcionen en su jurisdicción y otorgar los permisos, licencias y autorizaciones de funcionamiento de los giros y avisos, con sujeción a las leyes y reglamentos aplicables;

MOVILIDAD, VÍA PÚBLICA Y ESPACIOS PÚBLICOS

XXIV. Diseñar e instrumentar acciones, programas y obras que garanticen la accesibilidad y el diseño universal;

XXV. Diseñar e instrumentar medidas que contribuyan a la movilidad peatonal sin riesgo, así como al fomento y protección del transporte no motorizado;

XXVI. Garantizar que la utilización de la vía pública y espacios públicos por eventos y acciones gubernamentales que afecten su destino y naturaleza, sea mínima;

XXVII. Otorgar permisos para el uso de la vía pública, sin que se afecte su naturaleza y destino, en los términos de las disposiciones jurídicas aplicables;

XXVIII. Otorgar autorizaciones para la instalación de anuncios en vía pública, construcciones y edificaciones en los términos de las disposiciones jurídicas aplicables;

XXIX. Construir, rehabilitar y mantener los espacios públicos que se encuentren a su cargo, de conformidad con la normatividad aplicable;

XXX. Construir, rehabilitar y mantener las vialidades, así como las guarniciones y banquetas requeridas en su demarcación, con base en los principios de diseño universal y accesibilidad;

XXXI. Administrar los centros sociales, instalaciones recreativas, de capacitación para el trabajo y centros deportivos, cuya administración no corresponda a otro orden de gobierno;

XXXII. Para el rescate del espacio público se podrán ejecutar programas a través de mecanismos de autogestión y participación ciudadana, sujetándose a lo dispuesto en la normatividad aplicable;

XXXIII. Ordenar y ejecutar las medidas administrativas encaminadas a mantener o recuperar la posesión de bienes del dominio público que detenten particulares, pudiendo ordenar el retiro de obstáculos que impidan su adecuado uso;

DESARROLLO ECONÓMICO Y SOCIAL

XXXIV. Ejecutar en su demarcación territorial programas de desarrollo social, tomando en consideración la participación ciudadana, así como políticas y lineamientos que emita el Gobierno de la Ciudad de México;

XXXV. Diseñar e instrumentar políticas públicas y proyectos comunitarios encaminados a promover el progreso económico, el desarrollo de las personas, la generación de empleo y el desarrollo turístico sustentable y accesible dentro de la demarcación territorial;

XXXVI. Instrumentar políticas y programas de manera permanente dirigidas a la promoción y fortalecimiento del deporte;

XXXVII. Diseñar e instrumentar políticas y acciones sociales, encaminadas a la promoción de la cultura, la inclusión, la convivencia social y la igualdad sustantiva; así como desarrollar estrategias de mejoramiento urbano y territorial, dirigidas a la juventud y los diversos sectores sociales, con el propósito de avanzar en la reconstrucción del tejido social, el bienestar y el ejercicio pleno de los derechos sociales.

Lo anterior se regirá bajo los principios de transparencia, objetividad, universalidad, integralidad, igualdad, territorialidad, efectividad, participación y no discriminación. Por ningún motivo serán utilizadas para fines de promoción personal o política de las personas servidoras públicas, ni para influir de manera indebida en los procesos electorales o mecanismos de participación ciudadana. La ley de la materia establecerá la prohibición de crear nuevos programas sociales en año electoral;

XXXVIII. Prestar en forma gratuita, servicios funerarios cuando se trate de personas en situación de calle, y no hubiera quien reclame el cadáver, o sus deudos carezcan de recursos económicos;

EDUCACIÓN Y CULTURA

XXXIX. Diseñar e instrumentar políticas públicas que promuevan la educación, la ciencia, la innovación tecnológica, el conocimiento y la cultura dentro de la demarcación;

XL. Desarrollar, de manera permanente, programas dirigidos al fortalecimiento de la cultura cívica, la democracia participativa, y los derechos humanos en la demarcación territorial;

ASUNTOS JURÍDICOS

XLI. Prestar asesoría jurídica gratuita en materia civil, penal, administrativa y del trabajo, con ajustes razonables si se requiere, en beneficio de los habitantes de la respectiva demarcación territorial;

XLII. Presentar quejas por infracciones cívicas y dar seguimiento al procedimiento hasta la ejecución de la sanción;

XLIII. Realizar acciones de conciliación en conflictos vecinales que permitan a las y los ciudadanos dirimir sus conflictos de manera pacífica y la promoción de medios alternos de solución de controversias;

RENDICIÓN DE CUENTAS

XLIV. Cumplir con sus obligaciones en materia de transparencia y acceso a la información, de conformidad con la ley aplicable;

XLV. Participar en el sistema local contra la corrupción y establecer una estrategia anual en la materia con indicadores públicos de evaluación y mecanismos de participación ciudadana, así como implementar controles institucionales para prevenir actos de corrupción; mecanismos de seguimiento, evaluación y observación pública de las licitaciones, contrataciones y concesiones que realicen; y adopción de tabuladores de precios máximos, sujetándose a lo dispuesto en las leyes generales de la materia; y

SEGURIDAD CIUDADANA Y PROTECCIÓN CIVIL

XLVI. Recibir, evaluar y en su caso, aprobar los programas internos y especiales de protección civil en los términos de las disposiciones jurídicas aplicables.

b) En forma coordinada con el Gobierno de la Ciudad de México u otras autoridades:

GOBIERNO Y RÉGIMEN INTERIOR

I. Elaborar los proyectos de Presupuesto de Egresos de la demarcación y de calendario de ministraciones y someterlos a la aprobación del concejo;

OBRA PÚBLICA, DESARROLLO URBANO Y SERVICIOS PÚBLICOS

II. Construir, rehabilitar y mantener puentes, pasos peatonales y reductores de velocidad en las vialidades primarias y secundarias de su demarcación, con base en los lineamientos que determinen las dependencias centrales;

III. Vigilar y verificar administrativamente el cumplimiento de las disposiciones, así como aplicar las sanciones que correspondan en materia de medio ambiente, mobiliario urbano, desarrollo urbano y turismo;

IV. Dar mantenimiento a los monumentos, plazas públicas y obras de ornato, propiedad de la Ciudad de México, así como participar en el mantenimiento de aquéllos de propiedad federal que se encuentren dentro de su demarcación territorial, sujeto a la autorización de las autoridades competentes, y respetando las leyes, los acuerdos y convenios que les competan;

V. Rehabilitar y mantener escuelas, así como construir, rehabilitar y mantener bibliotecas, museos y demás centros de servicio social, cultural y deportivo a su cargo, de conformidad con la normatividad correspondiente;

VI. Construir, rehabilitar, mantener y, en su caso, administrar y mantener en buen estado los mercados públicos, de conformidad con la normatividad que al efecto expida el Congreso de la Ciudad de México;

VII. Proponer y ejecutar las obras tendientes a la regeneración de barrios y, en su caso, promover su incorporación al patrimonio cultural, en coordinación con las autoridades competentes;

VIII. Ejecutar dentro de su demarcación territorial los programas de obras públicas para el abastecimiento de agua potable y servicio de drenaje y alcantarillado y las demás obras y equipamiento urbano en coordinación con el organismo público encargado del abasto de agua y saneamiento de la Ciudad de México; así como realizar las acciones necesarias para procurar el abastecimiento y suministro de agua potable en la demarcación;

IX. Prestar el servicio de tratamiento de residuos sólidos en la demarcación territorial;

X. Formular y presentar ante el Gobierno de la Ciudad de México las propuestas de programas de ordenamiento territorial de la demarcación, con base en el procedimiento que establece esta Constitución y la ley en la materia;

XI. Intervenir en coordinación con la autoridad competente, en el otorgamiento de certificaciones de uso de suelo, en los términos de las disposiciones aplicables;

XII. Promover la consulta ciudadana y la participación social bajo el principio de planeación participativa en los programas de ordenamiento territorial;

XIII. Colaborar en la evaluación de los proyectos que requiere el Estudio de Impacto Urbano, con base en los mecanismos previstos en la ley de la materia cuyo resultado tendrá carácter vinculante;

DESARROLLO ECONÓMICO Y SOCIAL

XIV. Presentar a las instancias gubernamentales competentes, los programas de vivienda que beneficien a la población de su demarcación territorial, así como realizar su promoción y gestión;

XV. Realizar campañas de salud pública, en coordinación con las autoridades federales y locales que correspondan;

XVI. Coordinar con otras dependencias oficiales, instituciones públicas o privadas y con los particulares, la prestación de los servicios médicos asistenciales;

XVII. Establecer y ejecutar en coordinación con el Gobierno de la Ciudad de México las acciones que permitan coadyuvar a la modernización de las micro, pequeñas y medianas empresas de la demarcación territorial;

XVIII. Elaborar, promover, fomentar y ejecutar los proyectos productivos que, en el ámbito de su jurisdicción, protejan e incentiven el empleo, de acuerdo a los programas, lineamientos y políticas que en materia de fomento, desarrollo e inversión económica, emitan las dependencias correspondientes;

XIX. Formular y ejecutar programas de apoyo a la participación de las mujeres en los diversos ámbitos del desarrollo, pudiendo coordinarse con otras instituciones públicas o privadas, para la implementación de los mismos. Estos programas deberán ser formulados observando las políticas generales que al efecto determine el Gobierno de la Ciudad de México;

EDUCACIÓN Y CULTURA

XX. Efectuar ceremonias cívicas para conmemorar acontecimientos históricos de carácter nacional o local, y organizar actos culturales, artísticos y sociales;

PROTECCIÓN AL MEDIO AMBIENTE

XXI. Participar en la creación y administración de sus reservas territoriales;

XXII. Implementar acciones de protección, preservación y restauración del equilibrio ecológico que garanticen la conservación, integridad y mejora de los recursos naturales, suelo de conservación, áreas naturales protegidas, parques urbanos y áreas verdes de la demarcación territorial;

XXIII. Diseñar e implementar, en coordinación con el Gobierno de la Ciudad de México, acciones que promuevan la innovación científica y tecnológica en materia de preservación y mejoramiento del medio ambiente;

XXIV. Vigilar, en coordinación con el Gobierno de la Ciudad de México, que no sean ocupadas de manera ilegal las áreas naturales protegidas y el suelo de conservación;

XXV. Promover la educación y participación comunitaria, social y privada para la preservación y restauración de los recursos naturales y la protección al ambiente;

ASUNTOS JURÍDICOS

XXVI. Administrar los Juzgados Cívicos y de Registro Civil;

XXVII. Solicitar a la Jefatura de Gobierno de la Ciudad de México, por considerarlo causa de utilidad pública, la expropiación o la ocupación total o parcial de bienes de propiedad privada, en los términos de las disposiciones jurídicas aplicables;

XXVIII. Coordinar con los organismos competentes las acciones que les soliciten para el proceso de regularización de la tenencia de la tierra;

XXIX. Proporcionar los servicios de filiación para identificar a los habitantes de la demarcación territorial y expedir certificados de residencia a persona (sic) que tengan su domicilio dentro de los límites de la demarcación territorial;

XXX. Coordinar acciones con el Gobierno de la Ciudad de México para aplicar las políticas demográficas que fijen la Secretaría de Gobernación; y

XXXI. Intervenir en las juntas de reclutamiento del Servicio Militar Nacional;

ALCALDÍA DIGITAL

XXXII. Participar con la Jefatura de Gobierno en el diseño y despliegue de una agenda digital incluyente para la Ciudad de México;

XXXIII. Contribuir con la infraestructura de comunicaciones, cómputo y dispositivos para el acceso a internet gratuito en espacios públicos; y

XXXIV. Ofrecer servicios y trámites digitales a la ciudadanía.

c) En forma subordinada con el Gobierno de la Ciudad de México:

GOBIERNO Y RÉGIMEN INTERIOR

I. Participar en la elaboración, planeación y ejecución de los programas del Gobierno de la Ciudad de México, que tengan impacto en la demarcación territorial;

II. Participar en la instancia de coordinación metropolitana, de manera particular aquellas demarcaciones territoriales que colindan con los municipios conurbados de la Zona Metropolitana del Valle de México;

MOVILIDAD, VÍA PÚBLICA Y ESPACIOS PÚBLICOS

III. Proponer a la Jefatura de Gobierno de la Ciudad de México la aplicación de las medidas para mejorar la vialidad, circulación y seguridad de vehículos y peatones;

SEGURIDAD CIUDADANA Y PROTECCIÓN CIVIL

IV. Ejecutar las políticas de seguridad ciudadana en la demarcación territorial, de conformidad con la ley de la materia;

V. En materia de seguridad ciudadana podrá realizar funciones de proximidad vecinal y vigilancia;

VI. Podrá disponer de la fuerza pública básica en tareas de vigilancia. Para tal efecto, el Gobierno de la Ciudad de México siempre atenderá las solicitudes de las alcaldías con pleno respeto a los derechos humanos;

VII. Proponer y opinar previamente ante la Jefatura de Gobierno de la Ciudad de México, respecto de la designación, desempeño y/o remoción de los mandos policiales que correspondan a la demarcación territorial;

VIII. Ejercer funciones de supervisión de los mandos de la policía preventiva, dentro de su demarcación territorial, de conformidad a lo dispuesto en la normatividad aplicable;

IX. Presentar ante la dependencia competente, los informes o quejas sobre la actuación y comportamiento de las y los miembros de los cuerpos de seguridad, respecto de actos que presuntamente contravengan las disposiciones, para su remoción conforme a los procedimientos legalmente establecidos;

[N. DE E. VÉASE G.O. DE 5 DE FEBRERO DE 2017, PÁGINA 93.]

X. Establecer y organizar un comité de seguridad ciudadana como instancia colegiada da (sic) de consulta y participación ciudadana, en los términos de las disposiciones jurídicas aplicables;

XI. Elaborar el atlas de riesgo y el programa de protección civil de la demarcación territorial, y ejecutarlo de manera coordinada con el órgano público garante de la gestión integral de riesgos, de conformidad con la normatividad aplicable;

XII. Coadyuvar con el organismo público garante de la gestión integral de riesgos de la Ciudad de México, para la prevención y extinción de incendios y otros siniestros que pongan en peligro la vida y el patrimonio de los habitantes; y

XIII. Solicitar, en su caso, a la Jefatura de Gobierno de la Ciudad de México, la emisión de la declaratoria de emergencia o la declaratoria de desastre en los términos de la ley.

C. De los Concejos

1. Los concejos son los órganos colegiados electos en cada demarcación territorial, que tienen como funciones la supervisión y evaluación de las acciones de gobierno, el control del ejercicio del gasto público y la aprobación del Proyecto de Presupuesto de Egresos correspondiente a las demarcaciones territoriales, en los términos que señalen las leyes.

Su actuación se sujetará en todo momento a los principios de transparencia, rendición de cuentas, accesibilidad, difusión, y participación ciudadana. El concejo presentará un informe anual de sus actividades que podrá ser difundido y publicado para conocimiento de las y los ciudadanos.

Serán presididos por la persona titular de la alcaldía, y en ningún caso ejercerán funciones de gobierno y de administración pública.

2. Los requisitos para ser concejal serán los mismos que para las personas titulares de las alcaldías, con excepción de la edad que será de 18 años.

3. Son atribuciones del concejo, como órgano colegiado:

I. Discutir, y en su caso aprobar, con el carácter de bandos, las propuestas que sobre disposiciones generales presente la persona titular de la alcaldía;

II. Aprobar, sujeto a las previsiones de ingresos de la hacienda pública de la Ciudad de México, el Proyecto de Presupuesto de Egresos de sus demarcaciones que enviarán al Ejecutivo local para su integración al proyecto de presupuesto de la Ciudad de México para ser remitido al Congreso de la Ciudad;

III. Aprobar el programa de gobierno de la alcaldía, así como los programas específicos de la demarcación territorial;

IV. Emitir opinión respecto a los cambios de uso de suelo y construcciones dentro de la demarcación territorial;

V. Revisar el informe anual de la alcaldía, así como los informes parciales sobre el ejercicio del gasto público y de gobierno, en los términos establecidos por las leyes de la materia;

VI. Opinar sobre la concesión de servicios públicos que tengan efectos sobre la demarcación territorial y sobre los convenios que se suscriban entre la alcaldía; la Ciudad de México, la Federación, los estados o municipios limítrofes;

VII. Emitir su reglamento interno;

VIII. Nombrar comisiones de seguimiento vinculadas con la supervisión y evaluación de las acciones de gobierno y el control del ejercicio del gasto público, garantizando que en su integración se respete el principio de paridad entre los géneros;

IX. Convocar a la persona titular de la alcaldía y a las personas directivas de la administración para que concurran a rendir informes ante el pleno o comisiones, en los términos que establezca su reglamento;

X. Solicitar la revisión de otorgamiento de licencias y permisos en la demarcación territorial;

XI. Convocar a las autoridades de los pueblos y barrios originarios y comunidades indígenas residentes en la demarcación territorial, quienes podrán participar en las sesiones del concejo, con voz pero sin voto, sobre los asuntos públicos vinculados a sus territorialidades;

XII. Remitir a los órganos del Sistema Anticorrupción de la Ciudad de México los resultados del informe anual de la alcaldía, dentro de los treinta días hábiles siguientes a que se haya recibido el mismo;

XIII. Solicitar a la contraloría interna de la alcaldía la revisión o supervisión de algún procedimiento administrativo, en los términos de la ley de la materia.

XIV. Celebrar audiencias públicas, en los términos que establezca su reglamento;

XV. Presenciar las audiencias públicas que organice la alcaldía, a fin de conocer las necesidades reales de los vecinos de la demarcación;

XVI. Supervisar y evaluar el desempeño de cualquier unidad administrativa, plan y programa de la alcaldía;

XVII. Cuando se trate de obras de alto impacto en la demarcación podrá solicitar a la alcaldía convocar a los mecanismos de participación ciudadana previstos en esta Constitución; y

XVIII. Las demás que establezcan esta Constitución y la ley.

Artículo 54. Del Cabildo de la Ciudad de México

1. El consejo de alcaldes y alcaldesas se denominará Cabildo y funcionará como un órgano de planeación, coordinación, consulta, acuerdo y decisión del Gobierno de la Ciudad de México, y las personas titulares de las alcaldías. Sus decisiones serán por consenso y garantizará el cumplimiento de sus acuerdos.

2. El Cabildo será integrado por:

I. La persona titular de la Jefatura de Gobierno, quien lo presidirá; y

II. Las personas titulares de las alcaldías.

El Cabildo sesionará de manera ordinaria bimestralmente, en los términos que establezca su reglamento interior.

3. El Cabildo de la Ciudad de México contará con una secretaría técnica cuyo titular será nombrado por consenso de los alcaldes y alcaldesas, a propuesta del Jefe de Gobierno y durará en su encargo por el tiempo que el Cabildo lo determine.

4. En ningún caso se aceptará que las personas integrantes del Cabildo designen suplentes. Los cargos son honoríficos.

5. Podrán asistir a las sesiones del Cabildo, por invitación de cualquiera de sus integrantes, las personas titulares de las dependencias, unidades administrativas, órganos desconcentrados y entidades de la administración pública de la Ciudad de México, así como aquellas relacionadas con las materias previstas para dichas sesiones.

6. El Cabildo de la Ciudad de México tiene las siguientes funciones:

I. Establecer acuerdos generales sobre los asuntos de la administración pública de la Ciudad y de las demarcaciones territoriales que se sometan a su consideración;

II. Opinar sobre los proyectos de iniciativas de ley y de cualquier otra norma que promueva la persona titular de la Jefatura de Gobierno de la Ciudad de México y que tengan un impacto en el ámbito específico de las demarcaciones territoriales;

III. Acordar políticas, programas y acciones para el desarrollo de infraestructura, servicios, y otras actividades de interés para la ciudad;

IV. Acordar inversiones respecto a las obras y acciones que realice el Gobierno de la Ciudad de México en las demarcaciones territoriales;

V. Opinar y proponer los proyectos de obra de los fondos metropolitanos;

VI. Establecer la política hídrica de la Ciudad;

VII. Adoptar acuerdos en materia de seguridad ciudadana y prevención social del delito;

VIII. Fomentar el intercambio de experiencias en cuanto a la administración de las alcaldías con la finalidad de hacerla más eficiente;

IX. Fungir como una instancia de deliberación y acuerdo sobre políticas de ingreso y gasto público, así como componentes y destino de recursos del Fondo de Capitalidad de la Ciudad;

X. Establecer esquemas de coordinación entre alcaldías, así como entre éstas y la administración pública, lo anterior a efecto de ejecutar, en el ámbito de sus respectivas atribuciones, acciones de gobierno;

XI. Proponer alternativas de conciliación para solucionar las controversias que en el ejercicio de la función pública se suscitaren entre las alcaldías, y entre éstas y la administración pública centralizada;

XII. Emitir su reglamento interno; y

XIII. Acordar las acciones complementarias para su adecuado funcionamiento, así como para el cumplimiento de los acuerdos que adopte.

7. El Cabildo celebrará sesiones ordinarias y extraordinarias. La organización y desarrollo de las sesiones, se determinarán en su reglamento.

8. En las sesiones del Cabildo existirá una silla ciudadana que será ocupada por las o los ciudadanos que así lo soliciten. La ley de la materia establecerá las bases para el acceso en forma transparente, representativa y democrática. Las personas ocupantes contarán sólo con voz.

Artículo 55. De los recursos públicos de las alcaldías

1. Sujeto a las previsiones de ingresos de la hacienda pública de la Ciudad de México, el Congreso aprobará los presupuestos de las demarcaciones territoriales para el debido cumplimiento de las obligaciones y el ejercicio de las atribuciones asignadas a las alcaldías.

La hacienda pública de la Ciudad de México transferirá directamente a las alcaldías, los recursos financieros del Presupuesto de Egresos aprobado por el Congreso de la Ciudad de México, de acuerdo con los calendarios establecidos por la normatividad aplicable.

2. Las alcaldías ejercerán con autonomía presupuestal, programática y administrativa los recursos que se le asignen, ajustándose a la ley en la materia, así como lo establecido en esta Constitución, incluyendo los productos financieros generados en el ejercicio.

Las alcaldías deberán integrar la información presupuestal y financiera en la hacienda pública unitaria, conforme a lo establecido en las leyes de contabilidad y de ejercicio presupuestal vigentes, y deberán presentarla conforme a lo establecido en las mismas, para su integración a los informes de rendición de cuentas de la Ciudad de México.

Los presupuestos de las alcaldías estarán conformados por:

I. Las participaciones, fondos federales y demás ingresos provenientes de la federación a que se tengan derecho, mismos que serán transferidos conforme a las leyes en la materia;

II. Los ingresos generados por el pago de los actos que realicen las alcaldías en el ejercicio de sus atribuciones;

III. Los recursos aprobados por el Congreso de la Ciudad de México; y

IV. Los recursos de aplicación automática generados por las mismas, que corresponderán a todas las instalaciones asignadas a la alcaldía propiedad del Gobierno de la Ciudad de México, ubicadas dentro de la demarcación territorial de la alcaldía correspondiente.

3. Las alcaldías no podrán, en ningún caso, contraer directa o indirectamente obligaciones o empréstitos.

4. Todas las alcaldías recibirán los recursos del Fondo Adicional de Financiamiento de las Alcaldías en cada ejercicio fiscal, considerando en su distribución los criterios de población, marginación, infraestructura y equipamiento urbano. Serán aplicados al gasto bajo los principios de solidaridad, subsidiariedad y cooperación, el cual tendrá como objetivo el desarrollo integral y equilibrado de las demarcaciones territoriales a fin de erradicar la desigualdad económica y social. Dichos recursos deberán destinarse en su totalidad a la inversión en materia de infraestructura dentro de la demarcación territorial.

La transferencia directa de los recursos correspondientes al Fondo Adicional de Financiamiento de las Alcaldías, no podrá ser condicionada.

5. Las alcaldías podrán adquirir de manera directa los bienes y servicios que sean necesarios de conformidad con las leyes de la materia. Para llevar a cabo la compra consolidada de un bien o servicio deberá presentarse ante el Cabildo un informe pormenorizado de la Oficialía Mayor del Gobierno de la Ciudad de México que presente mejores condiciones de costo, beneficio y

condiciones de entrega respecto de las presupuestadas por la o las alcaldías. En el proceso de dicha compra consolidada, será obligatoria la participación de un testigo social. En ambos casos los pagos serán realizados por la propia alcaldía a satisfacción.

Artículo 56. De la participación ciudadana en las alcaldías

1. Las y los integrantes de las alcaldías garantizarán la participación de las y los habitantes de la demarcación territorial en los asuntos públicos que sean de su interés, a través de los mecanismos de participación ciudadana que reconoce esta Constitución y la ley de la materia.

Asimismo, garantizará el pleno respeto de los derechos humanos, y a la libre asociación y manifestación de las ideas.

En las sesiones de los concejos de las alcaldías existirá una silla ciudadana que será ocupada por las o los ciudadanos que así lo soliciten cuando en las sesiones se traten temas específicos de su interés, a fin de que aporten elementos que enriquezcan el debate. La ley de la materia establecerá las bases para el acceso en forma transparente, representativa y democrática. Las personas ocupantes contarán sólo con voz.

2. Las y los integrantes de las alcaldías deberán:

I. Informar y consultar a los habitantes de la demarcación territorial, mediante los mecanismos y procedimientos de participación que establezca la ley de la materia;

II. Promover la participación de la ciudadanía en los programas, generales y específicos, de desarrollo de la demarcación; en la ejecución de programas y acciones públicas territoriales; en el presupuesto participativo; uso del suelo, obras públicas y la realización de todo proyecto de impacto territorial, social y ambiental en la demarcación;

III. Actuar con transparencia y rendir cuentas a los habitantes de la demarcación territorial, a través de informes generales y específicos acerca de su gestión, de conformidad con lo establecido en la ley;

IV. Facilitar el acceso de los habitantes de la demarcación territorial a mecanismos de colaboración ciudadana, tomando en cuenta todas las características de la población, para la ejecución de obras o la prestación de un servicio público, colectivo o comunitario;

V. Garantizar el reconocimiento, respeto, apertura y colaboración de las diversas formas de organización social, sectorial, gremial, temática y cultural que adopten los pueblos y barrios originarios y las comunidades indígenas residentes en la demarcación territorial;

VI. Establecer los mecanismos para la recepción y atención de peticiones, propuestas o quejas, en formatos accesibles para todos, relacionadas con la administración pública de la alcaldía;

VII. Realizar recorridos barriales a fin de recabar opiniones y propuestas de mejora o solución, sobre la forma y las condiciones en que se prestan los servicios públicos y el estado en que se encuentren los sitios, obras e instalaciones en que la comunidad tenga interés;

VIII. La persona titular de la alcaldía y las y los concejales deberán presentar un informe público sobre el avance en el cumplimiento de su plataforma electoral registrada;

IX. Recibir las peticiones de los órganos de representación ciudadana en su demarcación al menos trimestralmente y en un período no mayor a 15 días, cuando el Concejo lo defina como de urgencia; y

X. Proveer de información a las y los ciudadanos sobre obras, propuestas de cambio de uso de suelo, presupuesto programado y gasto a ejercer en sus respectivas unidades territoriales.

3. El organismo público electoral local establecerá la división de las demarcaciones en unidades territoriales para efectos de participación y representación ciudadana, basada en la identidad cultural, social, étnica, política, económica, geográfica y demográfica. La ley determinará los criterios para tales efectos.

4. Cada unidad territorial tendrá una asamblea ciudadana, integrada por los habitantes de la misma, como instrumento permanente de información, análisis, consulta, deliberación y decisión de los asuntos de carácter social, colectivo o comunitario; así como para la revisión y seguimiento de los programas y políticas públicas a desarrollarse en la unidad territorial, de conformidad con la ley de la materia.

5. En cada unidad territorial se elegirá democráticamente a un órgano de representación ciudadana, mediante voto universal, libre, directo y secreto, a convocatoria del organismo público electoral local. Éste fungirá como órgano de representación de la unidad territorial y estará conformado por nueve integrantes honoríficos, con una duración de tres años. Su elección, organización y facultades atenderán a lo previsto en la ley de la materia.

6. Se constituirá una instancia ciudadana de coordinación entre los órganos de representación ciudadana, las alcaldías y el Gobierno de la Ciudad

de México. Esta instancia podrá emitir opiniones sobre programas y políticas a aplicarse en la Ciudad y en la demarcación territorial; informar al Gobierno de la Ciudad y a las alcaldías sobre los problemas que afecten a las personas que representan y proponer soluciones y medidas para mejorar la prestación de los servicios públicos, así como sugerir nuevos servicios; informar permanentemente a las y los ciudadanos sobre sus actividades y el cumplimiento de sus acuerdos; y las demás que determine la ley.

CAPÍTULO VII
CIUDAD PLURICULTURAL

Artículo 57. Derechos de los pueblos indígenas en la Ciudad de México

Esta Constitución reconoce, garantiza y protege los derechos colectivos e individuales de los pueblos indígenas y sus integrantes. Las mujeres y hombres que integran estas comunidades serán titulares de los derechos consagrados en esta Constitución. En la Ciudad de México los sujetos de los derechos de los pueblos indígenas son los pueblos y barrios originarios históricamente asentados en sus territorios y las comunidades indígenas residentes. La Constitución Política de los Estados Unidos Mexicanos, la Declaración de las Naciones Unidas sobre los Derechos de los Pueblos Indígenas y otros instrumentos jurídicos internacionales de los que México es parte serán de observancia obligatoria en la Ciudad de México.

Artículo 58. Composición pluricultural, plurilingüe y pluriétnica de la Ciudad de México

1. Esta Constitución reconoce que la Ciudad de México tiene una composición pluricultural, plurilingüe y pluriétnica sustentada en sus pueblos y barrios originarios y comunidades indígenas residentes.

2. Se entenderá por pueblos y barrios originarios y comunidades indígenas residentes lo siguiente:

a) Los pueblos y barrios originarios son aquellos que descienden de poblaciones asentadas en el territorio actual de la Ciudad de México desde antes de la colonización y del establecimiento de las fronteras actuales y que conservan sus propias instituciones sociales, económicas, culturales y políticas, sistemas normativos propios, tradición histórica, territorialidad y cosmovisión, o parte de ellas; y

b) Las comunidades indígenas residentes son una unidad social, económica y cultural de personas que forman parte de pueblos indígenas de otras regiones del país, que se han asentado en la Ciudad de México y que en forma comunitaria reproducen total o parcialmente sus instituciones y tradiciones.

3. Se reconoce el derecho a la autoadscripción de los pueblos y barrios originarios y comunidades indígenas residentes y de sus integrantes. La conciencia de su identidad colectiva e individual, deberá ser criterio fundamental para determinar a los sujetos que se aplicarán las disposiciones en la materia contenidas en ésta Constitución.

Artículo 59. De los derechos de los pueblos y barrios originarios y comunidades indígenas residentes

A. Carácter jurídico

1. Los pueblos y barrios originarios y comunidades indígenas residentes tienen derecho a la libre determinación. En virtud de ese derecho determinan libremente su condición política y persiguen libremente su desarrollo económico, social y cultural.

2. El derecho a la libre determinación de los pueblos y barrios originarios se ejercerá en un marco constitucional de autonomía que asegure la unidad nacional, en los términos que establece la presente Constitución.

3. Los pueblos y barrios originarios y comunidades indígenas residentes tienen el carácter de sujetos colectivos de derecho público con personalidad jurídica y patrimonio propio. Tendrán derecho a la libre asociación.

B. Libre determinación y autonomía

1. La libre determinación se ejercerá a través de la autonomía de los pueblos y barrios originarios, como partes integrantes de la Ciudad de México. Se entenderá como su capacidad para adoptar por sí mismos decisiones e instituir prácticas propias para desarrollar sus facultades económicas, políticas, sociales, educativas, judiciales, culturales, así como de manejo de los recursos naturales y del medio ambiente, en el marco constitucional mexicano y de los derechos humanos.

2. El derecho a la libre determinación como autonomía se ejercerá en los territorios en los que se encuentran asentados los pueblos y barrios originarios, en las demarcaciones basada en sus características históricas, culturales, sociales e identitarias, conforme al marco jurídico. En sus territorios y para su régimen interno los pueblos y barrios originarios tienen competencias y facul-

tades en materia política, administrativa, económica, social, cultural, educativa, judicial, de manejo de recursos y medio ambiente.

3. Las comunidades indígenas residentes ejercerán su autonomía conforme a sus sistemas normativos internos y formas de organización en la Ciudad de México.

4. Las autoridades de la Ciudad de México reconocen esta autonomía y establecerán las partidas presupuestales específicas destinadas al cumplimiento de sus derechos, así como la coordinación conforme a la ley en la materia.

5. En esta dimensión territorial de la autonomía se reconoce y respeta la propiedad social, la propiedad privada y la propiedad pública en los términos del orden jurídico vigente.

6. Ninguna autoridad podrá decidir las formas internas de convivencia y organización, económica, política y cultural, de los pueblos y comunidades indígenas; ni en sus formas de organización política y administrativa que los pueblos se den de acuerdo a sus tradiciones.

7. Las formas de organización político administrativas, incluyendo a las autoridades tradicionales y representantes de los pueblos y barrios originarios, serán elegidas de acuerdo con sus propios sistemas normativos y procedimientos, y son reconocidos en el ejercicio de sus funciones por las autoridades de la Ciudad de México.

8. Para garantizar el ejercicio de la libre determinación y autonomía, esta Constitución reconoce a los pueblos y barrios originarios las siguientes facultades:

I. Promover y reforzar sus propios sistemas, instituciones y formas de organización política, económica, social, jurídica y cultural, así como fortalecer y enriquecer sus propias identidades y prácticas culturales;

II. Organizar las consultas en torno a las medidas legislativas, administrativas o de cualquier otro tipo susceptibles de afectación de los derechos de los pueblos y barrios originarios;

III. Administrar justicia en su jurisdicción a través de sus propias instituciones y sistemas normativos en la regulación y solución de los conflictos internos, respetando la interpretación intercultural de los derechos humanos y los principios generales de esta Constitución. La ley determinará las materias en las que administrarán justicia y los casos en que sea necesaria la coordinación de las autoridades de los pueblos con los tribunales de la Ciudad de México;

IV. Decidir sus propias prioridades en lo que atañe al proceso de desarrollo y de controlar su propio desarrollo económico, social y cultural;

V. Participar en la formulación, aplicación y evaluación de los planes y programas de la Ciudad de México;

VI. Diseñar, gestionar y ejecutar los programas de restauración, preservación, uso, aprovechamiento de los bosques, lagos, acuíferos, ríos, cañadas de su ámbito territorial; así como de reproducción de la flora y fauna silvestre, y de sus recursos y conocimientos biológicos;

VII. Administrar sus bienes comunitarios;

VIII. Salvaguardar los espacios públicos y de convivencia comunitaria, edificios e instalaciones, así como la imagen urbana de sus pueblos y barrios originarios;

IX. Administrar y formular planes para preservar, controlar, reconstituir y desarrollar su patrimonio cultural, arquitectónico, biológico, natural, artístico, lingüístico, saberes, conocimientos y sus expresiones culturales tradicionales, así como la propiedad intelectual colectiva de los mismos;

X. Concurrir con el Ejecutivo de la Ciudad de México en la elaboración y determinación de los planes de salud, educación, vivienda y demás acciones económicas y sociales de su competencia, así como en la ejecución y vigilancia colectiva de su cumplimiento;

XI. Participar colectivamente en el diseño, ejecución y evaluación de los programas económicos en sus ámbitos territoriales, así como participar, a través de sus autoridades o representantes, en la planeación de las políticas económicas de la Ciudad de México;

XII. Acceder al uso, gestión y protección de sus lugares religiosos, ceremoniales y culturales, encargándose de la seguridad y el respeto hacia los mismos, con la salvaguarda que prevean las disposiciones jurídicas aplicables de carácter federal o local;

XIII. Mantener, proteger y enriquecer las manifestaciones pasadas y presentes de su cultura e identidad, su patrimonio arquitectónico e histórico, objetos, diseños, tecnologías, artes visuales e interpretativas, idioma, tradiciones orales, filosofía y cosmogonía, historia y literatura, y transmitirlas a las generaciones futuras;

XIV. Establecer programas de investigación, rescate y aprendizaje de su lengua, cultura y artesanías; y

XV. Las demás que señale la ley correspondiente y otros ordenamientos aplicables cuyos principios y contenidos atenderán a lo establecido en esta Constitución.

9. Se garantiza a los pueblos y barrios originarios el efectivo acceso a la jurisdicción de la Ciudad de México, así como su derecho a procedimientos equitativos y justos para el arreglo de controversias con el Gobierno de la Ciudad y las alcaldías y a una pronta decisión sobre estos conflictos.

En la ley reglamentaria se establecerán los mecanismos concretos que garanticen el ejercicio de estas facultades.

C. Derechos de participación política

Los pueblos y barrios originarios y comunidades indígenas residentes tienen derecho a participar plenamente en la vida política, económica, social y cultural de la Ciudad de México. Para ello se implementarán las siguientes medidas especiales:

1. Los pueblos y barrios originarios y comunidades indígenas residentes deberán ser consultados por las autoridades del Poder Ejecutivo, del Congreso de la Ciudad y de las alcaldías antes de adoptar medidas administrativas o legislativas susceptibles de afectarles, para salvaguardar sus derechos. Las consultas deberán ser de buena fe de acuerdo a los estándares internacionales aplicables con la finalidad de obtener su consentimiento libre, previo e informado. Cualquier medida administrativa o legislativa adoptada en contravención a este artículo será nula;

2. Los pueblos y barrios originarios y comunidades indígenas residentes, tienen el derecho a participar en la toma (sic) decisiones públicas a través de su integración en los órganos consultivos y de gobierno;

3. El acceso a cargos de representación popular se hará atendiendo al principio de proporcionalidad y de equidad como un derecho electoral de los pueblos y barrios originarios y comunidades indígenas residentes. Corresponderá a la ley de la materia garantizar el mecanismo político electoral específico para el cumplimiento de este precepto; y

4. Las autoridades y representantes tradicionales de los pueblos y barrios originarios y comunidades indígenas residentes, elegidos de conformidad con sus sistemas normativos, serán reconocidos por las autoridades de la Ciudad de México y se garantizará su legitimidad.

D. Derechos de comunicación

1. Los pueblos y barrios originarios y comunidades indígenas residentes tienen derecho a establecer sus propios medios de comunicación en sus

lenguas. Las autoridades establecerán condiciones para que los pueblos y las comunidades indígenas puedan adquirir, operar y administrar medios de comunicación en los términos que la ley de la materia determine.

2. Las autoridades de la Ciudad de México adoptarán medidas eficaces para garantizar el establecimiento de los medios de comunicación indígena y el acceso a las tecnologías de la información y comunicación, tales como el acceso a internet de banda ancha. Asimismo, que los medios de comunicación públicos reflejen debidamente la diversidad cultural indígena. Sin perjuicio de la libertad de expresión, las autoridades de la Ciudad de México deberán promover en los medios de comunicación privados que se refleje debidamente la diversidad cultural indígena.

E. Derechos culturales

Los pueblos y barrios originarios y comunidades indígenas residentes, tienen derecho a preservar, revitalizar, utilizar, fomentar, mantener y transmitir sus historias, lenguas, tradiciones, filosofías, sistemas de escritura y literaturas, y a atribuir nombres a sus comunidades, lugares y personas. Así mismo, tienen derecho a mantener, administrar, proteger y desarrollar su patrimonio cultural, sus conocimientos tradicionales, sus ciencias, tecnologías, comprendidos los recursos humanos, las semillas y formas de conocimiento de las propiedades de la fauna y la flora, así como la danza y los juegos tradicionales, con respeto a las normas de protección animal.

F. Derecho al desarrollo propio

1. Los pueblos y barrios originarios y comunidades indígenas residentes tienen derecho a mantener y desarrollar sus sistemas o instituciones políticas, económicas y sociales; a disfrutar de forma segura de sus propios medios de subsistencia y desarrollo; a dedicarse a sus actividades económicas tradicionales y a expresar libremente su identidad cultural, creencias religiosas, rituales, prácticas, costumbres y su propia cosmovisión.

La administración y cuidado de los panteones comunitarios es facultad y responsabilidad de los pueblos y barrios originarios.

2. Los pueblos y barrios originarios y comunidades indígenas residentes desposeídos de sus medios de subsistencia y desarrollo tienen derecho a una reparación justa y equitativa.

3. Las artesanías, las actividades económicas tradicionales y de subsistencia de los pueblos y barrios originarios y de las comunidades indígenas residentes, tales como el comercio en vía pública, se reconocen y protegen como factores importantes para el mantenimiento de su cultura autosuficiencia

y desarrollo económicos, y tendrán derecho a una economía social, solidaria, integral, intercultural y sustentable.

4. Las autoridades de la Ciudad de México deberán adoptar medidas especiales para garantizar a las personas trabajadoras pertenecientes a los pueblos y barrios originarios y comunidades indígenas residentes una protección eficaz y no discriminación en materia de acceso, contratación y condiciones de empleo, seguridad del trabajo y el derecho de asociación.

G. Derecho a la educación

1. Los pueblos y barrios originarios y comunidades indígenas residentes se coordinarán con las autoridades correspondientes a fin de establecer y controlar sus sistemas e instituciones docentes que impartan educación en sus propias lenguas, en consonancia con sus métodos culturales de enseñanza y aprendizaje.

2. Los integrantes de los pueblos y barrios originarios y comunidades indígenas, en particular las niñas y los niños, tienen derecho a todos los niveles y formas de educación de la Ciudad de México sin discriminación.

3. Las autoridades de la Ciudad de México adoptarán medidas eficaces, conjuntamente con los pueblos y barrios originarios y comunidades indígenas, éstos se coordinarán con las autoridades correspondientes para la creación de un subsistema de educación comunitaria desde el nivel preescolar hasta el medio superior, así como para la formulación y ejecución de programas de educación, a fin de que las personas indígenas, en particular las niñas, los niños, y los adolescentes incluidos los que viven fuera de sus comunidades, tengan acceso, a la educación y al deporte en su propia cultura y lengua.

H. Derecho a la salud

1. La Ciudad de México garantiza el derecho a la salud a los integrantes de los pueblos y barrios originarios y las comunidades indígenas residentes y el acceso a las clínicas y hospitales del Sistema de Salud Pública. Se establecerán centros de salud comunitaria. Sus integrantes tienen derecho de acceso, sin discriminación alguna, a disfrutar del más alto nivel de salud.

2. Los pueblos y barrios originarios y comunidades indígenas residentes tienen derecho a sus prácticas de salud, sanación y medicina tradicional, incluida la conservación de sus plantas medicinales, animales y minerales de interés vital. Se reconoce a sus médicos tradicionales.

3. La Ciudad de México apoyará la formación de médicos tradicionales a través de escuelas de medicina y partería, así como la libre circulación de sus plantas medicinales y de todos sus recursos curativos.

I. Derechos de acceso a la justicia

1. Los integrantes de los pueblos y barrios originarios y comunidades indígenas residentes, tienen derecho a acceder a la jurisdicción de la Ciudad de México en sus lenguas, por lo que tendrán en todo tiempo el derecho de ser asistidos por intérpretes, a través de la organización y preparación de traductores e intérpretes interculturales y con perspectiva de género. En las resoluciones y razonamientos del Poder Judicial de la Ciudad de México que involucren a los indígenas se deberán retomar los principios, garantías y derechos consignados en los convenios internacionales en la materia.

2. Las personas indígenas tendrán derecho a contar con un defensor público indígena o con perspectiva intercultural. Cuando se encuentren involucradas en un proceso judicial, deberán tomarse en cuenta sus características económicas, sociales, culturales y lingüísticas.

3. Los pueblos y barrios originarios y comunidades indígenas residentes tienen derecho a solucionar sus conflictos internos, mediante sus sistemas normativos, respetando los derechos humanos y esta Constitución. La ley determinará las materias reservadas a los tribunales de la Ciudad de México.

4. Queda prohibida cualquier expulsión de personas indígenas de sus comunidades o pueblos, sea cual fuere la causa con que pretenda justificarse. La ley sancionará toda conducta tendiente a expulsar o impedir el retorno de estas personas a sus comunidades.

J. Derecho a la tierra, al territorio y a los recursos naturales

1. Esta Constitución reconoce y garantiza la protección efectiva de los derechos de propiedad y posesión de los pueblos y barrios originarios sobre sus territorios legalmente reconocidos a través de las resoluciones presidenciales de reconocimiento y titulación de bienes comunales y dotaciones ejidales. Asimismo, garantiza el derecho de los pueblos y comunidades originarias a ejercer sus sistemas normativos en la regulación de sus territorios y en la solución de sus conflictos.

2. Este derecho se ejercerá observando en todo tiempo lo dispuesto en esta Constitución y en las leyes, planes y programas que de ella emanen.

3. El Gobierno de la Ciudad velará y dará puntual seguimiento a los procedimientos de restitución y/o reversión de bienes afectados por decretos expropiatorios los cuales hayan cumplido o cesado el objeto social para los que fueron decretados, o haya fenecido la utilidad pública de los mismos, observando siempre las formalidades de la Ley Agraria y su Reglamento y de-

más normas que regulen la materia, a efecto de regresar dicha posesión a sus dueños originarios.

4. Los pueblos y barrios originarios tienen derecho a poseer, utilizar, desarrollar, controlar y gestionar las tierras, territorios y recursos existentes en sus tierras que poseen en razón de la propiedad tradicional u otro tipo tradicional de ocupación, así como aquellos que hayan adquirido de otra forma, en el marco normativo de los derechos de propiedad.

5. Las autoridades de la Ciudad de México en coordinación con los pueblos y barrios originarios, protegerán los territorios respecto a las obras urbanas, públicas o privadas, proyectos y megaproyectos, que generen un impacto ambiental, urbano y social.

6. Las autoridades de la Ciudad de México no podrán autorizar ninguna obra que afecte el suelo de conservación y que contravenga las disposiciones contenidas en esta Constitución y las leyes en la materia.

7. El cultivo y cuidado de los recursos vegetales, de tierra y de agua, constituye la base de los servicios que, en materia de producción de oxígeno y agua, prestan a la Ciudad de México los pueblos, comunidades indígenas y comunidades agrarias de su zona rural; éstos tienen derecho a recibir por ello una contraprestación anual en efectivo, cuyos montos se calcularán mediante un índice de densidad de la cubierta vegetal atendiendo a la capacidad de producción de oxígeno y a la densidad promedio por hectárea de cada variedad existente en los campos.

8. Los cultivos tradicionales, tales como maíz, calabaza, amaranto, nopal, frijol y chile son parte del patrimonio de los pueblos y barrios originarios y comunidades indígenas y constituyen parte de la biodiversidad de la Ciudad de México. El material genético de estos cultivos desarrollado a través de generaciones no es susceptible de apropiación por ninguna empresa privada, nacional o extranjera y se protegerán de la contaminación que pudieran producir plantas genéticamente modificadas. El Gobierno de la Ciudad establecerá un banco de material genético que garantice la conservación y protección de dicho material. Se prohíbe la siembra de semillas transgénicas en el territorio de la Ciudad de México.

K. Derechos laborales

1. Esta Constitución protege al personal doméstico en sus relaciones laborales, para garantizar que se respete su dignidad humana y condiciones dignas de trabajo y remuneración.

2. Se emitirá una ley para la protección a las trabajadoras y los trabajadores indígenas domésticos y ambulantes, en el marco de las leyes federales en la materia.

3. Se crea el Servicio del Registro Público en el que todos los que empleen a estos trabajadores tienen la obligación de inscribirlos, de no hacerlo será sancionado de acuerdo con la ley en la materia. La ley establecerá los indicadores que deberán contener los registros.

4. El Gobierno de la Ciudad protegerá a las mujeres y personas mayores indígenas que se dediquen al comercio en vía pública y a las niñas y los niños que se encuentren en situación de calle.

5. La misma ley señalará las acciones que el Gobierno de la Ciudad deberá realizar para lograr la protección a que se refiere este artículo y creará un sistema de capacitación para las y los ciudadanos indígenas.

L. Medidas de implementación

Las medidas de implementación son obligaciones de las autoridades de la Ciudad de México para garantizar los derechos de los pueblos y barrios originarios y comunidades indígenas residentes y comprenden las siguientes:

1. Establecer políticas públicas y partidas específicas y transversales en los presupuestos de egresos para garantizar el ejercicio de los derechos de los pueblos y barrios originarios y comunidades indígenas residentes, así como los mecanismos de seguimiento y rendición de cuentas para que los pueblos participen en el ejercicio y vigilancia de los mismos.

2. Consultar a los pueblos y barrios originarios y comunidades indígenas residentes sobre las medidas legislativas y administrativas susceptibles de afectarles, con la finalidad de obtener su consentimiento libre, previo e informado.

3. Fortalecer la participación de los pueblos y barrios originarios y comunidades indígenas residentes en la toma de decisiones públicas y garantizar su representación en el acceso a cargos de elección popular, atendiendo al porcentaje de población que constituyan en el ámbito territorial de que se trate. Se creará un sistema institucional que registre a todos los pueblos y barrios y comunidades indígenas que den cuenta de su territorio, ubicación geográfica, población, etnia, lengua y variantes, autoridades, mesas directivas, prácticas tradicionales y cualquier indicador relevante que para ellos deba considerarse agregar.

4. Impulsar el desarrollo local de los pueblos y barrios originarios y comunidades indígenas residentes, con el propósito de fortalecer las economías

locales mediante acciones coordinadas entre los diversos órdenes de gobierno, tales como la creación de formas de producción comunitarias y el otorgamiento de los medios necesarios para la misma.

5. Asegurar que los pueblos y barrios originarios y las comunidades indígenas residentes, tengan pleno acceso a las instalaciones, los bienes y los servicios relacionados con la salud, el agua potable, el saneamiento, el derecho a la alimentación y el deporte.

6. Establecer la condición oficial de las lenguas indígenas, promover la formación de traductores, la creación de políticas públicas y un instituto de lenguas. Asimismo, asegurarán que los miembros de los pueblos y barrios originarios y comunidades indígenas residentes, puedan entender y hacerse entender en las actuaciones políticas, jurídicas y administrativas, proporcionando para ello, cuando sea necesario, servicios de interpretación u otros medios adecuados.

7. Fomentar la valoración y difusión de las manifestaciones culturales de los pueblos y barrios originarios y comunidades indígenas residentes, así como la libre determinación para llevar a cabo sus ciclos festivos y religiosos, atendiendo a sus particularidades socioculturales, valores y tradiciones.

M. Órgano de implementación

Se constituye un organismo público para cumplir con las disposiciones que se establecen en esta Constitución para los pueblos y barrios originarios y comunidades indígenas residentes de la Ciudad de México con personalidad jurídica y patrimonio propio. Concurrirán a este organismo los representantes de los pueblos a través de un Consejo cuya función esencial es la implementación de las políticas para garantizar el ejercicio de su autonomía; se encargará además del diseño de las políticas públicas con respecto a las comunidades indígenas residentes y población indígena en general.

Sus funciones y operación se determinarán en su ley orgánica.

TÍTULO SEXTO
DEL BUEN GOBIERNO Y LA BUENA ADMINISTRACIÓN

Artículo 60. Garantía del debido ejercicio y la probidad en la función pública

1. Se garantiza el derecho a la buena administración a través de un gobierno abierto, integral, honesto, transparente, profesional, eficaz, eficiente,

austero incluyente, y resiliente que procure el interés público y combata la corrupción.

El gobierno abierto es un sistema que obliga a los entes públicos a informar a través de una plataforma de accesibilidad universal, de datos abiertos y apoyada en nuevas tecnologías que garanticen de forma completa y actualizada la transparencia, la rendición de cuentas y el acceso a la información. Asimismo, se deberán generar acciones y políticas públicas orientadas a la apertura gubernamental a fin de contribuir a la solución de los problemas públicos a través de instrumentos ciudadanos participativos, efectivos y transversales. La ley establecerá los mecanismos para su cumplimiento.

Para garantizar el acceso a los derechos para las personas con discapacidad se deberán contemplar ajustes razonables, proporcionales y objetivos, a petición del ciudadano interesado.

Los principios de austeridad, moderación, honradez, eficiencia, eficacia, economía, transparencia, racionalidad y rendición de cuentas, son de observancia obligatoria en el ejercicio y asignación de los recursos de la Ciudad que realicen las personas servidoras públicas. En todo caso se observarán los principios rectores y de la hacienda pública establecidos en esta Constitución. Su aplicación será compatible con el objetivo de dar cumplimiento a los derechos reconocidos en esta Constitución y las leyes. La austeridad no podrá ser invocada para justificar la restricción, disminución o supresión de programas sociales.

Toda persona servidora pública, de conformidad con lo establecido en el artículo 64 del presente Título, garantizará en el ejercicio de sus funciones, el cumplimiento y observancia de los principios generales que rigen la función pública de acuerdo con lo establecido en esta Constitución y en toda legislación aplicable.

El ejercicio pleno de los derechos consignados en el presente Título será garantizado a través de las vías judiciales y administrativas para su exigibilidad y justiciabilidad establecidas en esta Constitución.

2. La Ciudad de México contará con un sistema para definir, organizar y gestionar la profesionalización y evaluación del servicio profesional de carrera de los entes públicos, así como para establecer esquemas de colaboración y los indicadores que permitan rendir cuentas del cumplimiento de sus objetivos y de los resultados obtenidos. Este servicio aplicará a partir de los niveles intermedios de la estructura administrativa.

Los entes públicos, en el ámbito de sus competencias, establecerán políticas de profesionalización y un servicio de carrera fundado en el mérito, la igualdad de oportunidades y la paridad de género. Serán transparentes y estarán orientados a que las personas servidoras públicas observen en su actuar los principios rectores de los derechos humanos y los principios generales que rigen la función pública.

A efecto de garantizar la integralidad del proceso de evaluación, las leyes fijarán los órganos rectores, sujetos y criterios bajo los cuales se organizarán los procesos para el ingreso, capacitación, formación, certificación, desarrollo, permanencia y evaluación del desempeño de las personas servidoras públicas; así como la garantía y respeto de sus derechos laborales.

3. Las personas servidoras públicas recibirán una remuneración adecuada e irrenunciable por el desempeño de su función, empleo, cargo o comisión, que deberá ser proporcional a sus responsabilidades. Toda remuneración deberá ser transparente y se integrará por las retribuciones nominales y adicionales de carácter extraordinario establecidas de manera objetiva en el Presupuesto de Egresos. Las personas servidoras públicas no podrán gozar de bonos, prestaciones, compensaciones, servicios personales o cualquier otro beneficio económico o en especie que no se cuantifique como parte de su remuneración y esté determinado en la ley. Ningún servidor público podrá recibir una remuneración total mayor a la establecida para la persona titular de la jefatura de gobierno. La ley establecerá las previsiones en materia de austeridad y remuneraciones de las personas servidoras públicas.

CAPÍTULO I
DEL COMBATE A LA CORRUPCIÓN DE LA CIUDAD DE MÉXICO

Artículo 61. De la fiscalización y el control interno en la Ciudad de México

1. Todos los entes públicos de la Ciudad de México contarán con órganos internos de control y tendrán los siguientes objetivos:

I. Prevenir, corregir e investigar actos u omisiones que pudieran constituir responsabilidades administrativas;

II. Sancionar e imponer las obligaciones resarcitorias distintas a las que son competencia del Tribunal de Justicia Administrativa de la Ciudad de México; así como sustanciar las responsabilidades relativas a faltas administrativas graves, turnándolas a dicho Tribunal para su resolución;

III. Revisar y auditar el ingreso, egreso, manejo, custodia y aplicación de recursos públicos, con especial atención a los contratos de obra pública, servicios, adquisiciones y la subrogación de funciones de los entes públicos en particulares, incluyendo sus términos contractuales y estableciendo un programa de auditorías especiales en los procesos electorales;

IV. Recibir, dar curso e informar el trámite recaído a las denuncias presentadas por la ciudadanía o por las Contralorías Ciudadanas en un plazo que no deberá exceder de veinte días hábiles; y

V. Recurrir las determinaciones de la fiscalía y del Tribunal de Justicia Administrativa, siempre que contravengan el interés público, en los términos que disponga la ley.

2. Los órganos internos de control serán independientes de los entes públicos ante las que ejerzan sus funciones y su titularidad será ocupada de manera rotativa. Las personas titulares de dichos órganos internos de control serán seleccionados y formados a través de un sistema de profesionalización y rendirán cuentas ante el Sistema Local Anticorrupción. La ley establecerá sus facultades e integración. Los titulares de los órganos internos de control de los organismos constitucionales autónomos serán designados de conformidad al artículo 46, apartado B, numeral 3 de esta Constitución.

3. La secretaría encargada del control interno será la dependencia responsable de prevenir, investigar y sancionar las faltas administrativas en el ámbito de la administración pública. Su titular será designado por las dos terceras partes de las y los miembros presentes del Congreso de la Ciudad de México, a propuesta en terna de la o el Jefe de Gobierno y podrá ser removido por ésta o éste, de conformidad con las causas establecidas en la ley; el Congreso podrá objetar dicha determinación por las dos terceras partes de sus miembros presentes.

Esta secretaría contará con un área de contralores ciudadanos que realizarán sus funciones de forma honorífica, por lo que no percibirán remuneración alguna; serán nombrados junto con el órgano interno de control y coadyuvarán en los procesos de fiscalización gozando de la facultad de impugnar las resoluciones suscritas por los contralores internos que afecten el interés público.

4. La ley establecerá el procedimiento para determinar la suspensión, remoción y sanciones de las personas titulares de los órganos internos de control que incurran en responsabilidades administrativas o hechos de corrupción.

5. Cualquier ciudadana o ciudadano podrá denunciar hechos de corrupción y recurrir las resoluciones del órgano interno de control de conformidad con los requisitos que al efecto establezca la ley de la materia.

Artículo 62. Del Sistema de Fiscalización Superior

1. La entidad de fiscalización de la Ciudad de México tendrá autonomía de gestión, técnica y presupuestal. Será independiente en sus decisiones y profesional en su funcionamiento.

2. La entidad de fiscalización iniciará los procesos ordinarios de fiscalización a partir del primer día hábil del ejercicio fiscal siguiente, con excepción de lo establecido en la fracción I, del numeral 9 del presente artículo y sin perjuicio de las observaciones o recomendaciones que, en su caso realice, deberán referirse a la información definitiva presentada en la cuenta pública. La fiscalización de la cuenta pública comprende la gestión financiera y al desempeño para verificar el grado de cumplimiento de los objetivos de los entes públicos, siendo ambos resultados vinculatorios en materia de responsabilidades de las personas servidoras públicas.

Sin demérito de lo anterior, la entidad de fiscalización de la Ciudad de México podrá llevar a cabo, conforme a la ley de la materia, fiscalizaciones, observaciones, auditorías parciales, en todo momento, a toda acción u obra de la administración que utilice recursos públicos de la Ciudad y podrá solicitar información del ejercicio en curso, respecto de procesos concluidos.

En el ejercicio de su función fiscalizadora, no le serán oponibles las disposiciones dirigidas a proteger la secrecía de la información en materia fiscal o la relacionada con operaciones de depósito, administración, ahorro e inversión de recursos monetarios. La ley establecerá los procedimientos para que le sea entregada dicha información.

3. Dicha entidad deberá fiscalizar las acciones del Gobierno de la Ciudad de México y de las alcaldías en materia de fondos, recursos patrimoniales, así como contratación, uso y destino de la deuda pública. Los informes de auditoría tendrán carácter público y deberán cumplir con estándares de datos abiertos. La entidad de referencia fiscalizará y auditará el manejo, custodia y aplicación de los recursos públicos que se asignen al Poder Judicial, al Congreso de la Ciudad de México, así como a cualquier órgano o ente público de la Ciudad.

4. La Jefatura de Gobierno deberá enviar la cuenta pública de cada ejercicio fiscal a más tardar el 30 de abril del año inmediato posterior.

5. La persona titular de la entidad de fiscalización de la Ciudad de México será nombrada por el Congreso de la Ciudad, por el voto de dos terceras partes de los presentes, a partir de una convocatoria pública abierta. El ente fiscalizador atenderá de manera obligatoria las áreas de desempeño, financiera, forense, jurídica, de gestión y cualquier otra que considere necesaria.

6. Los candidatos a ser integrantes de la directiva de la entidad de fiscalización de la Ciudad de México deberán cumplir con los siguientes requisitos:

I. Contar con una experiencia mínima de cinco años en materias de control, auditoría financiera y de responsabilidades administrativas;

II. Ser ciudadana o ciudadano mexicano y estar en pleno goce de sus derechos civiles y políticos;

III. Gozar de buena reputación y no haber sido condenado por delito doloso;

IV. Haber residido en la Ciudad de México durante los dos años anteriores al día de la designación;

V. No haber sido titular de una secretaría ni legislador federal o de las entidades federativas, ni haber sido titular de una alcaldía o municipio en los tres años previos al inicio del proceso de examinación; y

VI. Los demás requisitos que señale la ley.

7. La entidad de fiscalización de la Ciudad de México tendrá a su cargo:

I. Fiscalizar en forma posterior o mediando denuncia específica, en cualquier momento:

a) Los ingresos, egresos y deuda de la Ciudad de México; y

b) El manejo, la custodia y la aplicación de fondos y recursos de los entes públicos de la Ciudad;

II. Realizar auditorías sobre el desempeño en el cumplimiento de los objetivos contenidos en los programas de la Ciudad de México, a través de los informes que se rendirán en los términos que disponga la ley;

III. Coadyuvar con la Auditoría Superior de la Federación para la adecuada y eficiente realización de sus facultades de fiscalización de recursos federales en la Ciudad;

IV. Fiscalizar los recursos locales que se destinen y se ejerzan por cualquier entidad, persona física o moral, pública o privada, y los transferidos a fideicomisos, fondos y mandatos, públicos o privados,

o cualquier otra figura jurídica, de conformidad con los procedimientos establecidos en las leyes y sin perjuicio de la competencia de otras autoridades de los derechos de los usuarios del sistema financiero;

V. Auditar la estricta observancia de la ley en la asignación por cualquier medio jurídico y en cualquiera de sus etapas, de obra pública, de obra asociada a proyectos de infraestructura, de servicios públicos, de adquisiciones o de subrogación de funciones y obligaciones que involucren a algún ente público, así como los compromisos plurianuales de gasto que puedan derivar de éstos;

VI. Solicitar y revisar información de ejercicios anteriores al de la cuenta pública en revisión, sin que por este motivo se entienda, para todos los efectos legales, abierta nuevamente la cuenta pública del ejercicio al que pertenece la información solicitada; exclusivamente cuando el programa, proyecto

o la erogación contenidos en el presupuesto en revisión abarque diversos ejercicios fiscales o se trate de revisiones sobre el cumplimiento de los objetivos en las aplicaciones de los recursos de la Ciudad de los entes públicos y cualquier otra institución de carácter público o privado que maneje o aplique recursos públicos. Las observaciones y recomendaciones que emita la entidad de fiscalización se referirán al ejercicio de los recursos públicos de la cuenta pública en revisión;

VII. Sin perjuicio de lo anterior, en las situaciones que determine la ley derivado de denuncias, la entidad de fiscalización revisará el ejercicio fiscal en curso o anteriores de las entidades fiscalizadas. La entidad de fiscalización de la Ciudad de México rendirá un informe específico al Congreso de la Ciudad y promoverá las acciones que correspondan ante el Tribunal de Justicia Administrativa de la Ciudad de México, la Fiscalía Especializada en Combate a la Corrupción o las autoridades competentes;

VIII. Las entidades fiscalizadas proporcionarán la información que se solicite para la revisión, en los plazos y términos señalados por la ley y en caso de incumplimiento, serán aplicables las sanciones previstas en la misma;

IX. Entregar al Congreso de la Ciudad, el último día hábil de los meses de junio y octubre, así como el 20 de febrero del año siguiente al de la presentación de la cuenta pública, los informes individuales de auditoría que concluya durante el periodo respectivo. Asimismo, en esta última fecha, entregar el Informe General Ejecutivo del Resultado de la Fiscalización Superior de la Cuenta Pública, el cual se someterá a la consideración del pleno del Congreso de la Ciudad. El Informe General Ejecutivo y los informes individuales serán de carácter público en formato de datos abiertos y tendrán el contenido que determine la ley; estos últimos incluirán como mínimo el dictamen de su revisión, un apartado específico con las observaciones de la entidad de fiscalización de la Ciudad de México, así como el informe justificado y las aclaraciones que las entidades fiscalizadas hayan presentado sobre las mismas;

X. Investigar los actos u omisiones que impliquen alguna irregularidad o conducta ilícita en el ingreso, egreso, manejo, custodia, aplicación, asignación, transferencia y licitación de fondos y recursos públicos y efectuar visitas domiciliarias únicamente para exigir la exhibición de libros, papeles o archivos indispensables para la realización de sus investigaciones. Así mismo podrá ordenar comparecencias y citaciones a personas servidoras públicas y particulares, salvaguardando los principios del debido proceso;

XI. Investigar y substanciar, dentro del ámbito de su competencia, el procedimiento correspondiente y promover las responsabilidades ante el Tribunal de Justicia Administrativa de la Ciudad de México y la Fiscalía Especializada en Combate a la Corrupción. El Poder Ejecutivo local aplicará el procedimiento administrativo de ejecución para el cobro de las indemnizaciones y sanciones pecuniarias de conformidad con la ley de la materia; y

XII. Investigar, substanciar e informar de la comisión de faltas administrativas y presentar las denuncias ante las autoridades responsables de ejercer la acción penal, aportando los datos de prueba que la sustenten.

8. Los entes públicos fiscalizados deberán llevar el control y registro contable, patrimonial y presupuestario de los recursos de la Ciudad de México que les sean transferidos y asignados, de acuerdo con los criterios que establezca la ley.

9. El procedimiento del Informe General Ejecutivo del Resultado de la Fiscalización Superior de la Cuenta Pública y de los informes individuales, será el siguiente:

I. De manera previa a la presentación del Informe General Ejecutivo y de los informes individuales de auditoría, se darán a conocer a las entidades fiscalizadas la parte que les corresponda de los resultados de su revisión, a efecto de que éstas presenten las justificaciones y aclaraciones que correspondan, las cuales deberán ser valoradas por la entidad de fiscalización de la Ciudad de México para la elaboración de los informes individuales de auditoría;

II. La persona titular de la entidad de fiscalización de la Ciudad de México enviará a las entidades fiscalizadas, los informes individuales que les correspondan, a más tardar a los 10 días hábiles posteriores a que haya sido entregado el informe individual de auditoría respectivo al Congreso de la Ciudad, mismos que contendrán recomendaciones y acciones para que, en un plazo de hasta 30 días hábiles, presenten la información y realicen las consideraciones que estimen pertinentes; en caso de no hacerlo se harán acreedores a las sanciones establecidas en ley. Lo anterior no aplicará a las promociones de responsabilidades ante el Tribunal de Justicia Administrativa de la Ciudad de México, las cuales se sujetarán a los procedimientos y términos que establezca la ley;

III. La entidad de fiscalización de la Ciudad de México deberá pronunciarse en un plazo de 120 días hábiles sobre las respuestas emitidas por las entidades fiscalizadas. En caso de no hacerlo, se estará a lo señalado en la ley de la materia;

IV. La entidad de fiscalización de la Ciudad de México deberá entregar al Congreso de la Ciudad, los días 1 de los meses de mayo y noviembre de cada año, un informe sobre la situación que guardan las observaciones, recomendaciones y acciones promovidas, correspondientes a cada uno de los informes individuales de auditoría que haya presentado en los términos de este artículo. En dicho informe, el cual tendrá carácter público, la entidad de fiscalización se incluirán los montos efectivamente resarcidos a la hacienda pública de la Ciudad o al patrimonio de los entes públicos locales, como consecuencia de sus acciones de fiscalización, las denuncias penales presentadas y los procesos iniciados ante el Tribunal de Justicia Administrativa de la Ciudad de México; y

V. La entidad de fiscalización de la Ciudad de México deberá guardar reserva de sus actuaciones y observaciones hasta que rinda los informes individuales de auditoría y el Informe General Ejecutivo al Congreso de la Ciudad; la ley establecerá las sanciones aplicables a quienes infrinjan esta disposición.

Artículo 63. Del Sistema Anticorrupción de la Ciudad de México

1. La Ciudad de México contará con un Sistema Anticorrupción, instancia de coordinación de las autoridades competentes en la prevención, detección, investigación y sanción de responsabilidades administrativas y hechos de corrupción, así como en la fiscalización y control de recursos.

2. El Sistema Anticorrupción contará con un Comité Coordinador, conformado por las personas titulares de la entidad de fiscalización, de la Fiscalía Especializada en Combate a la Corrupción; del Tribunal de Justicia Administrativa, del Instituto de Transparencia y Acceso a la Información, del Consejo de Evaluación, del órgano de control del Congreso y de la secretaría encargada del control interno, todos de la Ciudad de México; así como por un representante del Consejo de la Judicatura y por un representante del Comité de Participación Ciudadana del Sistema, quien lo presidirá.

Corresponderá al Comité Coordinador del Sistema, sin perjuicio de las facultades otorgadas a cada uno de los órganos que lo integran:

I. El establecimiento de mecanismos de coordinación con el Sistema Nacional Anticorrupción y con los entes públicos;

II. El diseño y promoción de políticas públicas en materia de fiscalización y control de los recursos públicos, del ejercicio de las atribuciones de las personas servidoras públicas así como de prevención, control y disuasión de faltas administrativas y hechos de corrupción;

III. La formulación de diagnósticos que permitan identificar el origen y causas de corrupción;

IV. La determinación de mecanismos de suministro, intercambio, sistematización y actualización de la información que sobre estas materias generen las instituciones públicas, académicas, sociales y privadas;

V. El establecimiento de bases y principios para la efectiva coordinación de las autoridades de la Ciudad en materia de responsabilidades, fiscalización, control de bienes, servicios y recursos públicos;

VI. La vinculación con los mecanismos de participación ciudadana destinados al combate a la corrupción y el seguimiento a las denuncias ciudadanas;

VII. La elaboración de informes públicos que contengan los avances y resultados del ejercicio de sus funciones, de la aplicación de las políticas y los programas destinados a combatir la corrupción, de las recomendaciones emitidas, su aceptación o rechazo, su estado de cumplimiento y las respuestas correspondientes; y

VIII. La formulación, a propuesta del Comité de Participación Ciudadana, de recomendaciones a los entes públicos, destinadas a eliminar las causas institucionales que generan hechos de corrupción, tanto en las normas como en los procesos administrativos, así como en los vínculos entre los poderes públicos y los particulares. Las autoridades destinatarias estarán obligadas a emitir respuesta fundada y motivada.

3. El Comité de Participación Ciudadana estará integrado por cinco personas que se hayan destacado por su contribución a la transparencia, la rendición de cuentas, el combate a la corrupción y su independencia del Gobierno de la Ciudad; durarán en su encargo cinco años, sin posibilidad de reelección, serán renovados de manera escalonada y podrán ser removidos por las causas establecidas en la ley.

Son funciones del Comité de Participación Ciudadana:

I. Elaborar anualmente su programa de trabajo y presentar su informe anual;

II. Establecer mecanismos de vinculación, cooperación y colaboración con la ciudadanía;

III. Coordinarse con las contralorías ciudadanas, contralorías sociales, testigos sociales y demás mecanismos de participación ciudadana previstos en esta Constitución;

IV. Recibir las denuncias de cualquier ciudadano sobre hechos de corrupción, en los términos que establezca la ley;

V. Realizar observaciones al proyecto de informe anual del Sistema Anticorrupción de la Ciudad de México; y

VI. Presentar denuncias sobre hechos de corrupción en los términos de lo que establezca la ley.

4. El sistema contará con el auxilio técnico y administrativo de un secretariado ejecutivo que será designado por el Comité Coordinador a propuesta de su presidente, en los términos que determine la ley y dependerá del mismo. El secretariado ejecutivo tendrá el carácter de órgano descentralizado del Gobierno de la Ciudad.

Apoyará los trabajos del sistema mediante la generación, compilación y procesamiento de la información para identificar las causas que generan hechos de corrupción; el diseño de metodologías e indicadores para medirlos y evaluarlos; la formulación de los proyectos de informes y recomendaciones que emitirá el Comité Coordinador.

Establecerá una plataforma digital que albergue el registro de denuncias, recomendaciones y sanciones, así como de declaraciones de intereses, de cumplimiento de obligaciones fiscales, y patrimoniales.

5. El sistema garantizará la protección a denunciantes, informantes, testigos y afectados por hechos de corrupción.

CAPÍTULO II
DEL RÉGIMEN DE RESPONSABILIDADES

Artículo 64. De las responsabilidades administrativas

1. Las personas servidoras públicas serán responsables por las faltas administrativas en que incurran, en los términos previstos en las leyes generales y locales de la materia.

Para efectos del presente título y de la determinación e imposición de responsabilidades, se reputarán personas servidoras públicas de la Ciudad de México, los miembros de los poderes ejecutivo, legislativo y judicial, los integrantes de las alcaldías, los miembros de los organismos autónomos y en general toda persona que desempeñe un empleo, cargo, función, mandato o comisión de cualquier naturaleza ante éstos; así como las personas que ejerzan actos de autoridad, recursos públicos o contraten con entes públicos la ejecución de obra o servicios públicos, de adquisiciones, de subrogación de funciones o reciban concesiones.

2. Toda persona servidora pública tendrá la obligación de presentar y comprobar de manera oportuna y veraz las declaraciones sobre su situación patrimonial, el cumplimiento de sus obligaciones fiscales y sus posibles conflictos de interés, que serán publicitadas en los términos que determinen las leyes generales y locales respectivas bajo los principios de transparencia, máxima publicidad y protección de datos personales.

3. Los particulares que incurran en faltas administrativas graves serán sancionados con inhabilitación para participar en adquisiciones, arrendamientos, prestación de servicios, contratación de obras pública (sic) y para desempeñar empleos públicos; el resarcimiento de los daños y perjuicios ocasionados, con independencia de cualquier otra responsabilidad en la que incurran, en los términos que establezca la ley.

4. Las personas morales serán sancionadas en los términos señalados en el párrafo anterior, cuando las faltas administrativas sean cometidos (sic) por personas físicas que actúen en nombre o representación de la persona moral y en beneficio de ella. Cuando se acredite que dichos actos causaron un perjuicio a la hacienda pública o a los entes públicos de la Ciudad, también podrá ordenarse, por autoridad judicial competente, la suspensión de actividades o la disolución o intervención de la sociedad respectiva, siempre que la persona moral haya obtenido un beneficio económico y se acredite participación de sus órganos de administración, de vigilancia o de sus socios, o en aquellos casos en que se advierta que la persona moral es utilizada de manera sistemática para vincularse con faltas administrativas graves; en estos supuestos la sanción se ejecutará hasta que la resolución sea definitiva.

5. La ley señalará los casos de prescripción de la responsabilidad administrativa. Cuando los actos u omisiones fuesen graves, los plazos de prescripción no serán inferiores a siete años.

6. La ley determinará los casos en los que se incurra en conflicto de intereses y establecerá las sanciones en la materia que corresponda. Definirá las responsabilidades en que incurran las personas servidoras públicas y en su caso los particulares, personas físicas o morales que no manifiesten la existencia de dichos conflictos y se beneficien económica o políticamente por éstos.

7. Queda prohibida la contratación de propaganda, con recursos públicos, que implique la promoción personalizada de cualquier servidor público.

8. La ley regulará las responsabilidades correspondientes a las relaciones contractuales multianuales entre los sectores público, social, privado y organizaciones ciudadanas para mejorar el bienestar social y la gestión urbana, asegurando audiencias y máxima publicidad.

Artículo 65. De la responsabilidad política

1. Quienes ocupen un cargo de elección popular, ostenten un cargo de magistratura dentro de la función judicial, sean titulares del Consejo de la Judicatura de la Ciudad, de los organismos autónomos, de las secretarías del gabinete, de la consejería jurídica del Poder Ejecutivo, del sistema anticorrupción, de los organismos descentralizados o fideicomisos, así como todo servidor público que haya sido nombrado o ratificado por el Congreso serán sujetos de juicio político por violaciones graves a esta Constitución y las leyes que de ella emanen, así como por el manejo indebido de fondos y recursos públicos de la Ciudad de México.

2. Toda solicitud deberá ser presentada ante el Congreso de la Ciudad y dictaminada en un plazo no mayor a treinta días. En su sustanciación se citará a comparecer ante el Congreso de la Ciudad al acusado a efecto de respetar su garantía de audiencia. Cumplido este requisito, el pleno determinará mediante resolución de las dos terceras partes de los miembros presentes en sesión, si ha lugar a separarlo del cargo.

Las sanciones consistirán en la destitución de la persona servidora pública y en su inhabilitación para desempeñar funciones, empleos, cargos o comisiones de cualquier naturaleza en el servicio público.

No procede el juicio político por la mera expresión de ideas.

Las resoluciones emitidas en esta materia por el Congreso de la Ciudad son inatacables.

Artículo 66. De la responsabilidad penal

1. Las personas servidoras públicas son responsables por los delitos que cometan durante el tiempo de su encargo. En la Ciudad de México nadie goza de fuero.

2. Las diputadas y los diputados al Congreso de la Ciudad de México son inviolables por las opiniones que manifiesten en el desempeño de su encargo y no podrán ser reconvenidos ni procesados por éstas. El presidente del Congreso de la Ciudad de México velará por el respeto a la inviolabilidad del recinto donde se reúnan a sesionar.

3. La ley determinará el procedimiento para el ejercicio de la acción penal tratándose de delitos del fuero común, observándose lo establecido en el artículo 19 de la Constitución Política de los Estados Unidos Mexicanos.

4. El plazo de prescripción de los delitos cometidos por personas servidoras públicas, incluyendo cohecho, peculado, enriquecimiento ilícito, tráfico de influencias o cualquier otro que implique malversación de recursos o deuda públicos, se interrumpirá cuando el indiciado se sustraiga a la acción de la justicia y en los demás supuestos previstos en la legislación penal aplicable.

Artículo 67. De la responsabilidad patrimonial de la Ciudad de México

1. La responsabilidad de la Ciudad de México y sus entes públicos por los daños que, con motivo de su actividad administrativa irregular, causen en los bienes o derechos de los particulares será objetiva y directa; en la determinación de estas responsabilidades se privilegiará la reparación o remediación del daño causado y, en su caso la adopción de garantías de no repetición. Los particulares tendrán derecho a una indemnización conforme a lo que establezcan las leyes.

2. La Ciudad de México y sus entes públicos promoverán los procedimientos correspondientes contra la persona servidora pública a quien, por acción u omisión, dolo, negligencia o mala fe, resulte atribuible la responsabilidad a que se refiere este artículo y solicitarán a la autoridad resolutora la determinación e imposición de la reparación del daño.

TÍTULO SÉPTIMO
DEL CARÁCTER DE CAPITAL DE LOS ESTADOS UNIDOS MEXICANOS

Artículo 68. Régimen de capitalidad

1. La Ciudad de México, en su carácter de capital de la República y sede de los Poderes de la Unión, garantizará las condiciones necesarias para el ejercicio de las facultades constitucionales de los poderes federales y, en el ámbito de sus competencias, brindará la colaboración que requiera la Federación en los términos de la Constitución Política de los Estados Unidos Mexicanos.

2. Las autoridades locales promoverán acuerdos y convenios con la Federación, en el ámbito de sus competencias, para asegurar el cuidado de las representaciones diplomáticas, así como de los bienes inmuebles y patrimonio de la Federación asentados en el territorio de la Ciudad.

3. Los recursos que la Ciudad de México reciba en su carácter de capital de la República, de conformidad con lo previsto en el artículo 122, apartado B de la Constitución Política de los Estados Unidos Mexicanos, se ejercerán conforme a las bases que establezca la normatividad aplicable.

TÍTULO OCTAVO
DE LA ESTABILIDAD CONSTITUCIONAL

Artículo 69. Reformas a la Constitución

Esta Constitución podrá ser reformada o adicionada en cualquier tiempo, de conformidad con lo siguiente:

1. (DEROGADO, G.O. 26 DE JULIO DE 2019)

2. Las iniciativas de adiciones o reformas, se publicarán y circularán ampliamente.

(REFORMADO, G.O. 26 DE JULIO DE 2019)

3. Las iniciativas de reforma o adición, podrán ser votadas a partir del siguiente periodo en el que se presentaron.

(REFORMADO, G.O. 26 DE JULIO DE 2019)

4. Para que las adiciones o reformas sean aprobadas, se requerirá el voto de las dos terceras partes de las y los miembros presentes del Congreso de la Ciudad.

5. Sólo el Congreso, por el voto de las dos terceras partes de sus integrantes, podrá disponer la celebración del referéndum sobre las reformas aprobadas a esta Constitución.

Una vez aprobadas las adiciones, reformas o derogaciones constitucionales, el Congreso hará la declaratoria del inicio del procedimiento del referéndum.

En su caso, el referéndum se realizará en la fecha que establezca el Congreso de la Ciudad.

Cuando la participación total corresponda, al menos, al treinta y tres por ciento de las y los ciudadanos inscritos en la lista nominal de electores, el referéndum será vinculante.

La Sala Constitucional de la Ciudad de México, en los términos que determine la ley, será competente para substanciar y resolver sobre las impugnaciones que se presenten en el desarrollo del procedimiento de referéndum.

(REFORMADO, G.O. 26 DE JULIO DE 2019)

6. En el caso de las adecuaciones derivadas de un mandato de la Constitución Política de los Estados Unidos Mexicanos, podrán ser aprobadas en el mismo periodo.

Artículo 70. Progresividad constitucional

En materia de derechos y libertades reconocidos en la Ciudad de México, esta Constitución y las leyes que de ella emanen, podrán reformarse para ampliar, proteger y garantizar los derechos de las personas, nunca en su menoscabo.

Artículo 71. Inviolabilidad constitucional

Esta Constitución no puede ser alterada por actos de fuerza y mantiene su vigencia incluso si se interrumpe el orden institucional. Sólo puede ser modificada por vía democrática.

ARTÍCULOS TRANSITORIOS

PRIMERO.– La Constitución Política de la Ciudad de México entrará en vigor el 17 de septiembre de 2018, excepto por lo que hace a la materia electoral, que estará vigente a partir del día siguiente al de su publicación, y a los supuestos expresamente establecidos en los artículos transitorios siguientes.

SEGUNDO.– Las normas relativas a la elección de los poderes Legislativo y Ejecutivo y de las alcaldías de la Ciudad de México serán aplicables a partir del proceso electoral 2017-2018.

En dicho proceso, la jornada electoral será concurrente con la del proceso electoral federal.

El sistema electoral y las reglas para la elección de las y los diputados de mayoría relativa y para la asignación de las y los diputados de representación proporcional serán aplicables a partir del proceso electoral 2017-2018.

Lo dispuesto en los artículos 29, apartado B, numeral 3 y 53, apartado A, numeral 6 de esta Constitución, será aplicable a partir de la elección de 2021 a las y los diputados e integrantes de las alcaldías que sean electos en 2018.

(REFORMADO, G.O. 2 DE SEPTIEMBRE DE 2021)

TERCERO.- Las disposiciones relativas a los derechos y las relaciones laborales entre las instituciones públicas de la Ciudad y sus trabajadores, establecidas en el artículo 10, apartado C y demás relativos de esta Constitución, entrarán en vigor el 31 de agosto de 2024.

CUARTO.– Los apartados del artículo 8, en lo referente a la educación preescolar, primaria y secundaria, entrarán en vigor en la Ciudad de México en el momento en que se efectúe la descentralización de los servicios educativos.

QUINTO.– Las disposiciones sobre el uso médico y terapéutico de la cannabis sativa, índica y americana o marihuana y sus derivados, previstas en el artículo 9, apartado D, párrafo 7 de esta Constitución, entrarán en vigor cuando la ley general en la materia lo disponga.

SEXTO.– La obligatoriedad de destinar al menos el 22 por ciento del presupuesto de cada alcaldía a proyectos de inversión en infraestructura, equipamiento urbano y servicios públicos en todas las colonias, pueblos, barrios originarios y comunidades indígenas de la demarcación territorial, dispuesta por el artículo 21, apartado D, fracción III, numeral 2 de esta Constitución, se realizará de manera gradual y creciente a partir del ejercicio del Presupuesto de Egresos de 2019, en que será del 16 por ciento, en 2020 del 18 por ciento, en 2021 del 21 por ciento y en 2022 del 22 por ciento.

SÉPTIMO.– La aplicación de la fecha señalada en el artículo 32, apartado A, numeral 1, entrará en vigor a partir de la renovación de la titularidad de la Jefatura de Gobierno con motivo de las elecciones locales que se celebren en 2024.

OCTAVO.– Los derechos humanos reconocidos en la Ciudad de México antes de la entrada en vigor de esta Constitución mantendrán su vigencia y se aplicarán conforme al principio de progresividad en todo lo que no se oponga a la misma.

La ley constitucional en materia de derechos humanos y sus garantías desarrollará los derechos humanos, principios y mecanismos de exigibilidad reconocidos por esta Constitución. Esta ley deberá entrar en vigor el 1 de febrero de 2019.

(REFORMADO, G.O. 2 DE MAYO DE 2019)

El Congreso expedirá la ley para la organización, funcionamiento y atribuciones de la Comisión de Derechos Humanos, así como la ley para regular el

Sistema Integral de Derechos Humanos a que se refiere el artículo 5, apartado A, numeral 6, a más tardar el 5 de septiembre de 2019.

NOVENO.– La educación media superior y superior de la Ciudad de México deberá prever la ampliación progresiva de los recursos presupuestales destinados a eliminar la exclusión y falta de acceso a estos niveles educativos.

Las alcaldías de la Ciudad de México podrán construir, establecer y operar con plena autonomía escuelas de arte en los términos de la normatividad aplicable expedida por el Instituto Nacional de Bellas Artes.

DÉCIMO.– De conformidad con lo que dispone la Constitución Política de los Estados Unidos Mexicanos, la Asamblea Legislativa del Distrito Federal está facultada para legislar en materia electoral. Dichas normas serán aplicables al proceso electoral 2017-2018 y deberán estar publicadas a más tardar noventa días naturales antes del inicio de dicho proceso.

DÉCIMO PRIMERO.– Se faculta a la Asamblea Legislativa del Distrito Federal para que, una vez publicada la Constitución Política de la Ciudad de México y a más tardar el 31 de diciembre de 2017, expida las leyes constitucionales relativas a la organización y funcionamiento de los Poderes Legislativo, Ejecutivo y Judicial de la Ciudad de México, así como para expedir las normas necesarias para la implementación de las disposiciones constitucionales relativas a la organización política y administrativa de la Ciudad de México y para que sus autoridades ejerzan las facultades que establece esta Constitución.

(REFORMADO, G.O. 21 DE MARZO DE 2019)

Las leyes relativas al poder legislativo entraran en vigor el 17 de septiembre de 2018; las del Poder Ejecutivo el 5 de diciembre de 2018 y las del Poder Judicial, el 1° de junio de 2019.

(REFORMADO, G.O. 21 DE MARZO DE 2019)

La I Legislatura del Congreso emitirá la convocatoria a que se refiere el artículo 37 de esta Constitución, a fin de que el Consejo Judicial Ciudadano quede constituido a más tardar el 30 de septiembre de 2019.

DÉCIMO SEGUNDO.– La Asamblea Legislativa del Distrito Federal expedirá, una vez publicada esta Constitución, las leyes inherentes a la organización, funcionamiento y competencias necesarias para las alcaldías, a partir del inicio de sus funciones en 2018. Dichas leyes entrarán en vigor una vez que lo haga la Constitución Política de la Ciudad de México.

DÉCIMO TERCERO.– De conformidad con lo que disponen la Constitución Política de los Estados Unidos Mexicanos y las leyes generales de la materia, la Asamblea Legislativa del Distrito Federal expedirá las leyes y llevará a cabo las adecuaciones normativas en materia de combate a la corrupción, particularmente con relación a los órganos de control interno, la Entidad de Fiscalización Superior, la Fiscalía Especializada en Delitos de Corrupción y para la organización y atribuciones del Tribunal de Justicia Administrativa, así como para realizar las designaciones o ratificaciones necesarias para implementar el Sistema Anticorrupción de la Ciudad de México. Las y los titulares de los organismos que integran el Sistema Anticorrupción, así como las y los magistrados del Tribunal de Justicia Administrativa, nombrados o ratificados por la Asamblea Legislativa del Distrito Federal hasta antes del 17 de septiembre de 2018, permanecerán en su cargo hasta la conclusión del periodo para el cual hayan sido designados.

DÉCIMO CUARTO.– El Congreso tendrá un plazo de 180 días posteriores a la entrada en vigor de esta Constitución para expedir la ley de educación de la Ciudad de México y demás ordenamientos que se deriven de la promulgación de la misma. El sistema educativo deberá implementarse a más tardar en los 180 días posteriores de la entrada en vigor de estas leyes.

El Gobierno de la Ciudad de México deberá presentar la propuesta educativa correspondiente a los servicios de educación inicial, comunitaria, técnica, profesional, educación especial y complementaria o de extensión académica, y de atención a la diversidad étnica o cultural, en un plazo que no exceda los dieciocho meses a partir de la entrada en vigor de las leyes en la materia.

(REFORMADO [N. DE E. ESTE PÁRRAFO], G.O. 2 DE MAYO DE 2019)

DÉCIMO QUINTO.– El Congreso de la Ciudad de México expedirá la legislación en materia de planeación, la cual entrará en vigor a más tardar el 5 de septiembre de 2019, y la Ley del Instituto de Planeación, el 5 de diciembre de ese año.

(REFORMADO, G.O. 2 DE SEPTIEMBRE DE 2021)

La ley de planeación establecerá el calendario para la elaboración del Plan General de Desarrollo, el Programa General de Ordenamiento Territorial y los Programas de Ordenamiento Territorial de cada demarcación; el Programa de Gobierno de la Ciudad de México y los programas de gobierno de las alcaldías; así como los programas sectoriales, especiales e institucionales; y los programas parciales de las colonias, pueblos y barrios originarios y comunidades indígenas, sobre la base de que el Plan General de Desarrollo entre en vigor el 1 de octubre de 2022, el Programa de Gobierno de la Ciudad de México y los programas de gobierno de las alcaldías lo harán el 1 de abril de 2023, el Programa de Ordenamiento Territorial el 1 de octubre de 2022, y los programas de ordenamiento territorial de cada una de las demarcaciones el 1 de abril de 2023.

El comité de selección al que se refiere el artículo 15 de esta Constitución se conformará por convocatoria de la o el Jefe de Gobierno a las universidades públicas y privadas de mayor reconocimiento en la Ciudad, los colegios de profesionales, los institutos de investigación, organizaciones de la sociedad civil y las cámaras relacionadas con las materias de planeación y serán designados, de forma escalonada, por las dos terceras partes de las y los miembros presentes del Congreso de la Ciudad. Será de carácter honorífico y sólo sesionará cuando se requiera llevar a cabo un proceso de nombramiento. La ley establecerá los lineamientos y mecanismos para el ejercicio de sus funciones.

(REFORMADO, G.O. 2 DE MAYO DE 2019)

La o el Jefe de Gobierno que entre en funciones el 5 de diciembre de 2018 elaborará un programa provisional de gobierno que estará vigente hasta el 31 de diciembre de 2020.

DÉCIMO SEXTO.– La Ley Orgánica de la Administración Pública de la Ciudad de México y la legislación de la materia regularán al órgano garante de la gestión integral de riesgos, con la participación que corresponda al Heroico Cuerpo de Bomberos de la Ciudad de México, en colaboración con los cuerpos de primera respuesta y los demás organismos que corresponda.

DÉCIMO SÉPTIMO.– El Congreso deberá nombrar una comisión técnica, a más tardar el 31 de diciembre de 2018, que se encargará de planear y conducir la transición de la Procuraduría General de Justicia a la Fiscalía General de Justicia. También establecerá un fondo especial para financiar dicho proceso.

Las relaciones laborales de las personas trabajadoras de la Procuraduría General de Justicia se regirán por lo dispuesto en el artículo Vigésimo Quinto Transitorio de esta Constitución.

El personal que trabajará en la Fiscalía General de Justicia deberá ser seleccionado mediante un concurso de oposición abierto. La comisión técnica emitirá las bases y la convocatoria para el concurso de selección. Antes del examen, todos los aspirantes recibirán un curso intensivo de capacitación durante cinco meses que les transmitirá las habilidades necesarias para ser fiscales. Las y los aspirantes recibirán un apoyo económico durante su participación en el proceso.

La comisión técnica diseñará un examen de selección que evaluará que las y los aspirantes cuenten con las capacidades prácticas necesarias para desempeñarse efectivamente como fiscales.

La comisión técnica también establecerá las bases para seleccionar al resto del personal operativo y administrativo de la Fiscalía.

En la selección de agentes del Ministerio Público y el resto del personal de la Fiscalía respetará la paridad de género.

(REFORMADO, G.O. 21 DE MARZO DE 2019)

La Fiscalía deberá comenzar operaciones a más tardar el 10 de enero de 2020.

La Procuraduría General de Justicia del Distrito Federal continuará encargándose de la función ministerial hasta que inicie sus funciones la Fiscalía.

Todas las averiguaciones previas y carpetas de investigación iniciadas por la Procuraduría General de Justicia del Distrito Federal antes que entre en funcionamiento la Fiscalía General de Justicia, se concluirán por ésta en los términos de las disposiciones vigentes antes de la entrada en vigor de la ley que la rija.

(REFORMADO, G.O. 21 DE MARZO DE 2019)

La ley de la Fiscalía General de Justicia entrará en vigor el 5 de diciembre de 2019. La o el Fiscal General de Justicia será designado por el Congreso de la Ciudad de México a más tardar el 15 de diciembre de 2019.

(REFORMADO PRIMER PÁRRAFO, G.O. 2 DE SEPTIEMBRE DE 2021)

DÉCIMO OCTAVO.- El Congreso de la Ciudad de México expedirá las leyes o realizará las modificaciones a los ordenamientos que rigen a los organismos autónomos establecidos en esta Constitución, a más tardar el 31 de agosto de 2024.

Los consejos ciudadanos encargados de la integración de los organismos autónomos deberán constituirse para atender la función específica que les otorga esta Constitución.

Los consejos ciudadanos a los que se refiere el artículo 46, apartado C, numeral 1 concluirán su encargo una vez ejercida su función o, en su caso, agotado el período para el que fueron designados.

DÉCIMO NOVENO.– El Congreso de la Ciudad de México, en un plazo que no exceda de su primer año de ejercicio legislativo, expedirá una ley para la seguridad ciudadana que establezca las bases para que las alcaldías convengan con la o el Jefe de Gobierno la operación de cuerpos de policía de proximidad a cargo de la prevención del delito.

(REFORMADO, G.O. 2 DE SEPTIEMBRE DE 2021)

VIGÉSIMO.– La legislación relativa a los sistemas y programas establecidos en esta Constitución deberá entrar en vigor a más tardar el 31 de diciembre de 2023. Las autoridades competentes realizarán las acciones necesarias para implementar estos sistemas a más tardar dentro de los 180 días posteriores a la entrada en vigor de la legislación en la materia.

VIGÉSIMO PRIMERO.– El Instituto Electoral del Distrito Federal, ahora Instituto Electoral de la Ciudad de México, realizará las gestiones necesarias para que el Instituto Nacional Electoral lleve a cabo el proceso de redistritación local para ajustar la geografía electoral a lo que dispone esta Constitución, que será aplicable a partir del proceso electoral 2017-2018.

Las y los diputados integrantes de la VII Asamblea Legislativa del Distrito Federal no podrán ser postulados para integrar la I Legislatura del Congreso de la Ciudad de México.

La I Legislatura del Congreso iniciará el 17 de septiembre de 2018.

VIGÉSIMO SEGUNDO.– La elección de las alcaldías en el año 2018 se realizará con base en la división territorial de las dieciséis demarcaciones territoriales de la Ciudad de México vigente al inicio del proceso electoral 2017-2018. Los concejos de las dieciséis alcaldías electas en 2018 se integrarán por la o el Alcalde y diez concejales electos según los principios de mayoría relativa y de representación proporcional, en una proporción de sesenta por ciento por el primer principio y cuarenta por ciento por el segundo. La ley determinará las fórmulas para la asignación de las y los concejales por el principio de representación proporcional, de conformidad con el sistema electoral y las reglas previstas por esta Constitución.

Las y los Jefes Delegacionales electos en el proceso electoral local ordinario del año 2015 no podrán ser postulados para integrar las alcaldías en el proceso electoral local ordinario del año 2018.

Las y los integrantes de las alcaldías iniciarán sus funciones el 1 de octubre de 2018.

Una vez concluido el proceso electoral correspondiente a 2018, el Congreso de la Ciudad de México deberá iniciar el proceso de revisión de la configuración para la división territorial de las demarcaciones que conforman la Ciudad de México, de conformidad con el criterio de equilibrar los tamaños poblacionales entre las alcaldías y de aquellos enunciados en el artículo 52 numeral 3 de esta Constitución. Este proceso deberá concluir a más tardar en diciembre de 2019.

Las circunscripciones de las demarcaciones territoriales a que se refiere el artículo 53, apartado A, numeral 3 de esta Constitución, se determinarán por el organismo público electoral local con base en los criterios de población y configuración geográfica, así como de identidad social, cultural, étnica y económica que establezca la ley de la materia.

Para el cumplimiento de las atribuciones exclusivas de las alcaldías, contenidas en el artículo 53 de esta Constitución, adicionales a las establecidas en la Ley Orgánica de la Administración Pública del Distrito Federal vigente al momento de la entrada en vigor del Decreto por el que se reforma la Constitución Política de los Estados Unidos Mexicanos en materia de reforma política de la Ciudad de México del 29 de enero de 2016, el Gobierno de la Ciudad de México, a través de las dependencias competentes en cada materia, transferirá a cada alcaldía que hubiere sido electa, los recursos humanos, materiales, técnicos y financieros. Lo anterior será debidamente informado al Congreso y a las y los ciudadanos, detallando todos los recursos y el diagnóstico del sector, actividad o función que se transfiere. El régimen transitorio de la ley que regirá el funcionamiento de las alcaldías establecerá el procedimiento para determinar las reglas con base en las cuales establecerá dicha transferencia, según se trate de atribuciones adicionales con el carácter de exclusivas, coordinadas o subordinadas.

Los derechos laborales de las personas trabajadoras que presten sus servicios en la Ciudad de México y demás organismos que, con motivo de la entrada en vigor de esta Constitución, queden adscritos o coordinados a las alcaldías, serán respetados en todo momento, de conformidad con lo dispuesto en las leyes y demás disposiciones aplicables.

VIGÉSIMO TERCERO.– Las y los jueces y magistrados del Tribunal Superior de Justicia del Distrito Federal se integrarán en el Poder Judicial de la Ciudad de México, una vez que éste inicie sus funciones, de conformidad con lo que establece esta Constitución.

(REFORMADO, G.O. 21 DE MARZO DE 2019)

A partir del inicio de la vigencia de la legislación relativa, el Congreso deberá designar al Consejo Judicial Ciudadano a más tardar el 30 de septiembre de 2019.

(REFORMADO, G.O. 10 DE DICIEMBRE DE 2019)

Con el propósito de sustituir de forma escalonada a las y a los integrantes del Consejo de la Judicatura, quienes, a la fecha de entrada en vigor del presente, ocupen dicho encargo, concluirán el periodo para el que fueron electos.

(REFORMADO, G.O. 10 DE DICIEMBRE DE 2019)

La persona que actualmente ocupa la presidencia del Pleno del Tribunal y del Consejo de la Judicatura, concluirá su periodo para el cual fue electo hasta el 31 de diciembre de 2021 y podrá participar en el proceso de elección siguiente.

Los procedimientos del Consejo de la Judicatura iniciados antes del 17 de septiembre de 2018, se agotarán en los términos de las disposiciones vigentes hasta antes de la entrada en vigor de la presente Constitución.

(REFORMADO, G.O. 21 DE MARZO DE 2019)

El Tribunal Superior de Justicia designará a las y los integrantes de la Sala Constitucional a más tardar el 1 de diciembre de 2019. La Sala Constitucional se instalará al día siguiente.

(REFORMADO [N. DE E. ADICIONADO], G.O. 31 DE AGOSTO DE 2020)

A más tardar, al 30 de septiembre de 2020, deberán entrar en funcionamiento por lo menos dos juzgados tutelares en igual número de alcaldías.

(REFORMADO [N. DE E. ADICIONADO], G.O. 31 DE AGOSTO DE 2020)

A partir del año 2021, el Consejo de la Judicatura, deberá instalar anualmente, un juzgado Tutelar en al menos cuatro alcaldías de la Ciudad; hasta que cada una de las dieciséis alcaldías cuente con un juzgado.

(REFORMADO, G.O. 31 DE AGOSTO DE 2020)

El Consejo de la Judicatura, deberá realizar las acciones administrativas y presupuestales necesarias para la instalación progresiva de los juzgados señalados en los párrafos anteriores. En la aprobación de su Presupuesto de Egresos, el Congreso de la Ciudad de México, tomará las previsiones necesarias para tal fin.

La competencia de dichos juzgados, así como el procedimiento que deberá seguirse ante éstos para el ejercicio de las acciones de protección efectiva de derechos, se regularán en la Ley Orgánica del Poder Judicial.

Las delegaciones de la Comisión de Derechos Humanos de la Ciudad de México en cada una de las demarcaciones territoriales deberán quedar instaladas en su totalidad a más tardar el 1 de enero de 2020.

Para tal efecto, en el Presupuesto de Egresos de 2019, el Congreso de la Ciudad de México aprobará las partidas presupuestales necesarias para su integración e instalación.

VIGÉSIMO CUARTO.– En los casos en que deba instalarse un nuevo organismo público creado por esta Constitución, los recursos necesarios para su funcionamiento deberán preverse en el proyecto de Presupuesto de Egresos anterior al año en que inicie sus funciones.

(REFORMADO PRIMER PÁRRAFO, G.O. 2 DE SEPTIEMBRE DE 2021)

VIGÉSIMO QUINTO.– El Congreso de la Ciudad de México, deberá expedir a más tardar el 25 de julio de 2024, la Ley del Centro de Conciliación Laboral y la Ley que Regula las Relaciones Laborales de la Ciudad de México y sus Personas Trabajadoras; dentro del mismo plazo, deberá armonizar, la Ley Orgánica del Poder Judicial de la Ciudad de México y la Ley Orgánica del Poder Ejecutivo y de la Administración Pública de la Ciudad de México.

En tanto el Congreso expide la legislación a que se refiere el párrafo anterior, las relaciones laborales entre la Ciudad de México y sus trabajadores que hasta antes de la entrada en vigor de esta Constitución se hubieren regido por la Ley Federal de los Trabajadores al Servicio del Estado, reglamentaria del Apartado B del artículo 123 de la Constitución Política de los Estados Unidos Mexicanos, continuarán normándose por dicha Ley.

Las personas trabajadoras de los poderes Legislativo, Ejecutivo y Judicial de la Ciudad de México, sus demarcaciones territoriales y sus organismos autónomos, así como de las entidades paraestatales de la Administración Pública local conservarán los derechos adquiridos que deriven de la aplicación del orden jurídico que los rija al momento de entrar en vigor las disposiciones en la materia de esta Constitución.

Las personas trabajadoras de los órganos públicos de la Ciudad de México que hasta el 31 de diciembre de 2019 se encuentren incorporados al Instituto de Seguridad y Servicios Sociales de los Trabajadores del Estado, continuarán sujetos al mismo régimen de seguridad social. Aquellos órganos públicos cuyos trabajadores no sean derechohabientes de dicha institución a la entrada en vigor de las disposiciones relativas a las relaciones laborales entre el Gobierno de la Ciudad y sus trabajadores, podrán celebrar convenio en los términos de la ley de dicho Instituto y de las leyes locales.

Las autoridades competentes de la Ciudad de México deberán realizar las acciones necesarias para que el Tribunal Local de Conciliación y Arbitraje inicie sus funciones a más tardar dentro de los 180 días posteriores a la entrada en vigor de la legislación en la materia.

En tanto no se encuentre en funciones el Tribunal Local de Conciliación (sic) Arbitraje de conformidad con lo dispuesto por esta Constitución, los conflictos relacionados con las relaciones laborales entre las instituciones públicas de la Ciudad y sus trabajadores se conocerán y se resolverán por el Tribunal Federal de Conciliación y Arbitraje.

Corresponde al Tribunal Laboral del Poder Judicial la impartición de la justicia laboral, de acuerdo con lo establecido en el Apartado A del artículo 123 de la Constitución Política de los Estados Unidos Mexicanos y la Ley Federal del Trabajo.

En tanto el Poder Ejecutivo expide el Decreto por el que se declaran reformadas y derogadas diversas disposiciones de la Constitución Política de los Estados Unidos Mexicanos, en materia de reforma laboral propuesta por el Congreso de la Unión y se expide la legislación laboral en materia de justicia laboral para que sea impartida ésta en lo sucesivo por órganos del Poder Judicial Federal o de los Poderes Judiciales locales, según corresponda, la integración, organización y funcionamiento de la Junta Local de Conciliación y Arbitraje, conservarán sus denominaciones y la temporalidad por la que fueron designados, sus atribuciones y estructura, de conformidad con lo previsto por esta Constitución.

VIGÉSIMO SEXTO.– Las personas trabajadoras de la Ciudad preservan el derecho a la seguridad social, en los términos en que actualmente la disfrutan. La ley determinará, de conformidad con lo dispuesto por la Constitución Política de los Estados Unidos Mexicanos y la capacidad de las finanzas públicas de la Ciudad, el establecimiento de un sistema de seguridad social para sus trabajadores que no se encuentren incorporados al organismo encargado de la seguridad social de carácter federal.

VIGÉSIMO SÉPTIMO.– El Congreso de la Ciudad de México tendrá hasta un año posterior a la entrada en vigor de esta Constitución para expedir la legislación a que se refiere el artículo 10, apartado B, numerales 12 y 13.

(REFORMADO, G.O. 2 DE MAYO DE 2019)

VIGÉSIMO OCTAVO.– La I Legislatura del Congreso de la Ciudad de México deberá aprobar la ley reglamentaria de los artículos 57, 58 y 59, y las demás leyes reglamentarias que correspondan, a más tardar el 15 de diciembre de 2019.

VIGÉSIMO NOVENO.– A partir del inicio de la vigencia de esta Constitución, todas las autoridades de la Ciudad de México, en el ámbito de sus competencias, estarán obligadas a adecuar su actuación conforme a los principios y derechos reconocidos por la misma.

TRIGÉSIMO.– Las normas del Estatuto de Gobierno del Distrito Federal y los ordenamientos legales aplicables a la entidad federativa que se encuentren vigentes a la entrada en vigor de esta Constitución, continuarán aplicándose hasta que inicie la vigencia de aquellos que los sustituyan, siempre que no contravengan lo establecido en ésta.

TRIGÉSIMO PRIMERO.– Las instituciones y autoridades de la Ciudad de México conservarán sus denominaciones, atribuciones y estructura hasta en tanto no entren en vigor las leyes respectivas, de conformidad con lo previsto por esta Constitución.

TRIGÉSIMO SEGUNDO.– Los poderes, órganos y entes públicos que modifiquen su naturaleza jurídica con motivo de la expedición de esta Constitución, recibirán los bienes y los recursos humanos y materiales que estén a cargo de los órganos o entes que les hubieren antecedido. Las personas trabajadoras conservarán los derechos que hubieren adquirido en los términos de esta Constitución y la ley.

TRIGÉSIMO TERCERO.– La o el Jefe de Gobierno, así como las y los diputados a la VII Asamblea Legislativa del Distrito Federal y las y los Jefes Delegacionales electos, respectivamente, en los años 2012 y 2015, permanecerán en sus cargos hasta la terminación del periodo para el cual fueron electos. En su desempeño se ajustarán al orden jurídico establecido en la Constitución Política de los Estados Unidos Mexicanos, el Estatuto de Gobierno del Distrito Federal y las leyes federales y locales, destinado a normar las funciones a su cargo. Salvo disposición expresa en la presente Constitución, las facultades y atribuciones establecidas por ésta, no serán aplicables a dichos órganos de gobierno, por lo que invariablemente se sujetarán a las disposiciones constitucionales y legales vigentes con antelación a su entrada en vigor.

Las y los titulares e integrantes de los organismos autónomos designados o ratificados por la Asamblea Legislativa del Distrito Federal hasta antes de la entrada en vigor de esta Constitución, permanecerán en sus cargos hasta la conclusión del periodo para el cual hayan sido nombrados.

TRIGÉSIMO CUARTO.– A partir de la fecha de entrada en vigor de esta Constitución, todas las referencias que en los ordenamientos jurídicos se hagan al Distrito Federal, deberán entenderse hechas a la Ciudad de México.

TRIGÉSIMO QUINTO.– Los recursos de revisión interpuestos contra las resoluciones del Tribunal de lo Contencioso Administrativo del Distrito Federal, de conformidad con lo dispuesto por el artículo 104, fracción III de la Constitución Política de los Estados Unidos Mexicanos que se encuentren pendientes de resolución a la entrada en vigor de esta Constitución, continuarán el trámite que corresponda conforme al régimen jurídico aplicable al momento de su interposición, hasta su total conclusión.

En tanto en la Ciudad de México no se emitan las disposiciones legales para la presentación y sustanciación de los recursos de revisión interpuestos contra las resoluciones del Tribunal de Justicia Administrativa de la Ciudad de México, dichos recursos serán conocidos y resueltos por los Tribunales de la Federación, en los términos de la fracción III del artículo 104 de la Constitución Política de los Estados Unidos Mexicanos.

TRIGÉSIMO SEXTO.– El Congreso de la Ciudad de México deberá expedir la Ley de transparencia en remuneraciones, prestaciones y ejercicio de recursos en la Ciudad de México, a que hace referencia el numeral 3 del artículo 60 de esta Constitución a más tardar un año después de su instalación y deberá prever al menos lo siguiente:

I. La descripción y componentes de las retribuciones nominales de las personas servidoras públicas, que comprenderá la suma de toda prestación, sueldo, salario, dieta, honorario, contraprestación, apoyo o beneficio que perciba en dinero por el desempeño de una o más funciones en el servicio público;

II. La remuneración de la persona titular de la Jefatura de Gobierno, cuantificada en salarios mínimos;

III. La prohibición a percibir una remuneración mayor a la establecida para su superior jerárquico, observando las excepciones previstas en el artículo 127 de la Constitución Política de los Estados Unidos Mexicanos;

IV. La prohibición a establecer o cubrir con recursos públicos haberes de retiro o regímenes especiales de jubilación o pensión;

V. La prohibición a cubrir con recursos públicos viajes en primera clase, gastos de representación y la contratación de seguros de gastos médicos y de vida, con excepción de las personas servidoras públicas cuya función sea de alto riesgo;

VI. Las normas de austeridad a las que deberán sujetarse los entes públicos de la Ciudad de México;

VII. La manera en la que se hará la compra de bienes consolidada cuando más de una entidad, institución u organismo requieran del mismo bien; y

VIII. Los tipos penales y faltas administrativas correspondientes a las conductas que impliquen el incumplimiento o la elusión por simulación de lo establecido en dicha ley.

Las remuneraciones que a la entrada en vigor de esta Constitución sean superiores a las máximas establecidas en la ley, deberán ser ajustadas o disminuidas en el Presupuesto de Egresos correspondiente al ejercicio fiscal del año siguiente.

TRIGÉSIMO SÉPTIMO.- Con relación a lo establecido en el segundo párrafo, numeral 3 del artículo 61 de esta Constitución, la contraloría ciudadana para el organismo público encargado de la gestión sustentable del agua será integrada por usuarios y especialistas, en los términos de la ley de la materia.

TRIGÉSIMO OCTAVO.- Esta Constitución deberá ser accesible a todas las personas, por lo que las autoridades tomarán las medidas apropiadas para que sea adaptada y traducida a las diversas lenguas originarias que se hablan en la Ciudad de México y a todos los formatos accesibles de manera gratuita para cualquier persona, en un plazo de un año a partir de su publicación.

(REFORMADO, G.O. 2 DE SEPTIEMBRE DE 2021)

TRIGÉSIMO NOVENO.- En las materias de su competencia, el Congreso deberá adecuar la totalidad del orden jurídico de la Ciudad de México a esta Constitución, a más tardar el 31 de agosto de 2024.

Dada en el Salón de Sesiones de la Asamblea Constituyente de la Ciudad de México, en la Antigua Casona de Xicoténcatl, a los treinta y un días del mes de enero de dos mil diecisiete.- Por la Mesa Directiva: el Presidente, Alejandro de Jesús Encinas Rodríguez.- Rúbrica.- La Primera Vicepresidenta, Clara Marina Brugada Molina.- Rúbrica.- La Segunda Vicepresidenta, Irma Cué Sarquis.- El Tercer Vicepresidente, Mauricio Tabe Echartea.- Rúbrica.- La Primer Secretaria, Margarita Saldaña Hernández.- Rúbrica.- La Segunda Secretaria, Bertha Elena Luján Uranga.- Rúbrica.- La Tercer Secretaria, Aída Arregui Guerrero.- Rúbrica.- Por la Mesa de Consulta, los Coordinadores de Grupos Parlamentarios: Partido de la Revolución Democrática, María de los Dolores Padierna Luna.- Rúbrica.- MORENA, Bernardo Bátiz Vázquez.- Rúbrica.- Partido Revolucionario Institucional, César Octavio Camacho Quiroz.- Rúbrica.- Partido Acción Nacional, Santiago Creel Miranda.- Rúbrica.- Ejecutivo Federal, Fernando Francisco Lerdo de Tejada Luna.- Rúbrica.- Constitucionalista y Coordinador de la Conferencia de Armonización, Porfirio Alejandro Muñoz Ledo y Lazo de la Vega.- Rúbrica.- Partido Verde Ecologista de México, Luis Alejandro Bustos Olivares.- Rúbrica.- Partido Movimiento Ciudadano, Alejandro Chanona Burguete.- Rúbrica.- Partido Nueva Alianza, Gabriel Ricardo Quadri de la Torre.-

Rúbrica.- Partido Encuentro Social, Hugo Eric Flores Cervantes.- Rúbrica.- Los Presidentes de Comisiones: Principios Generales, Jesús Enrique Jackson Ramírez.- Rúbrica.- Carta de Derechos, María Marcela Lagarde y de los Ríos.- Rúbrica.- Desarrollo Sostenible y Planeación Democrática, Enrique Provencio Durazo.- Rúbrica.- Ciudadanía, Ejercicio Democrático y Régimen de Gobierno, Raúl Bautista González.- Rúbrica.- Poder Judicial, Procuración de Justicia, Seguridad Pública y Organismos Constitucionales Autónomos, Manuel Enrique Díaz Infante de la Mora.- Rúbrica.- Alcaldías, Gabriela Cuevas Barrón.- Rúbrica.- Pueblos y Barrios Originarios y Comunidades Indígenas Residentes, Jesús Ramírez Cuevas.- Rúbrica.- Buen Gobierno, Combate a la Corrupción y Régimen de Responsabilidades de los Servidores Públicos, Armando Ríos Piter.- Rúbrica.- Los Diputados Constituyentes: Claudia Aguilar Barroso.- Rúbrica.- Gonzalo Altamirano Dimas.- Rúbrica.- Diana Arellano Rivera.- Rúbrica.- Jorge Aréchiga Ávila.- Rúbrica.- Juan Ayala Rivero.- Rúbrica.- Armando Jesús Baez Pinal.- Rúbrica.- Marath Baruch Bolaños López.- Rúbrica.- María Fernanda Bayardo Salim.- Rúbrica.- Bruno Iván Bichir Nájera.- Rúbrica.- Héctor Hermilo Bonilla Rebentún.- Rúbrica.- Enrique Burgos García.- Rúbrica.- Jaime Fernando Cárdenas Gracia.- Rúbrica.- Lolkin Castañeda Badillo.- Rúbrica.- René Cervera García.- Rúbrica.- Elena Chávez González.- Rúbrica.- Isidro Hildegardo Cisneros Ramírez.- Rúbrica.- Ernesto Javier Cordero Arroyo.- Rúbrica.- Katia D´Artigues Beauregard.- Rúbrica.- Esthela Damián Peralta.- Rúbrica.- Yolanda de la Torre Valdez.- Rúbrica.- Mayela Eugenia Delgadillo Bárcena.- Rúbrica.- Federico Döring Casar.- Rúbrica.- José Eduardo Escobedo Miramontes.- Rúbrica.- Ismael Figueroa Flores.- Rúbrica.- Carlos Gelista González.- Rúbrica.- Roberto Gil Zuarth.- Rúbrica.- Mariana Gómez del Campo Gurza.- Rúbrica.- María Teresa Gómez Mont y Urueta.- Rúbrica.- Augusto Gómez Villanueva.- Rúbrica.- Lisbeth Hernández Lecona.- Rúbrica.- María Gloria Hernández Madrid.- Rúbrica.- Ana Julia Hernández Pérez.- Rúbrica.- Javier Jiménez Espriú.- Rúbrica.- Nelly Antonia Juárez Audelo.- Rúbrica.- Clara Jusidman Rapoport.- Rúbrica.- Elvira Daniel Kabbaz Zaga.- Rúbrica.- Tobyanne Ledesma Rivera.- Rúbrica.- Cynthia Iliana López Castro.- Rúbrica.- Kenia López Rabadán.- Rúbrica.- Roberto López Suárez.- Rúbrica.- Humberto Lozano Avilés.- Rúbrica.- Aristeo López Pérez.- Rúbrica.- Ana Laura Magaloni Kerpel.- Rúbrica.- María Lorena Marín Moreno.- Rúbrica.- José Andrés Millán Arroyo.- Rúbrica.- Ifigenia Martha Martínez y Hernández.- Rúbrica.- Julio César Moreno Rivero.- Rúbrica.- Edda Alejandra Beatriz Moreno y Toscano.- Rúbrica.- Guadalupe Elizabeth Muñoz Ruiz.- Rúbrica.- José Marco Antonio Olvera Acevedo.- Rúbrica.- María Eugenia Ocampo

Bedolla.- Rúbrica.- José Manuel Oropeza Morales.- Rúbrica.- José Jesús Ortega Martínez.- Rúbrica.- Patricia Jimena Ortiz Couturier.- Rúbrica.- Beatriz Pagés Llergo Rebollar.- Rúbrica.- Claudia Pastor Badilla.- Rúbrica.- María de la Paz Quiñones Cornejo.- Rúbrica.- Javier Quijano Baz.- Rúbrica.- Gabriela Rodríguez Ramírez.- Rúbrica.- Jaime Eduardo Rojo Cedillo.- Rúbrica.- María Guadalupe Cecilia Romero Castillo.- Rúbrica.- Juan Carlos Romero Hicks.- Rúbrica.- Lilia Eugenia Rossbach Suárez.- Rúbrica.- Martha Patricia Ruiz Anchondo.- Rúbrica.- María Lucero Saldaña Pérez.- Rúbrica.- Olga María del Carmen Sánchez Cordero.- Rúbrica.- María del Consuelo Sánchez Rodríguez.- Rúbrica.- Irma Eréndira Sandoval Ballesteros.- Rúbrica.- María Esther de Jesús Scherman Leaño.- Rúbrica.- Jesús Sesma Suárez.- Rúbrica.- Cecilia Guadalupe Soto González.- Rúbrica.- Santiago Taboada Cortina.- Rúbrica.- Margarita María Valdés González Salas.- Rúbrica.- Jesús Salvador Valencia Guzmán.- Rúbrica.- Miguel Ángel Marcos Velázquez Muñoz.

Con fundamento en lo dispuesto por los artículos 122, Apartado A, Base III, de la Constitución Política de los Estados Unidos Mexicanos; Transitorios Primero, Segundo y Octavo del Decreto por el que se declaran reformadas y derogadas diversas disposiciones de la Constitución Política de los Estados Unidos Mexicanos, en materia de la Reforma Política de la Ciudad de México; para su debida publicación y observancia, expido el presente Acuerdo por el que instruyo al Consejero Jurídico y de Servicios Legales, Dr. Manuel Granados Covarrubias que realice la publicación en la Gaceta Oficial de la Ciudad de México de la Constitución Política de la Ciudad de México, aprobada y expedida por el Pleno de la Asamblea Constituyente en Sesión Solemne el 31 de enero de 2017. Dado en la Residencia Oficial del Jefe de Gobierno de la Ciudad de México, a los cinco días del mes de febrero del año dos mil diecisiete.- El Jefe de Gobierno de la Ciudad de México, Miguel Ángel Mancera Espinosa.- Rúbrica.